U0641902

- 2023年教材对应课程"旅游礼宾礼仪"入选全国旅游职业院校"学习二十大 铸魂育新人"课程思政展示活动优秀案例
- 2022年桂林旅游学院核心课程建设项目
- 2021年桂林旅游学院"课程思政"示范课程建设项目
- 2020年度桂林旅游学院教材建设成果、桂林旅游学院2019年一流本科课程建设"礼宾礼仪"研究成果（编号：2019xjkc007）
- 2019年广西壮族自治区级一流本科课程（线上线下混合式一流本科课程）"旅游礼宾礼仪"配套教材

普通高等院校"十四五"规划旅游管理专业类精品教材
国家级一流本科专业建设旅游管理类特色教材

旅游接待礼仪

Reception Etiquette in Tourism

主　编◎辛　蕾　主　审◎高元衡
副主编◎肖　静　刘　茜　唐明琪　孙维泽

华中科技大学出版社
http://press.hust.edu.cn
中国·武汉

内 容 简 介

本教材在新文科和"金课"建设标准提出的"两性一度"的理论指导下,按照旅游接待人员接待宾客所需个人礼仪素养为主线,以职业发展设计教学内容,系统地介绍了旅游各接待岗位礼仪所需的基本知识和标准规范。

本教材可作为应用型旅游管理大类专业的本科教学,以及文旅服务类职业本科和高职高专院校专业学生的礼仪课程教材,也适用于旅游企业内部的人才提升培训,同时可作为各界人士提高礼仪素养和交际能力的优秀读物及自我训练手册。

图书在版编目(CIP)数据

旅游接待礼仪/辛蕾主编.—武汉:华中科技大学出版社,2021.10(2025.8 重印)
ISBN 978-7-5680-7381-3

Ⅰ.①旅… Ⅱ.①辛… Ⅲ.①旅游业-礼仪 Ⅳ.①F590.63

中国版本图书馆 CIP 数据核字(2021)第 209461 号

旅游接待礼仪
Lüyou Jiedai Liyi

辛　蕾　主编

策划编辑:王　乾
责任编辑:王　乾
封面设计:原色设计
责任校对:刘　竣
责任监印:周治超
出版发行:华中科技大学出版社(中国·武汉)　　电话:(027)81321913
　　　　　武汉市东湖新技术开发区华工科技园　　邮编:430223
录　　排:华中科技大学惠友文印中心
印　　刷:武汉科源印刷设计有限公司
开　　本:787mm×1092mm　1/16
印　　张:16.25
字　　数:379 千字
版　　次:2025 年 8 月第 1 版第 5 次印刷
定　　价:50.00 元

本书若有印装质量问题,请向出版社营销中心调换
全国免费服务热线:400-6679-118　　竭诚为您服务
版权所有　侵权必究

普通高等学校"十四五"规划旅游管理类精品教材
国家级一流本科专业建设旅游管理类特色教材

出版说明

为深入落实全国教育大会和《加快推进教育现代化实施方案（2018—2022 年）》文件精神，贯彻落实新时代全国高校本科教育工作会议和《教育部关于加快建设高水平本科教育　全面提高人才培养能力的意见》、"六卓越一拔尖"计划 2.0 系列文件要求，推动新工科、新医科、新农科、新文科建设，做强一流本科、建设一流专业、培养一流人才，全面振兴本科教育，提高高校人才培养能力，实现高等教育内涵式发展，教育部决定全面实施"六卓越一拔尖"计划 2.0，启动一流本科专业建设"双万计划"，并计划在 2019—2021 年期间，建设 143 个旅游管理类国家级一流本科专业点。

基于此，建设符合旅游管理类国家级一流本科专业人才培养需求的教材，将助力旅游高等教育专业结构优化，全面打造一流本科人才培养体系，进而为中国旅游业在"十四五"期间深化文旅融合、持续迈向高质量发展提供有力支撑。

华中科技大学出版社一向以服务高校教学、科研为己任，重视高品质专业教材出版，"十三五"期间，在教育部高等学校旅游管理类专业教学指导委员会和全国高校旅游应用型本科院校联盟的大力支持和指导下，率先组织编纂出版"普通高等院校旅游管理专业类'十三五'规划教材"。该套教材自出版发行以来，被全国三百多所开设旅游管理类专业的院校选用，并多次再版。

为积极响应"十四五"期间国家一流本科专业建设的新需求，"国家级一流本科专业建设旅游管理类特色教材"项目应运而生。本项目依据旅游管理类国家级一流本科专业建设要求，立足"十四五"期间旅游管理人才培养新特征进行整体规划，邀请旅游管理类国家级一流本科专业建设院校国家教学名师、资深教授及中青年旅游学科带头人加盟编纂。

该套教材融入思政内容，助力旅游管理教学实现立德树人与专业人才培养有机融合。让学生充分认识专业学习的重要性，加强学生专业技能的培养，并将学生个人职业发展与国家建设紧密结合，让学生树立正确的价值观。同时，本套教材基于旅游管理类国家级一流本科专业建设要求，在教材内容上体现"两性一度"，即高阶性、创新性和挑战度的高质量要求。此外,依托资源服务平台,打造新形态立体教材。华中科技大学出版社紧抓"互联网十"时代教育需求,自主研发并上线了华中出版资源服务平台,为本套教材提供立体化教学配套服务,既为教师教学提供教学计划书、教学课件、习题库、案例库、参考答案、教学视频等系列配套教学资源,又为教学管理构建课程开发、习题管理、学生评论、班级管理等于一体的教学生态链,真正打造了线上线下、课内课外的新形态立体化互动教材。

　　本项目编委会力求通过出版一套兼具理论与实践、传承与创新、基础与前沿的精品教材,为我国加快实现旅游高等教育内涵式发展、建成世界旅游强国贡献一份力量,并诚挚邀请更多致力于中国旅游高等教育的专家学者加入我们!

前言
Preface

　　"十四五"规划是开启全面建设社会主义现代化国家新征程的第一个五年规划,是中国经济由高速增长向高质量发展转型的攻坚期。2019 年,国务院办公厅印发《关于进一步激发文化和旅游消费潜力的意见》,其中预测"文化和旅游产业将会迎来加快发展的'黄金期'"。

　　2019 年,教育部印发《关于一流本科课程建设的实施意见》,提出"全面开展一流本科课程建设,树立课程建设新理念,推进课程改革创新,实施科学课程评价,严格课程管理,立起教授上课、消灭'水课'、取消'清考'等硬规矩,夯实基层教学组织,提高教师教学能力,完善以质量为导向的课程建设激励机制,形成多类型、多样化的教学内容与课程体系。经过三年左右时间,建成万门左右国家级和万门左右省级一流本科课程(简称一流本科课程'双万计划')",这也成为高等教育工作者们孜孜以求的目标。

　　当文旅产业发展的新机遇与教育改革的新浪潮发生碰撞,作为旅游教育工作者,如何在"两个一百年"的历史交汇期、在中华民族发展之路的重要拐点中,占得先机,培养能与中国一起从旧常态跃迁到新常态的高素质从业人才,应是我们值得深思的问题。日趋频繁且便捷的国际交流与融合,以及接待不同文化背景的中外宾客成为常态,都对旅游接待人员的个人礼仪素养和职业素养提出了更高的要求。

　　本教材在新文科和"金课"建设标准提出的"两性一度"的理论指导下,区别于传统本科礼仪类教材重理论轻实践、重技术教育轻认知、重当下轻未来的编写思路,以基础知识为主,强调实践应用,以旅游接待人员接待宾客所需个人礼仪素养为主线,以职业发展设计教学内容,系统地介绍了旅游各接待岗位礼仪所需的基本知识和标准规范。除了夯实旅游接待人员的礼俗、文化、心理类等基础知识的储备外,还提取了职业形象、个人修养、谈吐交流、人际交往、仪式方位、岗位接待等主题,以学习目标、案例导入为引,让学习者在进行基础储备之时,通过知识链接、同步案例、知识点自测、复习、思考练习等环节掌握理论,并通过进一步推荐阅读材料拓展其视野,结合能力习得(案例思考、案例讨论和案例模拟演练)获得相应技能,使学生由内涵到外显、由个人成长到职业发展、由民俗到文化、由学校到企业等四个层次,层层进步,步步蜕变,最后真正达到知行合一,获得事业成功。

　　在编写过程中,本教材除了不断汲取相关教材的优秀经验外,还具有如下特色。

一是编写理念的创新。本教材在基础理论当中,为保证一定的知识厚度,在对礼仪基础理论知识介绍之余,尽力挖掘其背后的原理,并予以归纳和总结,从而突出和强调了中国传统礼仪文化中"立德树人"的功能,彰显了时代的主旋律。教材设计的能力习得部分,有助于推动学生在总结理论知识的基础上,通过对案例的思考与讨论,改进礼仪实际操作;最终,借由"三三评价体系",使能力习得状况评价更科学也更直观,有助于学生的快速成长。

二是教材形式的创新。为使知识内容更直观,在传统的二维平面文字、图片教材基础上,同步推出立体化教材资料库,包括深度的知识延展、同步案例、精美课件、教学视频、知识包,以及相关学习链接网站等内容,既便于教师开展课堂教学,又支持学习者通过自学形式掌握旅游接待工作所需礼仪知识与技能。

三是编写体例的创新。本教材针对应用型本科人才培养特点和教学特点,把每章节内容分为比重均衡的两大模块,即基础理论与能力习得。前者保证一定的理论深度,后者着重通过不同项目的专项综合训练,结合"三三评价体系"(基础知识、动手能力和职业能力;自评、他评和第三方评价),使学习者既习得能力又巩固知识。

四是编写内容的创新。教材内容从"立德"入手,在追溯礼仪学理的过程中,使思政主题慢慢浸润其中。此外,教材通过总结和梳理,归纳出旅游接待岗位人员在待人接物工作过程中所体现出的各类行为举止和综合素养要求,分章节设置相应的讲解和练习,以真实的人际交往场景和工作场景设计,来锻炼和考察学习者的综合礼仪素养与职业能力。另外,也总结归纳了不同旅游接待岗位中接待礼仪的共同特质和要求,通过共性阐述和个性区别介绍,使学习者能举一反三、灵活应用,真正掌握旅游接待礼仪。以本教材为基础设计的课程思政教学案例,在2023年全国旅游职业院校"学习二十大 铸魂育新人"课程思政现场展示活动中被评为优秀案例。

本教材共九章,主要由桂林旅游学院专业教师承担撰写任务,其工作内容分布如下:辛蕾(第一章第二节、第三章、第八章)、唐明琪(第一章第一节、第三节)、刘茜(第二章)、范巧珍(第四章)、陈扬扬、辛蕾(第五章)、蔡其妤(第六章)、孙维泽(第七章)、肖静(第九章)。全书插图绘制由刘茜负责,案例由辛蕾、莫雅兰统筹、收集与整理。配套课件由唐明琪制作完成。视频拍摄由辛蕾、唐明琪、肖静、莫雅兰、刘茜、秦蓓共同完成。全书统稿由辛蕾、肖静、孙维泽、秦科峰共同完成。

本教材可作为应用型旅游管理大类专业的本科教学,以及文旅服务类职业本科和高职高专院校专业学生的礼仪课程教材,也适用于旅游企业内部的人才提升培训,同时可作为各界人士提高礼仪素养和交际能力的优秀读物及自我训练手册。在编写过程中,本教材得到了学校和学院领导、同事的大力支持,编写中参考了大量国内外优秀资料和业界的研究成果,并得到了有关专家的指导与帮助,限于篇幅仅列出了主要参考书目,在此对各位专家、学者深表谢意。还有些资料来源于互联网上发布或转发的信息、学生实习实践所收集资料等,在此亦向各位原作者表示衷心的感谢。由于时间和水平有限,在教材编写过程中难免存在不足之处,敬请各位专家和读者给予指正。

编者

《旅游接待礼仪》二维码资源

目录
Contents

Note

第一章
礼仪概述

学习目标　　了解并掌握礼仪的定义和内涵,了解礼仪的起源,理解东西方礼仪演变过程,能区分中西方礼仪内涵;理解并掌握礼仪的特点、原则和功能,理解在实践运用中的心理学基础所对应的理论支撑;掌握旅游接待人员应具备的礼仪素质、服务意识、自我心态调适能力等,了解礼仪与旅游服务工作的关系。

素养目标　　培养学生强烈的爱国情怀和较高的思想道德意识,帮助学生具备探究真相的科学精神,树立文化自信。

第一节　何为礼仪

案例引导

曾国藩的识人用人之道

曾国藩察人,并非全凭相貌,他更善于在日常生活中,"听其言量其心志,观其行测其力,析其作辨其才华,闻其誉察其品格"。曾国藩认为,"办事不外用人,用人必先知人"。曾国藩用人有严格的统一要求,即以道德品行为重,尽量弃用那些官气重、心窍多、投机取巧的浮华之人,而选用那些刻苦耐劳、务实肯干之人。

传闻清咸丰末年某日,李鸿章命三位新进淮军将领往谒曾国藩,次日向他请教观感。曾国藩说:"那位相貌平平的,将来会有大成就;个子高的尚可;只有矮个子的前途有限。"

李鸿章请他进一步说明,曾国藩解释道:"他们三人来到后,我要其在大厅外台阶上站着等大约一个时辰,这中间我来回走动,借机观察他们。那个高个子不停地用眼睛观察这房屋内的摆设,似乎在思考着什么;矮个子则低着头规规矩矩地站在庭院里,但我经过他们身边时,他会规规矩矩,我一背过去,他便会放松下来,实在没出息;

剩下那个年轻人相貌平平,背负双手,仰头看着天上的浮云。在这一个时辰里,看云的年轻人仍旧气定神闲地在院子里独赏美景,而另外两人已颇有微词。"

这三人中,相貌平平的是刘铭传,1885 年任台湾首任巡抚。

资料来源　豆丁网.《曾国藩慧眼识人案例》一文有删减。https://www.docin.com/p-69090920.html.

中国,不仅有着五千年文化历史传承,且以"礼仪之邦"闻名于世,吸引着世界各地游客慕名前来。礼仪,从其诞生之日起,就成为中华传统文化中不可分割的重要部分。学礼、传礼成为中国传统文人士子必修之技。孔子有云"不学礼,无以立",荀子则说"人无礼则不生,事无礼则不成,国无礼则不宁"。礼仪,之于国人的重要性可见一斑。

随着时代的进步,社会的发展,当今社会越来越重视待人接物的礼仪规范。礼仪,对提高个人素养、推动个人发展、促进个人成功起到至关重要的作用。

一、礼仪的内涵

所谓内涵,即含义,指的是事物的本质属性,具有抽象性和概念性。我们通过对礼仪内涵的解读,可以帮助人们更全面、更深入地了解礼仪的本质属性,从而让自己更快地掌握礼仪核心逻辑并能灵活运用。

因此,我们将从礼仪的起源和发展谈起。

(一) 礼仪起源

礼仪,是经过漫长的岁月累积,逐渐形成的。其起源可以追溯到人类社会形成的初期,但对礼仪的起源说法不一,目前有五种起源说,分别为:"天神生礼说""天地人统一的体现说""人性说""人性和环境矛盾的产物说""礼生于理,起于俗说"等。

1. 从理论上

从理论上来看,礼仪应是为了协调人类相互关系和主客观矛盾的需要而产生的。首先,人类为了生存和发展,必须与大自然抗争,不得不以群居的形式相互依存,人类的群居性使得人与人之间相互依赖又相互制约。在群体生活中,男女有别,老少有异,既是一种天然的人伦秩序,又是一种需要被所有成员共同认定、保证和维护的社会秩序。可以说,维系群体生活的自然人伦秩序是礼仪产生的最原始动力。

2. 从形式上

从形式上来看,礼仪产生于原始宗教的祭祀活动。远古社会,人们对于生存环境中出现的无法理解的自然现象感到迷惑不解,认为这是由一种超越现实和自然的力量所驱使的,即天神掌控着天地运行法则,所以就出现了以祭天、敬神为内容的祭祀活动。这些祭祀活动在历史发展中逐步完善成相应的规范和制度。随着人类对自然与社会各种关系认识的逐步深入,仅以祭祀为礼,已不能满足人们日益发展的精神需要,以及调和日益复杂的现实关系,于是人们将事神致福活动中的一系列行为,从内容和形式扩展到各种人际交往活动,从最初的祭祀之礼扩展到社会各个领域,形成各种各样的礼仪。

(二) 中西方礼仪发展与演变

1. 中国礼仪的发展与演变

"中国有礼仪之大,故称夏;有服章之美,谓之华。"中国"华夏"之美誉,来自唐代秦

微课视频

▼

《中国礼仪起源和发展》

Note

王府十八学士之一孔颖达的《春秋左传正义》，华夏文化的灿烂繁荣和文明礼仪道德的兴盛，在这十八个字中得到了完美的阐释。中华民族源远流长，在五千多年的历史长河中，我们创造了伟大的中华文化，形成了完整的礼仪规范和传统美德，被世人称为"文明古国""礼仪之邦"。中国的礼仪经过几千年的发展，经历了从无到有，从零散到完整的过程，礼仪发展大致上可以分为六个阶段。

（1）礼仪萌芽期——夏之前（公元前21世纪前）。

礼仪起源于人类慢慢走向文明的原始社会时期。在原始社会的中晚期出现了最早的礼仪，我们把这个时期称之为礼仪的萌芽期。在此期间，婚嫁、祭祀、日常交往的礼仪初具雏形。当时的礼仪形式单一，规范要求不多，所以不具有阶级性。

（2）礼仪形成期——夏、商、西周三代（公元前21世纪至公元前771年）。

这个时期的中国，由石器时代进入到青铜器时代。随着金属器具的使用，人们的生活水平得到提高，逐渐形成了不同的阶级。随着阶级的对立，原始社会向奴隶社会转变。

公元前21世纪至公元前15世纪为夏朝，是原始社会末向奴隶社会初的转变时期。由于对科学知识的匮乏，人们对一些自然现象不能理解，产生了对天、神的敬畏，就有了祭祀天神的宗教活动。商朝灭亡后，周朝取而代之。周朝为巩固阶级统治，赋予宗教活动以阶级色彩，对当时的礼仪形成起到了巨大的推动作用。当时辅佐周成王的周公旦，撰写了介绍周朝制度的《周礼》，这是中国流传至今的第一部礼仪专著。《周礼》记载了吉、凶、军、宾、嘉等"五礼"，这是我国最早形成的国家礼仪和制度。在周朝，大到国家政治制度，小到个人日常行为，涉及社会和生活方方面面的规范，周公旦都有所制定。在中国发展的历史长河中，虽然朝代更迭，但西周时周公旦所制定的各种礼制大多被传承了下来，《周礼》为中国的礼仪文化留下了丰富而完备的文献资料。

在这之后还出现了《仪礼》《礼记》，与这个时期的《周礼》一起被后人称之为"三礼"，成为国家制定礼仪制度参考的经典著作。

（3）礼仪变革期——春秋战国时期（公元前771年至公元前221年）。

西周末年，群雄割据，各路诸侯纷争四起。社会矛盾激化，违礼、僭礼之事层出不穷，礼制的权威遭到严重的挑战，即所谓"礼崩乐坏"。

但这一时期涌现出以孔子、孟子、荀子为代表的儒家，以及道家、法家、墨家等，形成了文化上百家争鸣的局面，为中华文明的繁荣发展奠定了扎实的基础。其中以儒家思想最为突出。儒家思想创始人孔子是春秋时期的政治家、思想家、教育家。传说，在孔子修撰的《仪礼》一书中记载了春秋之前的各种礼与仪。孔子认为"不学礼，无以立""质胜文则野，文胜质则史。文质彬彬，然后君子""非礼勿视，非礼勿听，非礼勿言，非礼勿动""仁者爱人"等礼仪思想理念。孔子倡导以"仁"为核心，仁先礼后，仁内礼外，以道德去教化、引导人；他提倡人们要重视礼仪，用礼仪来约束自我，用道德来规范自我，强调人与人之间要互相尊重、互相关心和爱护。通过孔子对礼仪的再次总结，把礼仪提升到"人性"的高度。

之后，孟子在孔子的基础上把"仁"的思想加以放大，提出了"王道""仁政""性善论""民本"等思想理念，以及以"德"和"礼"为核心内容、以"明人伦"为基本出发点的道德教化思想。

荀子在《荀子·富国》《荀子·大略》等著作中都提出了自己关于礼的思想和见解，

他主张隆礼、重法、提倡礼法并重。他认为通过外在的礼仪约束和法律的制裁，才能使人向善，采取德（礼）法并举的手段，才能把国家治理好。

（4）礼仪强化期——秦汉时期至清朝末年（公元前221年至公元1911年）。

公元前211年，嬴政统一六国，建立了中国第一个中央集权制的封建王朝——秦朝。秦朝建立后，采取了"书同文，车同轨"，统一道德与规范、统一度量衡等标准化举措，为礼仪的相续相传打下了坚实的基础。

到了西汉初期，思想家、政治家、教育家董仲舒在孔子的伦理道德观念和孟子的"五伦"道德规范上加以发扬，提出了"三纲五常"。

三纲是指"君为臣纲、父为子纲、夫为妻纲"，意思是君为主、臣为从；父为主，子为从；夫为主，妻为从。而"五常"指的是仁、义、礼、智、信。董仲舒认为五常之道是处理君臣、父子、夫妻、上下尊卑关系的基本法则。同时他提出的"罢黜百家，独尊儒术"得到了当时统治阶级的认可，使儒家的礼教得以流传，发扬光大。

到了唐朝，国家既强调德治和法治，也强调礼治。从《贞观礼》《大唐开元礼》等文献来看，唐代的礼乐制度是相当完善的。保存至今的《大唐开元礼》，为后世研究唐代礼乐制度提供了很大的帮助。

宋代时期，在儒家思想的基础上，融入了道家、佛学理念。代表人物有世称"二程"的程颢、程颐兄弟和朱熹等人。他们以"理"为最高哲学范畴，强调道德原则对个人和社会的意义，注重内心生活和精神修养，形成了一个代表新风气的学派，后世称之为"程朱理学"。

明代之后，礼仪趋于完善的同时也逐渐地烦琐起来。清朝建立后，满族慢慢与汉族融合，逐渐接受了汉族的一些礼制。同时使原有的礼制朝更加极端的方向发展，导致礼仪变得烦琐，也逐渐限制了人的个性自由发展，变成了平等交往与自由思想的绊脚石。在《大清会典》中就有记载，当职位低的官员与职位高的官员相见时，要行跪拜礼，动辄一叩三拜，重则三叩九拜。到了清朝后期，国力衰弱，清廷腐败，西方列强打开国门。随着西学东渐，一些西方礼仪传入中国，传统礼仪形式被打破。同时我们也要看到，这一时期的礼仪精髓构成了中华传统礼仪的主体。

（5）礼仪革新期——中华民国到新中国成立前（1912年至1949年）。

20世纪初，孙中山先生扛起了历史的大旗，推翻了清朝统治，废除了君主专制，并于1912年1月1日在南京就任中华民国临时大总统，建立了民主共和国。孙中山先生推行的三民主义——民族、民权、民生，打破了旧礼制，开创了中西礼仪合璧之先河，为近代礼仪形成奠定了基础。

在此期间，随着国门被打开，西方的科学、民主、自由、平等的观念，与新的礼仪形式也得到快速的传播并逐渐被大众认可。

（6）新时代礼仪时期（1949年至今）。

1949年10月1日，中华人民共和国成立，中国的礼仪也进入到一个新的发展阶段。新中国成立后，确立了以平等相处、友好往来、相互帮助、团结友爱为主要原则的社会人际交往道德规范，全国开展了"五讲四美"的文明礼貌活动。改革开放之后，由于与世界的联系越来越紧密，交往越来越频繁，西方一些简便、通用的礼仪规范也被大众所接受，这些西方的礼仪与我国传统礼仪文化相融合，渗透了我们生活的方方面面，形成

同步案例

《东西方礼仪的第一次冲突》

Note

了中国特色的、符合中国人观念的礼仪规范。

伴随科技的进步、时代的发展,礼仪从形式到内容上也与时俱进,不断推陈出新,更迭交替着。礼仪,已成为个人在人际交往中必不可少的素质和能力,甚至影响着人的一生。

2. 西方礼仪的发展与演变

(1)荷马时期(公元前 12 世纪至公元前 9 世纪)。

爱琴海地区和希腊是欧亚大陆西方古典文明的发源地。约公元前 6000 年起,爱琴海居民开始从事农业生产。此后,相继出现了克里特文化和迈锡尼文化。公元前 12 世纪,古希腊进入根据《荷马史诗》的作者名字来命名的"荷马时代"。

《荷马史诗》铸就了希腊精神也缔造了希腊人特有的性格。《荷马史诗》里的《伊利亚特》和《奥德赛》是两部叙事诗,主要描写特洛伊战争和希腊英雄奥德赛的故事。当中歌颂了英雄时代的人格理想和荣誉高于生命的价值观念,孕育了希腊人的人文精神,其中有不少对礼仪的论述,如讲礼貌、守信用的人才受人尊重。

(2)古希腊古典时期(公元前 5 世纪至公元前 4 世纪)。

在古希腊历史上,毕达哥拉斯应是有文献记录以来第一个论述人的本性与道德关系之人,他提出"美德即是一种和谐与秩序"的观点,开创西方研究礼仪之先河。

被西方世界认为是圣贤,地位与中国的孔子相当的苏格拉底认为,哲学的任务不在于谈天说地,而在于认识人的内心世界。在苏格拉底看来,人们在交际中要做到公正和行为得当,就要符合交际中的规矩。只有懂得了待人的规矩,他才会举止得当,做出合乎公正的事。因此,苏格拉底不仅教导人们要待人以礼,而且在生活中他也身体力行,为人师表。

苏格拉底的弟子柏拉图,秉承师长的理念,在其著作《理想国》里强调了教育的重要性。并大篇幅地强调公道正义等问题,他指出理想的四大道德目标:智慧、勇敢、节制、正义。

被马克思称为"古代最伟大的思想家"的亚里士多德,在全面总结概括前人思想的基础上,建立起了他的理论思想体系。他认为"人类由于志趋善良而有所成就,成为最优良的动物,如果不讲礼法,违背正义,他就堕落为最恶劣的动物""法律就是秩序,有好的法律才有好的秩序"。基于普遍遵守法律的习惯,亚里士多德认为,"道德德性是灵魂非理性部分的德性,是在实践过程中由习惯训导而养成的德性。"

(3)罗马共和国时期到罗马帝国时期(公元前 6 世纪至公元 476 年)。

公元前 146 年,罗马帝国征服了希腊。此时的罗马帝国在广泛地吸收了希腊文化的基础上,发展和创造了自己的文明形式。

古罗马教育理论家昆体良在其著作《雄辩术原理》一书中,对道德和礼仪教育提出了自己的观点。他认为道德与礼仪教育要从幼儿时期开始抓起。而诗人奥维德通过诗作《爱的艺术》对日常人们的行为也做了提点,告诫青年朋友不要贪杯,用餐不可狼吞虎咽等。

(4)中世纪时期(公元 5 世纪后期至公元 15 世纪中期)。

公元 476 年,西罗马帝国灭亡,欧洲进入封建时期,这一时期欧洲共有的文明逐渐形成。中世纪欧洲以土地关系为纽带,形成了森严的封建等级制度,将封建主与附庸关联在一起。为了适应这种封建等级制度,在贵族之中形成了封建社会所特有的严格而烦琐的礼仪,如贵族礼仪、宫廷礼仪、敕封式等。于 13 世纪完成的冰岛诗集《埃达》,就详尽地叙述了当时用餐的规矩,如嘉宾贵客居上座,举杯祝酒有讲究等。

(5)文艺复兴、宗教改革与启蒙运动时期(公元 14 世纪至 18 世纪)。

14 世纪到 18 世纪,欧洲经历了文艺复兴、宗教改革、启蒙运动等不同阶段。文艺复兴讴歌了人的尊严和价值,大大提高了人对自身形象的认识和对荣誉的热爱。使人在发展自然美的同时也注重自身的自然美,讲究自身的行为美,于是个人礼仪和社交礼仪被提到实现人的自身价值的高度,受到前所未有的重视,贵族礼仪也向平民百姓传播开来。在此期间,许多作家、学者、哲学家都对礼仪有过论述。

16 世纪意大利作家加斯梯良的《朝臣》,不仅是一本文学经典著作,更是当时所有礼仪书中颇为有名的。在书中,他论述了从政的成功之道和礼仪规范及其重要性。

尼德兰人文主义者伊拉斯谟撰写的《礼貌》,着重论述了个人礼仪和进餐礼仪等,提醒人们讲究道德、清洁卫生和外表美。

英国资产阶级启蒙思想家弗朗西斯·培根在《论礼节与仪容》中写道,"一个人若有好的仪容,那是于他的名声大有裨益的,而且正如女王伊丽莎白所说,'那就好像一封永久的推荐书一样',对礼仪不讲究,只能遭受别人的怠慢。"

(6)资产阶级革命时期(公元 17 世纪至 18 世纪)。

17、18 世纪是欧洲资产阶级革命浪潮兴起的时代,尼德兰革命、英国资产阶级革命和法国大革命相继爆发。随着资本主义制度在欧洲的确立和发展,资本主义社会的礼仪逐渐取代封建社会的礼仪。资本主义社会奉行"一切人生而自由、平等"的原则,但由于社会各阶层经济上、政治上、法律上的不平等,未能做到真正的自由、平等。不过,这个时代学者们编撰了大量的礼仪著作来推广这一理念。如,捷克教育家夸美纽斯编撰了《青年行为手册》,对年轻人的行为提出了要求;英国教育思想家约翰·洛克于 1693年出版的《教育漫话》系统地、深入地论述了礼仪的地位、作用以及礼仪教育的意义和方法。

德国学者缅南杰斯的礼仪专著《论接待权贵和女士的礼仪,兼论女士如何对男士保持雍容态度》,于 1716 年在汉堡问世。

英国政治家切斯特菲尔德勋爵在其名著《教子书》中指出:"世间最低微、最贫穷的人都期待从一个绅士身上看到良好的教养,他们有此权利,因为他们在本性上是和你相等的,并不因为教育和财富的缘故而比你低劣。同他们说话时,要非常谦虚、温和,否则,他们会以为你骄傲而憎恨你。"

德国的克尼格男爵在 1788 年出版的《与人交往》一书中,介绍了社交场合与日常生活中应该注意的行为举止。

(7)近现代时期(公元 16 世纪至今)。

到了近代,西方的礼仪也随着社会、经济一样得到了长足的发展,礼仪在遵循礼仪规范的同时,也渐渐地对举止的"美"有了更高的要求,礼仪也日趋实用性和简易性,渐渐受到世人的关注。在此同时,关于礼仪的论著也是层出不穷、百花齐放。西方现代学者更是编撰出版了不少礼仪相关书籍,其中比较著名的有法国学者让·塞尔的《西方礼节与习俗》,英国学者埃尔西·伯奇·唐纳德的《现代西方礼仪》,德国作家卡尔·斯莫尔卡的《请注意你的风度》，以及美国礼仪专家伊丽莎白·波斯特编的《西方礼仪集萃》和美国教育家卡耐基编撰的《成功之路》丛书等等。

直到今天，这些礼仪书籍还对中西方产生着深远的影响。

（三）中西方礼仪内涵差别

世界文明发展至今，多以文明、礼仪作为评判一个国家或者地区的标准之一。而礼仪的形成，在世界各地、各个民族、各个国家都是一个漫长的过程，中国如此，西方国家亦如此。在不同的自然环境、历史背景、人文传统和价值观的影响下，中西方之间对礼仪的内涵认识有着一定的差别。

1. 中西方对礼仪的认知共识

在礼仪的发展过程中，由于起源的不同，礼仪文化会形成不同的精神和原则，但在某些方面也有其共同之处。

（1）道德。

礼仪与道德息息相关。我国古代，道德就是礼仪的中心内容，如《礼记》记载："前圣继天立极之道，莫大于礼；后圣垂世立教之书，亦莫先于礼""人有礼则安，无礼则危，故曰：礼者不可不学也"，可见"礼"在中国作为道德标准与行为准则的地位十分重要。"礼"，主要体现在"仁"与"敬"上。所谓"仁"，从字形来看，就是两个人，指人与人的组合。许多伦理道德的内容，便从这里开始，再扩展为协调人际关系的重要原则。可见，"仁"作为我国古代礼仪文化的中心内容，有着无比丰富的内涵。

无论是中国的儒家学说，还是古希腊时期各先哲们对礼仪的论述，无不围绕着道德阐述相关观点。事实上，有时候道德和礼仪的界线很难分清楚。因为礼仪与道德都是用来处理人与人的关系，以及人与社会关系的一种行为准则。不过礼仪偏重于行为方式的层面，道德偏重于内心修养和价值观念的层面。我们评论某人具有较好的道德修养，往往可以从他的礼仪行为上得到验证。某人的行为引起周围人的强烈不满，究其原因，往往跟他的道德修养有关。道德的评判标准常常又和是否违背礼仪规范有关。遵守礼仪，就是为了使社会生活有序、和谐，同时也是为了协调人际关系。如果破坏了这种有序、和谐的关系，造成人际关系的不协调乃至破裂，就是违反了礼仪规范，很多时候也同样违反了道德的准则。

（2）有序。

礼仪的诞生本身就是为了维护人与人之间的有序关系。在人类社会的生产和生活中，人与人之间要能相处好，就需要建立起正常的秩序，并用一种大家都认同的行为规范来约束每一个人，以保持这种正常秩序。荀子主张"水火有气而无生，草木有生而无知，禽兽有知而无义；人有气、有生、有知，亦且有义，故最为天下贵也。力不若牛，走不若马，而牛马为用，何也？曰：人能群，彼不能群也。"（《荀子·王制》）荀子认为，人不同于水火、草木、禽兽，是因为人能结合成社会群体，而其他物种不能结合成社会群体。而"礼"，在社会群体中的本质就是为了维系社会的正常秩序，保证人类社会的健康发展。

由此可见，制定行为规范的根本目的是维持秩序，因此，无论中外，有序是礼仪内涵中的重要的原则之一，是处理人际关系的基本准则。

2. 中西方礼仪文化的核心精神

礼仪是与传统文化相联系的，是一种以传统的方式出现的时空层面的文化连续体，是一种历时持久的、由社会传递的文化形式。因此人的礼仪受一定地域、民族、社会共同心理因素的支配。在这种独特的心理下,人们继承祖先遗留下的各种礼仪,代代相传。

（1）东方礼仪文化。

在我国历史上,礼仪规范具有很强的约束性,有时甚至具有法律效应。从礼仪运用的历史看,逐渐形成了"谦""和""适度"的概念。

首先是"谦"与"和"。中国传统文化的和谐观决定了中国礼仪文化注重谦和、诚信的原则。孔子言:"礼之用,和为贵。"（《论语·学而》）"和"是中国传统文化非常重要的价值取向。《中庸》里甚至把"致中和"视为极高的道德境界。"和"也被认为是君子的重要品质,《论语·子路》有言:"君子和而不同,小人同而不和。"

礼之运作,包含有"谦和"之德。谦者,谦虚谨慎也。"谦"是因为"和"而"谦"。谦德根源于人的辞让之心,其集中表现就是在荣誉、利益面前谦让不争,以及人际关系中的互相尊重。中国历史上的"将相和""孔融让梨"等都是以谦德为主题的故事。与此相联系,有所谓"和德"。"和德"体现在待人接物中为"和气",在人际关系中为"和睦",在价值取向上为"和谐",而作为一种德性是为"中和"。《中庸》有言:"喜怒哀乐之未发,谓之中;发而皆中节,谓之和。"由此,与家庭、邻里和睦,最终协和万邦,达到"礼""谦""和"一体。

其次是"适度"。中国人贵"和",提倡"中庸"的处世态度。要做到"和"就要保持"中"道。"中",就是指事物的"度",即不偏不倚,既不过度,也不要不及。"中"也指对待事物的态度,既不"狂",也不"狷"。"持中"是实现和保持和谐的手段。凡事叩其两端而取中,"取中"是"礼仪"的原则。在人际交往中,人们常说的"不卑不亢"也是一种适度原则。过于谦恭是为卑,过于高调是为亢,真正做到不卑不亢,才是礼仪风度的规范。

适度原则使礼仪变得实用。因为礼仪的规范常常是划一的,因为有了"适度"原则,人们在实践礼仪的时候,就可以因时、因地、因人、因事来灵活运用礼仪规范。如在礼仪的隆重程度、仪式的繁简、规模的大小、礼物的多寡等方面,人们就可以根据实际灵活处理,不必强求一致。

（2）西方礼仪文化。

西方礼仪和习俗是在西方的特殊社会历史条件下形成的,反映了西方文明的基本精神原则。西方礼仪文化总体来说也有与中国礼仪文化相似之处。但西方礼仪由于其起源与演变的过程不同,又呈现出与我国不同的基本精神和原则,比如更强调个性发展和个人隐私等。

（四）与"礼"相关的常用概念

了解了礼仪的起源与发展,以及中西方礼仪内涵的区别之后,我们再来认识一下与"礼"相关的常用概念。

1. 礼

本意是指"事神致福",表示对神的尊敬,来源于远古的祭祀活动,后由对神的尊重引申为对人的尊重。它既指通过举办隆重而庄严的仪式表现对某事的重视,又可以指人际交往中对交往对象所表现出的敬意。

2. 仪

在古代有很多关于"仪"的记载,如《诗经·大雅》中"令仪令色,小心翼翼",《国语·周语下》中"度之于轨仪",《淮南子·修务训》中"设仪立度,可以为法则"。"仪"的原意指容貌举止、法制、准则、标准、典范,后引申为仪表、礼仪、仪式。在现代社会,"仪"也是人际交往中表示互相尊重、友好的具体形式,主要包括仪容、仪表、仪态、仪式等内容。

知识链接

鲁昭公之"礼"

《左传》中记录了一个有名的故事:鲁昭公到晋国去访问,抵达晋国国都郊外时,晋国国君派大臣到宾馆去慰劳他,这一礼节称为"郊劳"。晋人迎接鲁昭公的仪式从郊劳开始,步步为礼,极其复杂,鲁昭公应对有余,一点都没做错,晋国人看了佩服得不得了,赞叹他懂礼。晋国有一位叫女叔齐的大夫说:"他哪是懂礼呀,他做的不过是'仪'罢了。礼的根本是要治国安邦,现在鲁国的政治非常混乱,而鲁昭公还到处欺骗大国、凌虐小国,甚至做些乘人之危的事情。灾难就要降临到头上了,他却浑然不知。他不把精力放在礼的根本上,却放在礼仪的末节,这样的人怎么算是懂礼呢?"女叔齐把鲁昭公的行为举止称为"仪",真是一针见血。礼的根基是内心的德,根基全无,外表却做得像模像样,只是"作秀"而已。

资料来源　彭林.中华传统礼仪概要[M].北京:商务印书馆,2017.

3. 礼貌

礼在内,貌在外,是在人与人长期的生活和交往中逐步形成的共同遵守的道德规范,是互相尊重友好的具体体现,也是每个人的思想道德、文化修养、交际能力在语言与动作上的积极向上、对人尊重的外在体现。如,在学校里,老师与学生互相致意问候,就是双方首先意识到互相尊重的重要性,然后通过致意问候等形式表达出来的礼貌。

4. 礼节

礼节是指在相互表示问候、致意、祝愿、哀悼时惯用的规则和形式,是在待人接物中对他人表示尊重与友好的外在行为规范,是礼貌在语言、行为、仪态等方面的具体体现。礼貌与礼节应该被视为一个整体,礼貌是礼节的内涵,如果有人只会表面的礼节,不懂礼貌的内涵,给人感觉是空有架子、没有实际的内容,有空洞、夸张、做作之感。而如果有人只有对他人尊敬友好的心意,却不知怎样去表达,往往也是不行的,这时,了解和掌握一些礼节规范就很重要。

5. 礼仪

礼仪分别由"礼"和"仪"两部分构成。"礼""仪"最早合用出现在《诗经·小雅·楚茨》当中,"为宾为客,献酬交错。礼仪卒度,笑语卒获",此处的"礼仪",意为在尊神祭祖时,要怀着虔诚的心理,认真地履行每一道程序,并把握好分寸。自秦汉以后,礼仪一词连用的频率渐渐多了起来,"礼"和"仪"的区别也渐渐趋于淡化。礼仪现在多指人们在社交生活中互相尊重而形成的约定俗成的、共同认可的规范体系。

Note

礼貌、礼节和礼仪，它们虽各自都有个"礼"字，但仍有区别。礼貌是意识，礼节是行为；礼貌是"礼"通俗的说法和评价，礼仪是"礼节"更为正式和官方的要求，虽在"礼"上侧重点各有不同，但对他人表示尊重和友好之心却是三者共同基础。

（五）礼仪运用的核心原则

通过梳理礼仪的起源和发展，了解与礼仪有关的概念，我们可以大致归纳出礼仪运用的核心原则。

1. 尊重和尊敬是基础

礼仪的出发点是尊重和尊敬。只有尊敬他人，才能得到别人的尊重。所以尊敬和尊重是建设人与人和睦社会的首要条件。

2. 约定俗成是共识

礼仪是一套系统，是一套行为准则，它不以个人意志为转移。礼仪涉及社会的每一个成员，每个人只有遵守这种规范，才能约束自己的言行，人际交往才能变得有序，才能营造和睦相处的氛围。约定俗成是指在社会生活中，通过交际行为表现出来的，被同一背景下的人所认可和接受的共识，并对同一背景下的人具有强大的精神思想约束力。人们只有在交往场合中遵守这些约定俗成规范，才不至于失礼、无礼。

二、礼仪的外延

相对于"内涵"而言，"外延"是指反映事物本质属性的所有事物，也就是与它有关系的其他概念的适用范围。因此，礼仪的外延是指与礼仪相关的，符合礼仪属性的任何人与物的外在表现，仪容仪表、行为举止、待人接物、社会交往、活动仪式、社会规则秩序等都属于礼仪的外延范畴。

礼仪具有其特点、原则和功能。

（一）礼仪的特点

1. 共同性和普遍性

人类对真善美的渴望与追求可以说是一致的，而礼仪就是真善美的表现之一。礼仪是社会各个阶层人士所共同遵守的行为准则和规范。这种规范和准则在全社会的共同认可下，才会被推广和使用，才会被大众普遍认同。虽然特定的国家、民族、地区有自己独特的文化习惯和礼仪风俗，但在经济全球化、交通便利化的大背景下，不同礼仪文化相互交融，现代礼仪正向简洁、务实方向发展，不同地区的礼仪的表现也趋于大同。

2. 规范性和传承性

规范性主要是指待人接物的礼仪标准，礼仪对具体的交际行为有相当强的规范性和制约性。与法律不同，礼仪不具有强制性，其规范性更多地表现为舆论性。这种规范性不仅约束着人们在交际场合的言谈举止，更成为人们在交际场合必须遵守的行为准则。

不同国家和地区的礼仪具有各自鲜明的民族特色，是在其传统礼仪的基础上继承和发展起来的。离开了本国、本民族既往礼仪成果的传承，就无法形成其成熟的当代礼仪，这就是礼仪传承性的特定含义。

3. 发展性和差异性

世界上任何事物都是在不断地发展、变化的,礼仪虽然有较强的相对独立性和稳定性,但它也是随着时代的进步而发展的。伴随社会交往的扩大,各国间礼仪文化在不断地融合和渗透。原本的礼仪既要保持原有的传统特色,又要吸收更简洁、更实用、更为大众所接受的其他礼仪文化为己所用。那些传统的、不符合时代发展需求的礼仪会随着时间的流逝而成为历史的陈迹,可见一种礼仪文化往往成为一个时代的写照,也深深地烙印着那个时代的特征。

礼仪根据交往对象、社会环境、文化背景、时代变迁的不同,具有一定的差异性。甚至同一民族、同一地区也会因为社会发展程度不同,造成礼仪表现方式和表达内容差异明显。所以我们在待人接物时一定要注意尊重不同国家、地区和民族的风俗习惯。因此,了解不同文化背景和社会环境下的各种礼俗就显得尤其重要。

(二)礼仪的原则

1. 互相尊重原则

孟子曰:"仁者爱人,有礼者敬人。爱人者,人恒爱之;敬人者,人恒敬之"(《孟子·离娄下》),英国作家高尔斯华绥说:"尊敬别人,就是尊敬自己",都指出尊重就是礼仪的核心。尊重有自我尊重与尊重他人之分,即自尊和敬人。只有做到了尊重别人,才能得到别人的尊敬,才能保持和谐、融洽的人际关系。

2. 友善平等原则

平等而友善地待人是中华民族的传统美德。即尊重他人,对任何人都报以一视同仁的态度。平等是人际交往的基础,只有做到友善平等地待人,他人才会友善平等地待你,不可根据样貌、衣着、学历、财产的不同,而区别对待他人。

3. 宽容他人原则

即用宽容豁达的胸怀对别人的言行举止有所包容和理解。在人际交往过程中,不要把自己的意见和为人处世的经验强加于人,要让对方能充分地抒发己见、表达自己、表现自己。同时,要站在别人的视角、观念去看待问题,要处处为他人着想,多多地体谅和关怀别人。

4. 严于律己原则

宽容他人的另一面就是严于律己。严于律己告诫我们要严格地要求自己,通过对礼仪的学习、对照、比较,发现自己在行为举止、语言、思想上的不足。通过学习,提升自身的素质,完善自我、提高自身的能力。

5. 入乡随俗原则

由于地域、文化、民族的不同,各国、各地区、各民族的礼仪风俗也千差万别。入乡随俗就是不要将自我的礼仪文化作为标准,要将所在地区的文化背景、风俗习惯、礼仪习俗等作为依据,适当地改变自己的礼仪习俗,这样才能更好地融入当地的社会和文化当中,更好地与人交往。

6. 恭谦适度原则

在与人交往的过程中，一定要掌握好"适度"的原则。为了能更好地与人沟通和交往，我们往往会十分热情，以期望对方能更好地接受自己。但是如果没有把握适度原则的话，就会给人谦卑之感。所以，我们在待人接物的过程中，必须要坚持适度原则，不卑不亢，既让人感受到你的热情大方，又要让对方感受到你的自信和自尊。

7. 诚实守信原则

诚实守信是互相友好交往的基础，也是交往的基本条件。我们要做到言必行，行必果，一诺千金，把以诚待人、言行一致、表里如一通过自己的实际行动表现出来，给对方留下一个良好的印象。

8. 遵守礼规原则

俗话说"没有规矩，不成方圆"，万事皆如此。人与人之间交往的规矩就是礼仪规范。在人际交往中，只有遵守了礼仪规范，才能做到不失礼、不违礼、不无礼，才能更好地处理人际关系。

（三）礼仪的功能

1. 教育功能

礼仪在人际交往中起着行为规范的作用，从而约束人们的行为，因此礼仪具有一定的教育作用。在人类的文明进程中礼仪的教育作用具有重要意义。

礼仪既是社会文化传统的重要组成部分又是一种社会规范，它可以纠正人们不良的行为习惯，同时也通过树立遵守礼仪的榜样，潜移默化地影响着周围的人，进而使大众群体向懂礼、知礼的方向发展。

2. 沟通功能

沟通在人与人的交往中起到至关重要的作用。沟通的方式有很多种，如通过语言文字进行沟通，通过声音行为进行沟通等。无论通过哪种方式，在沟通交流过程中，双方都会传递信息。如果交往双方礼待对方，势必使双方的关系逐渐拉近，在互相感受到尊重和友好的情感中，进一步加深彼此的交流。反之，则会阻碍沟通。

所以，礼仪使人们的情感更易于传递，从而使双方交往成功，这就是礼仪的沟通功能。

3. 协调功能

礼仪是人际关系的调节器和润滑剂。礼仪的内涵就是尊重他人、关心他人。礼仪不仅有助于形成和发展人与人之间互相尊重、友好的合作关系，增进感情，消除误会，同时，礼仪也可以协调或避免某些不必要的情感对立与交流障碍，使人们的正常生活得以维系。

4. 维护功能

当社会群体认同了某一礼仪行为规范后，礼仪就具有了一定的维护社会秩序的功能。人们在社会生活中能够自觉地按照礼仪的要求规范自己的行为，并约束自己，减少不道德和不文明行为，使社会更为安定。

第二节 礼仪的心理学原理运用

案例引导

客人缘何满意

晚上 10:30 左右,酒店的餐厅走进来三位客人,说:"还能在这儿吃点夜宵吗?累了不想再往外跑了。""可以,您想吃点什么?我去给您准备。"服务员对客人说。客人开心地说:"太好了,谢谢你小姑娘,我们一起三个人,随意上点就行。"

时间已经很晚了,工序复杂的饭菜餐厅没法做了,晚上吃多了也不利于消化。想到这儿服务员对客人说:"时间比较晚了,过会儿就该休息了,给您上点易消化的食物,比如清淡的面条和小菜,您看可以吗?""可以,太好了,热乎乎的面,想想是又馋又饿。"客人满意地答道。接着,客人感慨道:"还以为这么晚已没有吃的了,我们本来都不抱太大期望了的。""怎么可能不给您提供食物呢?您来了我们就会尽力做到使您满意。"服务员回答道。

十分钟后,饭菜上齐。服务员从客人的交谈中得知,这三位客人是驾车来济南看望病人的,但不知道去医院怎么走。于是服务员详细地为客人讲了去医院的路线,还简单地画了张地图给客人,并细心地画上了回酒店的路线。

服务员耐心细致的服务得到了客人的好评,客人临走时直夸酒店服务热情、周到,服务员的素质高,还说:"下次来啊,我们还住你们酒店。"

资料来源 职业餐饮网.《顾客满意服务案例》节选。http://www. canyin168. com/glyy/cygl/cyal/201204/40949.html.

从第一节的礼仪内涵阐述和外延分析,我们了解到,礼仪强调的是人和人交往时,需要注意的规范性问题,即"度"的把握。然而,在具体的生活实践中,如果只僵化地去执行和应用这些"规范",礼仪往往无法有效地指导我们待人接物,甚至还给人带来"无礼"之感。以本节导入案例为例,酒店下班后,多数餐厅服务员的接待用语是:"抱歉,我们的后厨已经下班,没有办法开餐了。"而案例中的酒店餐厅服务员,不仅巧妙地解决了酒店正常供餐时间之外的临时就餐问题,还为客人做了道路指引,获得了客人的好评。其成功的核心就源自服务员了解顾客的心理,通过对客户心理的分析,既满足了客人的需求,避免造成客人不满的情况发生,同时通过有效引导,使客人选择简餐,缓解了后厨的工作压力。

可见,礼仪不是僵化的标准,而是"度"的有效把握,及"和"能力的体现。那么礼仪蕴含着怎样的原理?哪些心理学原理能有效地反映人与人交往时个人的内心状态和思想活动？一些工作要求和礼仪规范又从何而来？这些问题我们在本章学习中会给出答案。

一、关于礼仪的本质——尊重他人

（一）尊重的根源

1. 人的社会化

我们知道，人的本质是一切社会关系的总和，人与动物的区别在于人的社会属性，人如果要在社会中生存下去，就必须体现出他的社会属性，以获得他人认可。

人的社会化是一个人接受和学习社会的行为模式，使外在的社会价值内化，从而成为社会成员的过程。在此过程当中个体逐渐培养出自我意识、自我观念，因此人的社会化也是个体对自我存在状态觉察和认识的过程，包括对自己的生理状况（身高、体重、形态等）、心理特征（兴趣爱好、能力、性格、气质等）、自我与他人的关系、自我在社会和群体中的位置与作用等一系列涉及认识自我的内心活动。我们对他人表示尊重，就是告诉对方其在社会和群体中所处的位置。

2. 人的需求层次理论

美国心理学家亚伯拉罕·马斯洛 1943 年在他的《人类激励理论》中首次把人的需求由较低层次到较高层次依次分成：生理需求（Physiological Needs）、安全需求（Safety Needs）、爱和归属感（Love and Belonging）、尊重（Esteem）和自我实现（Self-actualization）五类。

根据马斯洛对第四层次"尊重"的分析：人人都希望自己有稳定的社会地位，要求个人的能力和成就得到社会的承认。尊重，又可分为内部尊重和外部尊重。内部尊重，就是人的自尊，是指一个人希望在各种不同情境中以有实力、能胜任、充满信心、能独立自主等特性证明自己。外部尊重，是指一个人希望有地位、有威信，受到别人的认可、信赖和高度评价等。马斯洛认为，尊重需求得到满足，能使人对自己充满信心，对社会满腔热情，并感受到自身的价值。

从上述的内部尊重和外部尊重的理论可知，尊重对自我、对他人十分重要。

（二）尊重的表达

尊重，意为尊敬、重视。在古代的中国是指将对方视为比自己地位高而必须重视的心态及其言行，现在已逐渐引申为平等相待的心态及其言行，是人的内在自我的需要。满足他人的内在自我需要，是社会化的人文明后的基本表现。正如奥地利心理学家弗洛伊德所说：文明是放弃本能满足的结果，是人的本能的移置与升华。礼仪就是为了人与人之间的和谐交往而对本我的修饰，也是人的本能的移置和升华。

1. 快速准确地称呼

美国人际关系学家卡耐基说过："记住人们的名字，而且很轻易就能叫出来，等于给予别人一个很巧妙而又有效的赞美。"能在短时间内记住他人姓名，并准确地称呼，是尊重他人的典型做法之一。

2. 让对方成为中心

在人际交往中,使对方成为中心,是愉悦对方的重要方法之一。其首要的做法是"目中有人",即我们的目光要关注到对方,让对方知道他在你心中的地位。其次,我们的话题以及待人接物的方式,都能让对方感受到尊重,从而放下心理包袱,轻松自如地与我们交流,并从中感到满足。

3. 保持合适的距离

无论对方与自己的关系如何,要注意与他人之间保持一种合适的心理距离。尊重他人就是给对方留有空间,不询问他人的隐私和秘密,"己所不欲,勿施于人",说的就是这个道理。

4. 接受不同与差异

"金无足赤,人无完人",人与人交往,应严于律己,宽以待人,要接受对方的不同,允许对方跟自己不一样。

二、关于礼仪运用的基础——心理效应

(一) 首因效应

首因效应也叫首次效应、优先效应或第一印象等,指交往双方形成的第一次印象对今后交往关系的影响,该理论由美国心理学家洛钦斯首先提出。洛钦斯认为人与人交往"先入为主"的效果影响深远。有时候,这些第一印象并非总是正确的,却是最鲜明、最牢固的,并且决定着以后双方继续交往的可能性和进程。

如果一个人在初次见面时给他人留下了良好的印象,那么人们就愿意和他接近,彼此也能较快地相互了解,并会影响人们对他以后一系列行为和表现的解释。反之,对于一个初次见面就引起对方反感的人,即使由于各种原因难以避免与之接触,人们也会对其显示出冷淡、隔离的状态。在极端的情况下,甚至会在心理上和实际行动中与之产生对抗状态。

从首因效应可知,在旅游接待工作中,我们要获得客人的认可和好感,从个人自身的仪容、仪表、着装等外在状态到整个工作环境,均需做好充分准备,并适时地展现出来。

(二) 晕轮效应

晕轮效应又称光圈效应,是指在人际交往中,人们经常将对方具有的某个突出特点泛化到其他方面,只根据少量的信息就对别人做出全面的结论。受此影响,一个人或事的某个优、缺点如同光圈一样被放大,造成其他的优、缺点被隐藏在光圈之后被人忽视。比如,我们容易对具有美好外形的人表示认可,富有好感,这就是晕轮效应在发生影响。

晕轮效应很好地解释了,为什么旅游接待人员要注意自己的外在形象,要注重营造良好的旅游接待环境。打造美好形象,吸引客人注意,这是旅游企业应该关注的细节。

(三) 近因效应

近因效应也影响着他人对自己的认知和评价。它与首因效应是一个问题的两个方

知识点
自测
▼

面。一般来说,在与他人初次交往时,首因效应比较明显,而与熟悉的人交往时,近因效应则占了主导。

在旅游接待工作中,"100－1＝0"就是近因效应在起作用。这种偏差的产生,是由于最近获得的信息刺激强,给人留下的印象清晰,冲淡了甚至替代了过去所获得的有关印象。因此,在接待工作中每个人、每个环节都要保持一致的标准和要求。

(四) 刻板效应

刻板效应是指对某一个体或群体产生的一种比较固定的、类型化的看法。比如,人们一般认为工人豪爽、农民质朴、军人雷厉风行、教师文质彬彬、商人精明功利等等,都是类型化的看法,是对他人形成的固定、刻板的印象。

由于刻板效应的作用,人们在认知某人、某事或某物时,会先将对方的一些典型特征归属为某种类型,再把属于这种类型的典型特征归属到其身上,认为对方也一定具有这些典型特征。如,看见对方拿着一摞书,就觉得对方应该是知识分子,应该具有文质彬彬的气质。刻板效应的积极面是可以简化人们的认知过程,迅速对他人做出判断。当然负面结果更多,比如使人的认知变得僵化和保守,容易戴着有色眼镜看人,从而造成认知上的偏差和对他人不客观的评价等。

现在社会上流行的所谓立"人设",就是利用了刻板效应。需要注意的是,当企业或个人在"人设"中获利,那么在"人设"破灭后,就会损失得更多。在旅游接待工作中,作为企业要为自己准确定位,作为员工个人要始终如一地做好自己,使晕轮效应、首因效应、近因效应、刻板效应"四合一",从而将良好的职业形象展现给客人。

(五) 名片效应

名片效应指的是人际交往中,人们在思想、观念、兴趣、性格等方面的相似点越多(即"心理名片"),越容易拉近心理距离,得到对方认可。

作为旅游接待人员要具有良好的礼仪礼貌意识,让客人快速产生好感、认可我们的接待工作,巧用名片效应是一个不错的方法。可以在初次见面之时,捕捉对方的信息,找到自己与对方的相似之处,并在合适的时机,恰到好处地主动先向对方出示自己的"心理名片",可拉近双方的心理距离,使沟通顺畅。在接待工作中,主动热情地问候、适当地寒暄、对细节进行关注就是名片效应在起作用。

(六) 刺猬效应

刺猬效应是指刺猬在天冷时彼此靠拢取暖,但保持一定的距离,以免互相刺伤的现象。这个比喻来自叔本华的哲学著作中对西方寓言故事的描述,说的是在寒冷的冬天里,两只刺猬要相依取暖,一开始由于距离太近,将对方刺得鲜血淋漓,后来它们调整了姿势,拉开了适当的距离,不但相互之间能够取暖,而且很好地保护了对方。刺猬效应强调的是人际交往中的"心理距离效应",其理论可应用于多个领域。

在管理实践中,刺猬效应反映在领导与下属的关系上,领导者如要开展好工作,应该与下属保持"亲密有间"的合作关系。在教育工作中,我们常说的"自己的孩子都需要别人来教",指的就是教育者与受教育者只有保持适当的心理距离,才能取得良好的教育效果。在旅游接待工作中,无论新老客人,如果接待人员要给客人带来良好的心理感受,就不能太热情或太随意,也不可太疏离或太呆板。否则,必会导致客人不满。

(七) 超限效应

超限效应是指与人交谈、沟通要注意保持在最佳的心理边界之内。因为再好的刺激也不宜过多、过强或作用时间过久,否则会引起不耐烦或逆反的心理现象。比较经典的案例来自马克·吐温。据说有一次马克·吐温在听牧师演讲,最初感觉很不错,打算捐款;十分钟后,牧师还没讲完,他不耐烦了,决定只捐些零钱;又过了十分钟,牧师还没讲完,他决定不捐了;当牧师终于结束演讲开始募捐时,恼火至极的马克·吐温不仅分文未捐,还从盘子里顺走了2美元。

超限效应告诉我们,与客人沟通时,要把握宣传的度,推荐自己的产品时要注意时间、节奏、语调,尽量不给人以枯燥、啰嗦、强行植入的感觉,以免造成听者注意力分散,甚至产生厌恶、反感的情绪。

(八) 踢猫效应

踢猫效应指的是一种典型的坏情绪传染状态。这一理论来自这样一个故事:一个人在单位被领导训了一顿,心里很恼火,回家冲妻子发起了脾气;妻子无来由地被训斥也很生气,就摔门而出,在街上遇到一只猫挡住去路,便火冒三丈地一脚踢过去;猫被踢后猛地从一位老人身边窜过,老人被突然冲过的猫一吓,当场心脏病发作身亡。此效应说明:人的情绪具有传递性。因此,当人们给他人一个微笑,也许会给对方带来一天的好心情;当人们有不满情绪和糟糕心态时,会沿着等级和强弱组成的社会关系链条依次传递,由金字塔尖一直扩散到最底层,无处发泄的最弱小的那一个元素,则成为最终的受害者。

结合旅游接待人员来说,当我们处于工作状态时,无论之前接待人员经历过怎样的事情,无辜的客人都没有义务为其坏情绪买单。所以,及时调整心理状态,把坏情绪赶走,把良好的情绪和心态展示给客人,才是一名合格的旅游从业者应有的表现。

第三节　旅游与礼仪

案例引导

揭秘:新中国首批外交官夫人们礼仪培训内幕

1949年9月,胡济邦进入正在筹建的新中国外交部大楼,同年11月至次年7月在外交部东二楼大厅举办的大使学习班里,任外交礼仪教官。

在学习班里,外交礼仪教官胡济邦被尊称为"老外交",她是个"传奇人物",是在隐秘战线上战斗了近30年的红色战士。她教起学生来极为严格,就连王稼祥夫人、朱剑凡之女朱仲丽都对其钦佩不已。胡济邦指着一位夫人的旗袍,连连摇头:"不行,你的底裤太长,都露在旗袍开衩外面了,必须穿衬裙,知道吗?"准备去匈牙利当大使的黄镇夫人朱霖,穿了件连衣裙,解开领扣,把里面的背心往领口拽了拽,觉得很漂亮,但胡济邦直摇头:"不行,背心不能露出来,这样人家会认为不礼貌。"受培训的夫人们个个都是短发。胡济邦指着她们的发型说:"外交场合要烫发,搽上点粉,抹点口红。"

胡济邦在外交部办公厅担任秘书科长、处长,研究室研究员等近7年,为共和国外交部的初创,付出了心血,得到了李克农(时任外交部副部长)的赞赏。

资料来源 陈抚生.浴火而生的铿锵玫瑰——苏德战场唯一的中国女记者胡济邦[J].人物.2008(4),节选。

从新中国的第一批外交官、外交官夫人的礼仪培训开始,传递中国良好形象就成了每个中国公民应有的意识。从外交官到对外展示国人形象的窗口——旅游活动,礼仪已成为各行业从业者的基本素质要求。

一、礼仪与旅游工作

礼仪是旅游服务素养和品质的体现,是旅游从业者通过工作面貌、服务态度、职业形象、言谈举止等,对服务对象表示出尊重和友好的行为规范。礼貌礼仪也是优质旅游服务的重要组成部分和保障,是旅游从业者必备的行为规范和素质条件。通过提供礼貌的旅游接待服务,可以改善国际交往、增进友谊、展现中华民族的精神风貌,体现具有时代特色的社会主义礼仪风范。礼仪与旅游工作的关系有以下三个特点。

1. 旅游从业者离不开礼仪

礼仪作为人际交往中的行为规范,已渗透至社会的每一个角落,并伴随着我们的一生。在职场生涯当中,礼仪是提升职业素养的重要元素之一,礼仪使旅游从业者终身受益。

2. 礼仪体现旅游从业者素质

旅游从业者为客户提供的服务水平的好坏高低,体现了其服务意识和素质的高低,以小见大,也能体现出一个旅游企业的服务水平,甚至反映出一个行业、一个国家的文明程度,因此,每一个旅游从业者都应给予高度重视。高质量的旅游接待工作,一定是由旅游从业者专业的知识技能、良好的礼仪素养和职业习惯共同构成的。

3. 礼仪是优质旅游服务的保障

只有提高服务质量,才能使文旅事业充满活力,具有持久的生命力,而影响服务质量的重要因素就是旅游从业者的服务意识和服务态度,换句话说就是旅游接待礼仪影响着旅游服务质量。只有在旅游从业者自身保持优雅、得体的言行的同时,给顾客以"宾客至上,宾至如归"的感觉,为顾客提供热情、友好、真诚、和谐的服务,才能收获顾客的满意,并使自身从中获得尊重感和亲切感。

同步案例
▼
《一则跷腿事件引发的思考》
Note

二、礼仪素质的培养途径

个人素质指的是外界对某个人的思想道德、知识文化、技术能力等方面的综合评价。而一个人的素质水平高低,他人往往只能通过其外在的表现得以了解。雕塑艺术家奥古斯特·罗丹曾说过:"我们在人体中崇仰的不是如此美丽的外表的形,而是那好像使人体透明发亮的内在的光芒。"很好地诠释了个人素质的内在与外显的关系。礼仪素质是个人素质的组成部分之一,在进行自我修养的养成时,应从道德修养、文化知识修养、美的修养,行为修养,服务意识与心态调适等方面入手。

(一) 道德修养

亚里士多德曾说过:"礼仪是一种善。"礼仪自诞生之日起,就与道德存在着密不可分的关系,二者相辅相成、辩证统一。人内在的文化修养、道德品质、精神气质和思想境界等都是通过外在的行为表现出来的。没有内在的修养素质,外在的形式就失去了根基,只能是徒有其表。

道德是社会对人的基本要求,礼仪是道德的外化表现。修礼仪,首先要修道德。进行道德素质培养就是在进行礼仪培训;且礼仪修养又是体现人道德修养水平高低的度量衡。所以,当一个人在日常的人际交往中的礼仪规范做得到位时,往往能够体现其自身的道德修养。

(二) 文化知识修养

文化知识是人改造自然和社会的源泉,是现代社会对人才的一种要求,是开启新的未知世界的钥匙。礼仪涉及多个学科,知识面十分宽广,要想学好礼仪、学懂礼仪、学透礼仪,必须持续地进行学习。只有储备大量的知识,具有勤勤恳恳的精神,才能真正理解礼仪和其核心——尊重。否则对礼仪的了解,永远只会停留在表面。

(三) 美的修养

服饰打扮、言行举止的规范就是一种美,而礼仪则是"美"的代言词。礼仪不仅教会我们如何打造外在的仪态形象,也教育我们如何在人际交往中,培养和体现个人内在的人格美。因而,不管从外还是由内,我们都要对如何修炼自身的美,如何正确鉴赏人格之美有所了解。

首先,我们要从思想上增强对美的认识,不断提高审美标准和审美能力。审美修养和能力是在长期的学习、生活、工作中逐渐形成的,是个人文化素养的体现之一。然后,要认识到审美眼光和鉴赏水平的养成,是从低到高、由俗到雅的渐变过程。在这个过程中,我们要认识到什么是美,什么是丑;怎么做是美,怎么做是不美。只有加强对美的认识,提高审美标准和审美能力,再通过努力实践,才能更好地展现礼仪的风貌和风采。

(四) 行为修养

人的行为习惯是后天养成的,是一种无意识的表现。良好的行为习惯有助于人的职业发展,而不良的生活习惯会损害自己的健康与形象,对个人起到负面作用。所以我们要学好礼仪,养成良好的人际交往行为习惯,用良好的行为规范代替不良的日常行为,把学到的礼仪知识在生活中不断加以实践,使之成为我们的行为模式,最终形成习惯,从而能够在某一个特定的情景下,自然而然地发挥出来。同时,只有自身的行为习惯内化为礼仪修养,才能在任何场合都做到知行合一。

(五)服务意识与心态调适

1. 服务意识

人们的意识决定了人们的行为,并指导着人们的实践活动。要想做好服务工作,首先要有正确的服务理念和服务意识。

人的意识是社会实践的反映。也就是说,正确的服务意识,完全可以通过学习、培训等实践活动加以形成。服务意识包括从业人员对服务的认知、理解,对服务的感受,这涉及敬业精神和职业道德等方面。

企业有责任和义务督促全体员工养成正确的服务意识,形成强大的服务理念,从而推动员工做好客户的服务工作,树立企业对外的良好口碑,提升市场竞争力。

2. 心态调适

心态指的是心理状态,是心理过程与个性心理特征统一的表现。心态会直接影响工作状态、辐射个人生活。一个健全的心态比百种智慧更有力量。心态分为积极健康的心态和消极负面的心态。积极健康的心态表现为积极的自我认识,乐观的情绪,有明确的人生目标,在工作生活中充满着热情、自信和活力。消极负面的心态表现为消极的自我认识,待人处事上畏首畏尾、缺乏自信、自卑胆怯,人生目标模糊,自我状态萎靡不振等。具有积极心态的从业者能通过自己的能力和努力奋斗,在工作中实现自我价值,获得工作满足感。

知识点
自测
▼

能力习得

(一)案例思考

案例1:缘何招致不满

五一黄金周的一天,19:40,总机接到一位外地客人打来的电话,他表示自己驾车携家人来新昌游玩,而且已在酒店订了房,但天色已黑,不知该如何驾车才能到达酒店。总机服务员自认为对当地比较了解,于是问清客人所在的位置后,给他指了一条便捷的行车路线。

20分钟后,这位客人第三次打来电话,说他们已经在东门大转盘了。这不是离酒店很近了吗?就算是步行,最多也就五分钟的路程。于是总机服务员不假思索地告诉客人:"绕过转盘上来100米左右,在国邦大酒店门口向左一拐就看见我们酒店了。"

"上来?上哪儿来?我面前有三四条路哎,小姐!我又不是本地人,你咋拎不清呢?"电话那头突然的呵斥让总机服务员愣住了。

资料来源　职业餐饮网.《酒店案例:总机案例》。http://www.canyin168.com/glyy/qtgl/qtal/200708/7755.html.

Note

思考：为什么熟悉城市道路的总机服务员会遭到客人的呵斥？是因为她在电话中不够礼貌吗？

案例 2：陈先生的感动

10月9日是燕飞当班，很长时间未见的老客户陈先生光临，燕飞记得陈先生一般入住时间较长，都是用桶装水。于是询问是否需要桶装水。客人很惊讶：自己快一年没来了，服务人员居然还记得自己的习惯。燕飞说："您是我们的大客户，怎么会忘记呢，欢迎您回家。"随后，燕飞又通知了客房同事给陈先生加了纸杯，想到以前打扫房间时发现客人习惯将纸杯倒扣在水桶上，于是叮嘱同事将纸杯扣在水桶上，并给客人留言。陈先生不善言辞，但临走时对燕飞说："你们的服务越来越好了，以后我都选择这里，贵点也值啊。"

资料来源　职业餐饮网.《宾馆优质服务案例》节选。http://www.canyin168.com/glyy/yg/ygpx/fwal/201307/55085.html.

思考：打动陈先生的是燕飞的什么举动？这个案例给我们什么启示？

案例 3：幸运的小林

毕业生小林是个相貌平平的男孩，到一个单位参加面试。进考场后，考官只轻描淡写地问了他是哪个学校毕业的，是哪个地方的人等几个问题后，就说面试结束了。正当他要离开考场时，主考官又叫住他，说："你已回答了我们所有的问题，评委觉得不怎么样，你对此怎么看？"小林立刻回答："你们并没有提出可以反映我水平的问题，所以，你们也并没有真正地了解我。"考官点点头说："好，面试结束了，你出去等通知吧。"结果录取通知书如期而至。

资料来源　百度文库.《礼仪案例分析》。https://wenku.baidu.com/view/43a6d4c55fbfc77da269b14f.html.

思考：小林被录取是什么心理效应在起作用？当你遇到类似情况，你会运用哪些心理效应来获取更多的机会呢？

（二）案例讨论

案例 1：某货运公司财务刘女士的访谈

我们公司的场地构造有点特殊，进门的玄关旁边有一个座位，因为我是财务，不用和他们项目组的同事坐在一起，所以玄关旁边的位子就是我的座位。

前几个月我们公司新来了一个大学毕业生，每次进门首先看见我，招呼不打一声，头也不点一下不说，还直瞪瞪看我一眼就走进去了。我怀疑她可能以为我只是一个前台的阿姨，所以如此不屑一顾。

后来过了几天，大概她终于搞清楚我并非是什么接接电话、收收快递的阿姨，而是掌管她每个月工资的"财政大臣"，猛然地开始殷勤了起来，一进门"刘老师"叫得山响。可是，我心里的感受却不一样了，即使她现在对我再怎么尊敬，毕竟是有原因的，我对她也生不出什么好感来。

资料来源　学习啦网站.《职场礼仪的反面案例分析讲解》，节选。https://www.xuexila.com/zhichang/chongdian/1287153.html.

讨论:为什么刘女士会对新员工有如此看法呢?试着简述造成这种结果的原因是什么?应该如何避免这种状况出现?

案例 2:孔子尊师

公元前 521 年春,孔子得知他的学生宫敬叔奉鲁国国君之命,要前往周朝京都洛阳去拜天子,觉得这是个向周朝守藏史老子请教"礼制"学识的好机会,于是征得鲁昭公的同意后,与宫敬叔同行。到达京都的第二天,孔子便徒步前往守藏史府去拜望老子。正在书写《道德经》的老子听说誉满天下的孔丘前来求教,赶忙放下手中刀笔,整顿衣冠出迎。孔子见大门里出来一位年逾古稀、精神矍铄的老人,料想便是老子,急趋向前,恭恭敬敬地向老子行了弟子礼。进入大厅后,孔子再拜后才坐下来。老子问孔子为何事而来,孔子离座回答:"我学识浅薄,对古代的'礼制'一无所知,特地向老师请教。"老子见孔子这样诚恳,便详细地抒发了自己的见解。

回到鲁国后,孔子的学生们请求他讲解老子的学识。孔子说:"老子博古通今,通礼乐之源,明道德之归,确实是我的好老师。"同时,他还打比方称赞老子,他说:"鸟儿,我知道它能飞;鱼儿,我知道它能游;野兽,我知道它能跑。善跑的野兽我可以结网来逮住它,会游的鱼儿我可以用丝条缚在鱼钩上来钓到它,高飞的鸟儿我可以用良箭把它射下来。至于龙,我却不能够知道它是如何乘风云而上天的。老子,其犹龙邪!"

资料来源 瑞文网.《名人故事》。http://www.ruiwen.com/zuowen/mingrengushi/586468.html.

讨论:孔子尊师的故事给我们什么启示?在日常生活中,与他人相处,我们应抱以怎样的态度?

> **本章小结**
>
> 经过漫长的岁月,礼仪逐步发展形成,但是由于每个地区、国家的文化背景、风俗习惯的不同,礼仪也包含不同的内容,这也让礼仪变得多姿多彩。本章对礼仪的概念、内涵、起源及发展、中西礼仪文化做了对比和梳理;并对礼仪本身的特点、原则、功能进行了介绍;同时也分析了彼此间良好的礼仪行为所蕴含的心理动机,探讨了旅游与礼仪的关系和重要性,对养成良好礼仪素质途径、培养服务意识、调整工作心态也做了相应的介绍。

关键概念

> 礼仪 礼貌 礼节 礼仪的特点 礼仪的原则 礼仪的功能 礼仪的心理效应 礼的本质 道德修养 文化修养 美的修养 行为修养 服务意识心理调适

复习
思考

□ 复习题

1. 礼、礼貌、礼节、礼仪的含义各是什么，他们之间有什么样的联系？

2. 试着简述中国礼仪的发展及演变。

3. 说说中西方礼仪内涵异同点。

4. 礼仪主要的功能有哪些？

5. 礼仪的基本原则有哪些？

6. 旅游接待工作中有哪些心理效应在起作用？请举例简单说说原理。

7. 旅游和礼仪的关系是什么？

□ 思考题

设想自己是即将走出校门的大学生，在走出校园走上工作岗位后，由于身份的转换怎样做好心态的调适？

第二章
仪 容 修 饰

学习目标

　　理解仪容的含义和仪容修饰的主要内容。掌握仪容修饰的原则、面部化妆和面部修饰的基本程序；能够根据不同场合、不同岗位和不同着装，掌握旅游接待人员仪容修饰技巧；根据面部肤色、五官特点等扬长避短，巧妙修饰，有效提升旅游接待人员自身职业形象和气质。

素养目标

　　培养学生树立正确的审美意识和开放包容的审美观，具备一定的岗位意识和社会责任感。

第一节　仪容修饰的原则

案例引导

妆容的巧思

　　王芳，某高校文秘专业高才生，毕业后就职于一家公司做文员。为适应工作需要，上班时，她毅然放弃了"时尚少女妆"，化起了整洁、优雅、端庄的"白领丽人妆"：不脱色粉底液，修饰自然、稍带棱角的眉毛，与服装色系搭配的灰度高、偏浅色的眼影，紧贴上根部描画着灰棕色眼线的黑色自然型睫毛，再加上自然的唇型和略显浓艳的唇色，虽化了妆，整个妆容却清爽自然，尽显自信、成熟、干练的气质。

　　但在公休日，她又给自己来了一个时尚大变脸：粉蓝、粉绿、粉红、粉黄、粉白等颜色的眼影，彩色系列的睫毛膏和眼线，粉红或粉橘的腮红，自然系的唇彩或唇油，画完后看上去娇嫩欲滴。心情好，自然工作效率就高。一年来，王芳以自己得体的外在形象、勤奋的工作态度和傲人的业绩，赢得了公司同仁的赞赏。

　　资料来源　百度文库.《案例分析》. https://wenku. baidu. com/view/07e1d0cce53a580217fcfe4f. html.

一、仪容修饰礼仪

"礼仪"在汉语词典中的解释为:人们在社会交往活动中,为了相互尊重,在仪容、仪表、仪态、仪式、言谈举止等方面约定俗成的,共同认可的行为规范。而仪容通常是指人的外观、外貌。在人际交往中,每个人的仪容都会引起交往对象的特别关注,一个人仪容是否得体直接影响到他人对其第一感官印象。因此,在礼仪当中,仪容是个人仪表的重中之重。

(一)仪容修饰的标准

仪容美的基本要素是容貌美、发型美、肌肤美。要达到这三个目的,前提是清洁卫生。不整洁的仪容再怎么修饰也难以产生悦人悦己的效果。因此,勤洗澡,勤换衣,保证身体每个部位都干干净净,没有异味;眼角、嘴角及鼻孔无分泌物;注重口腔卫生,重要应酬前忌食蒜、葱、韭菜、腐乳等有刺激性气味的食物;男士要定期修面,不蓄须,鼻毛不外露等都是必须做到的。而在社交礼仪活动中,从业人员的仪容一般强调庄重保守,同时区分性别美,男性仪容应该有阳刚之气,女性仪容则应该娴静、端庄,由此展示大方、得体的气质,给人以亲切和可信任感。

然而,在现实生活中并不是每个人都是天生丽质、风仪秀整的,人们为了维护自身的个人形象,会根据实际情况所需,依靠化妆修饰、发饰造型等手段进行必要的仪容修饰,弥补和掩盖容貌、形体等方面的不足,将自身优点展露和衬托出来,从而使自身的职业形象得以塑造和美化。

微课视频
▼
《旅游职业人的仪容要求》

(二)仪容修饰的禁忌

1. 忌"传统守旧"和"追赶潮流"

一位成功的旅游接待人员对于流行必须有正确的判断力,能够"取其精华",为自己的仪容锦上添花。一味保守、老套的做法是缺乏进取心、没有创新意识的表现,而过分地追赶潮流,在仪容修饰上追求"新、奇、特"的效果,甚至不分时间场合地大肆宣扬时尚心得,都会令人质疑其工作态度和素质。

2. 忌:"素面朝天"和"浓妆艳抹"

旅游接待人员中的职业女性应当学会化妆,灰暗、没有生机的面容会给人以不健康的印象。适当的妆容既可达到美化效果,也可表现出自身对工作的重视和对他人的尊重,但必须明白"过犹不及"的道理,如果在工作场合浓妆艳抹,会给人以庸俗之感,反而会损害自己的职业形象。

3. 忌:"身有异味"和"香气扑鼻"

在维护良好的自我形象方面,"懒惰"是最大的敌人。可以想象,在社交礼仪活动中,任何一个弥漫着汗酸气,或者头发、脚部、口腔等有异味的人,大家都会对其敬而远之。因此,勤于清洗,勤加注意,养成科学合理的个人卫生习惯,才能保持身体气味的清新。此外,可以使用香水,但气味一定要适当,尤其不要过浓,否则也会引起他人的反感。

4. 忌:"不修边幅"和"精雕细琢"

性格洒脱、不拘小节的人往往对仪容修饰"不屑一顾",这就导致了他们的个人形象往往与社会标准相背离。但是身为旅游接待人员,需要维护的不仅是自己的形象,更是企业的形象。因此,不修边幅是不符合其自身的职业形象和其所代表的企业形象的。此外,仪容修饰应当快捷、高效,如果每日花费大量时间化妆,甚至在客人面前当众补妆,既不合时宜,也不符合服务礼仪的原则。

二、仪容修饰的原则

(一)适体性原则

要求仪容修饰要与个体自身的性别、年龄、容貌、肤色、体型、个性、气质及职业身份等相适宜和相协调。

1.与性别、年龄相适宜

自古就有"男女有别"的说法。在社会中,男性和女性在各个方面都有一定程度的区分,而仪容修饰当然也不例外,仪容修饰首先要与性别相适宜,男性在仪容修饰时应更多地展现男性的力量和阳刚之气,而女性在仪容修饰时应更多展现女性的柔美、秀丽。其次,仪容修饰应根据不同的年龄进行修饰,每个年龄段都有其特征美,如少年是朝气蓬勃的美,中年人是成熟稳重的美,老年人是和蔼端庄的美。因此,在仪容修饰时应与性别、年龄相适宜,突出不同性别、不同年龄的个体独特之美感。

2.与身材、体型相适宜

人有高矮胖瘦之分,不同的身材、体型存在不同的缺陷,在仪容修饰时要根据个体自身的身材、体型情况进行修饰,弥补个体身材、体型的不足,尽可能多地展现个体的优势。如身材娇小的人在仪容修饰时可选择可爱、俏皮的风格和发型;身材臃肿的人在仪容修饰时则应尽量避免留长发。

3.与个性、气质相适宜

每个人的个性和气质是不同的,仪容修饰应根据个体不同的个性、气质进行形象修饰,充分展现良好的个人魅力。这与修饰者的审美能力密切相关。

4.与职业、身份相适宜

仪容修饰应充分与个体的职业、身份相匹配。不同的职业、身份有不同的仪容要求,如女性空乘人员就要求长发盘发、化空乘工作妆,职场白领女性仪容修饰应简单、干练。良好的仪容修饰能够反映一个人的工作态度、工作能力和综合素质,选择与职业、身份相适宜的仪容修饰能够更好地体现职业和身份的特点。

(二)适度性原则

一个好的仪容修饰无论是在修饰程度,还是在修饰技巧和修饰用品上,都应把握分寸、自然适度,追求虽经雕琢却清新自然的效果。

1.适度的修饰程度

仪容修饰的目的就是为了弥补缺陷,展现美感,注重自然、美化、协调、礼貌、健康的特点。只有根据个体自身的容貌、肤色适度地修饰仪容才能最好地展现出个体的自然、真实的美感,如果过度修饰可能会弄巧成拙,将个体丑化,招致客户产生不好的印象。

2.适宜的修饰技巧

适宜的修饰技巧可将精雕细琢的修饰与自身容貌达成浑然天成、清新自然的效果,从而使整体达到协调之美。

同步案例

▼

《不同职业妆容特点》

Note

3. 适当的修饰用品

修饰用品旨在提升气质,适当的修饰用品能够起到画龙点睛的效果,将个人特征、妆容效果与修饰用品的特点相结合,搭配恰当的饰品和数量才能达到好的装饰效果,如在妆容修饰时眼影、口红应与服饰、出席场合等相匹配,在编发时加入彩色的丝巾可凸显温柔的气质。

知识点
自测
▼

第二节　面部修饰礼仪

案例引导

一场电视辩论

在一档电视辩论栏目中,正方与反方摩拳擦掌,势均力敌。正方团队因为多次参加辩论赛,从经验角度出发,多数评委较为看好其获胜。反观反方团队,则较为年轻,不为人所看好。但事实并非如此。反方团队为准备这场辩论,事先进行了周密的练习和彩排,还专门跑到海边晒太阳,养精蓄锐。结果他们在屏幕上满面红光、精神焕发、挥洒自如。而正方团队则拒绝在上直播前做稍许面部修饰,因而在屏幕上显得精神疲惫、脸色黯淡。在双方唇枪舌剑之后,投票结果为反方获胜。

一、面部修饰的原则

面部仪容是整个仪容修饰的焦点,同时直接反映了个人的素养,适当的面部修饰会使人容光焕发、充满活力,给对方留下良好的印象,而要想做好面部修饰,必须遵循以下原则。

(一) 自然

面部的修饰是在自身原有容貌的基础上加以修饰的,是为原有容貌服务的,任何的面部修饰都应以自然为主,不浓妆艳抹、不矫揉造作。自然美能使面部美丽、生动、更具活力与朝气。

(二) 美化

面容修饰的目的就是使面部更加美丽,弥补自己面部的不足,充分展现自身的长处。美化原则就是要求人们在了解自身的容貌特征后,根据自身情况,通过护理、化妆等对自身容貌进行适当的修饰,达到美的呈现。

（三）协调

协调原则是指面部的修饰应与其他部位的修饰相协调，以达到整体的美感。要注意与身份、形象、场合、服饰、目的等相协调，进而获得良好的个人形象。例如，服务人员的发型要整齐，妆容整洁，服饰配套，切忌浓妆艳抹，涂鲜艳的指甲油。

（四）礼貌

礼貌原则是指仪容修饰要相互愉悦、礼敬于人，注意修饰礼仪。首先，不要在公共场合化妆、补妆，修饰时要回避他人；其次，修饰用品要专人专用，每个人的肤质和需求是不一样的，使用他人修饰用品会增加交叉感染的风险；最后，不要随意评论他人的仪容修饰，可以适当、友好地提出改进建议，但不能用他人缺陷进行人身攻击。

（五）健康

健康原则是指在完善自身面容修饰的同时，要注重身体健康、内外兼修，做到表里如一、秀外慧中。仪容的修饰只能暂时起到美化作用，而健康的生活方式能够产生一些从内到外的改变，如早睡早起可以有效地防止黑眼圈，少食辛辣食物则可以降低长痘的可能性等。

二、脸型认知

脸型指的是面部的轮廓。绘画、雕塑和建筑中有一个经典的比例标准被称为"黄金分割律"，即基于一个整体中两个不相等部分的比例，小的部分和大的部分的比值等于大的部分和整体的比值。而这一标准同样也适用于人的面部。通过人体美学的观察，发现凡是符合"黄金分割律"构造的脸型，在视觉上都会让观察者产生愉悦感。

中国传统审美观对人的面部美特别重视。早在中国古代画论中就有"三庭五眼"的说法，即面部正面观看时纵向和横向的比例关系。如图 2-1 所示，"三庭"是指将面部正面横向分为三等分，即从发际到眉线为一庭，从眉线到鼻底为一庭，鼻底以下为一庭；"五眼"是指将面部正面纵向分为五等分，以一个眼长为一等分，即两眼之间的距离为一个眼的距离，从外眼角垂线到外耳廓垂线之间为一个眼的距离，整个面孔正面纵向分为五个眼的距离。

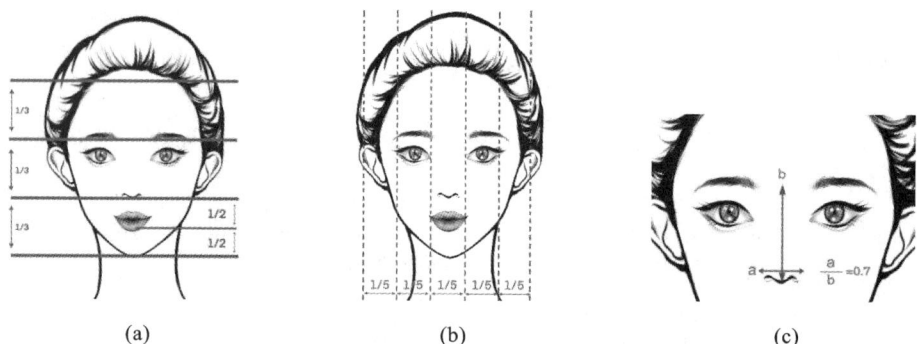

(a)　　　　　　　　(b)　　　　　　　　(c)

图 2-1　中国古代画论中"三庭五眼"示意图

根据特点不同,脸型可分为以下7种类型。

(一)蛋形脸

蛋形脸也称鹅蛋脸(见图2-2),是均匀理想的脸型。其特点是额头与颧骨基本等宽,同时又比下颌稍宽一点,脸宽约是脸长的三分之二。理想的蛋形脸的长宽比例为4:3。蛋形脸清秀、端正、典雅,是传统审美眼光中的"最佳脸型",但相对现代的审美来说,稍欠个性感。

(二)长形脸

长形脸又称椭圆形脸(见图2-3),脸型比较瘦长,额头、颧骨、下颌的宽度基本相同,脸宽小于脸长的三分之二,容易给人老气、孤傲之感。

(三)心形脸

心形脸又称倒三角形脸(如图2-4),其特点是额头最宽,下颌窄而下巴尖。

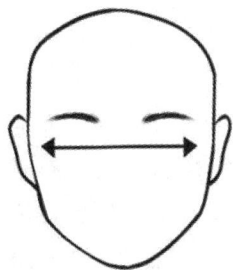

图 2-2　蛋形脸(鹅蛋脸)　　　　图 2-3　长形脸(椭圆形脸)　　　　图 2-4　心形脸(倒三角形脸)

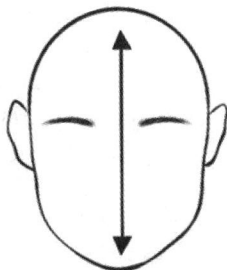

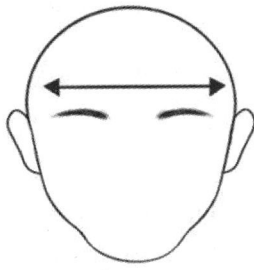

(四)方形脸

额头、颧骨、下颌的宽度基本相同,特点是轮廓分明、四四方方(见图2-5)。

(五)圆形脸

额头、颧骨、下颌的宽度基本相同(见图2-6),轮廓比较圆润丰满,显得比较活泼、可爱、健康。

(六)梨形脸

梨形脸又被称作正三角形脸(见图2-7),额头比较窄,下颌比较宽,呈现上小下大的正三角形,显得脸比较宽。

(七)钻石形脸

钻石形脸又称菱形脸(见图2-8),颧骨宽,额头和下颌都比较窄,脸型显得比较狭长和尖锐,带有比较明显的个性感和不稳定感。

Note

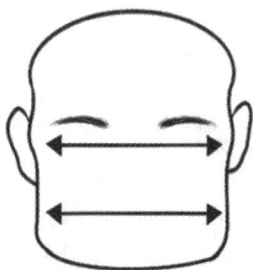

图 2-5　方形脸

图 2-6　圆形脸

图 2-7　梨形脸(三角形脸)

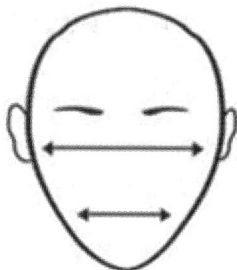

图 2-8　钻石形脸(菱形脸)

每个人的脸型各有不同,而不同的脸型其仪容修饰的侧重点各有不同,修饰者应根据不同脸型的特征对仪容进行修饰,才能达到取长补短的效果,在后续章节当中我们将重点讲解不同脸型的修饰手法和要求。

三、面部清洁与护理

(一) 清洁

面部清洁是保养皮肤的第一个步骤,也是十分关键的步骤,只有面部清洁干净了,后续的补水保湿和面部化妆才能有很好的效果。而清洁皮肤也是旅游接待人员每天的必修课,人体每天都会进行新陈代谢,皮肤会分泌大量油脂。受内分泌、饮食习惯、年龄等方面影响,男性的皮脂分泌率会高于女性,青年人的皮脂分泌率会高于中老年人。如果长期不进行皮肤清洁,那么面部将会出现毛孔粗大、黑头、粉刺、皮肤暗沉等问题,也会影响后续护肤品的吸收。

由于早晚皮肤状态的不同,清洁程度和清洁用品都要根据皮肤状态和实际需求来调整。一般而言,早晨起床后皮肤清洁情况要视个人皮肤情况而定,油性肤质可适当用温和的清洁用品,中性皮肤和干性皮肤用清水洁面即可。晚上清洁,女性若化妆,需要先用卸妆用品后再进行清洁,且应选用清洁度较强的清洁用品。此外,根据角质层的情况,建议一周进行一到两次角质清理。

知识链接

认清肤质,做好分类

皮肤测试的方法有很多种,洗脸测试法是最简单的一种,只需要在洁面过后的30分钟内不涂任何产品,在此基础上观察面部的出油状况便可大致判断出自身的肤质。不同的肤质有不同的问题,所用的产品也不同,认清自己的肤质后才能"对症下药"。

（1）中性皮肤：中性皮肤是健康的理想皮肤。皮肤红润有光泽、水嫩、不油腻、不干燥、富有弹性，不见毛孔，不易老化，不过敏，不长痘。

（2）油皮：洁面15分钟后不涂任何产品，油性肌肤不会产生绷紧感，但一段时间后用吸油纸能吸到面油。油性皮肤的人额头和下巴容易出油、易长痘，脸颊和鼻头毛孔粗大，鼻翼泛油光，肤质粗糙，皮质厚且易生暗疮粉刺，易出现黑头，毛孔明显，皮肤易吸收紫外线，容易变黑、易脱妆，但不易产生皱纹。

（3）干皮：皮肤水分、油分均不正常，干燥、粗糙，缺乏弹性，洁面10分钟内不涂任何产品，干性肌肤会产生强烈的绷紧感。额头干燥起皮，脸颊和下巴干燥，唇周和鼻翼易起皮，面部毛孔细小、皮肤较薄、易敏感，皮肤松弛、易产生皱纹和老化现象。

（4）敏感肌：额头干燥长闭口，脸颊易出现红血丝，下巴干燥，鼻头和鼻翼易干燥起皮。皮肤表皮薄、油脂分泌少，较干燥，微血管明显，皮肤较敏感，易受一些物质的刺激而出现红、肿、刺、痒、痛和脱皮、脱水现象。

（5）混合肌：混合肌分为混油皮和混干皮两种，混油皮的肌肤额头、下巴、鼻翼易泛油光，鼻头毛孔粗大，脸颊皮肤则正常。而混干性的肌肤额头和鼻翼易泛油光，脸颊和下巴干燥，唇周和鼻头容易起皮。混合肌皮肤整体上不太粗厚，也不太薄，如果用清洁力度强的洁面产品洁面，会感觉紧绷，但很快就会恢复正常。

资料来源 博客网.《皮肤肤质五大分类及其特点》.https://blog.csdn.net/weixin_33272631/article/details/112705425.

（二）补水保湿

补水保湿是面部基础的护理，肌肤出现问题通常是因为面部肌肤水油不均衡导致的，因此做好肌肤的补水、保湿对于皮肤护理至关重要。无论春夏秋冬，每天都要让肌肤"喝饱水"，但补水保湿也要根据季节的变化和肤质的不同有所调整。春秋处于换季季节，皮肤敏感，各种肤质都要做好基础的补水保湿工作；夏季易出汗，容易导致水油失衡，油性肤质适宜选用较为清爽的补水保湿产品；冬季气候干燥、肌肤容易缺少水分，干皮肌肤要选用较为滋润的补水保湿产品，可涂适量的面霜以保持肌肤的湿润。

知识链接

提拉按摩，保持肌肤紧致

在涂抹精华、乳液和面霜这类较为滋润的产品时，配合提拉按摩的手法可以保持肌肤紧致、瘦脸、减少皱纹的产生等。首先要取适量产品，涂抹全脸，打圈乳化，再利用不同的手法从下至上、从内而外对各部位逐一进行按摩。

（1）瘦脸颊：双手张开，拇指食指夹紧脸颊，由内向外、从下颚线向上提拉。

（2）瘦下巴：两手手指弯曲，食指、中指弯曲夹紧下颚，由下巴向上提拉。

（3）防下垂：双手指腹施加用力，双手交替由下巴向上轻微提拉。

（4）苹果肌：双手指腹施加用力，双手交替按压苹果肌向耳朵方向提拉。

（5）抬笑肌：双手用食指指尖向上推并打圈按摩。

（6）祛法令纹：双手手指弯曲，沿着法令纹处向太阳穴提拉。

（7）祛眼袋：双手由内向外轻轻按压眼部下方并向太阳穴提拉。

（8）祛鱼尾纹：食指和中指分别按压住眉尾和苹果肌下方，另一只手的中指打圈按压眼尾。

（9）祛抬头纹：双手指腹对额头交替向上提拉。

（10）按太阳穴：双手弯曲，指关节对着太阳穴，在太阳穴上按摩。

（三）防晒

当皮肤接受紫外线过度暴晒后，会损伤表皮细胞，活化酪胺酸酶，加速色素合成，破坏皮肤的保湿功能，使皮肤变得干燥，让真皮层中的弹力纤维受损，造成细纹的产生。在强烈、刺激的阳光照射下，还会造成肌肤发炎、晒伤，严重的甚至会演变成色素性的皮肤癌等。因此，防晒也是皮肤护理中不可或缺的一个步骤。

根据波长的不同，紫外线分成 UVA、UVB、UVC 三种。

1. UVA

UVA 是波长最长的一种紫外线，不被大气层顶端的臭氧层吸收，可以穿透真皮层，比 UVB 更能深入皮肤，使皮肤晒黑，并导致脂质和胶原蛋白受损，引起皮肤的光老化甚至皮肤癌，所以 UVA 不但会激发色素合成而使肤色"变黑"，更是造成皮肤"老化"及细纹产生的主要原因之一。

2. UVB

UVB 是中波紫外线，它可到达真皮层，导致皮肤被日光晒伤，产生红斑、晒黑等现象，但大部分 UVB 会被臭氧层吸收，同时可被玻璃、遮阳伞、衣服等阻隔。

3. UVC

UVC 会被大气层几乎完全吸收，只有极少的情况我们会遇到。

而防晒是指为达到防止肌肤被晒黑、晒伤等目的而采取一些方法来阻隔或吸收紫外线。一般的防晒方法有涂抹防晒产品的化学防晒、使用防晒衣等物理防晒，以及食用防晒食物等生物防晒。

防晒指数的高低能够反映防晒产品紫外线防护能力的大小。防晒系数（SPF）值越小，其防晒效果越差；SPF 值越大，其防晒效果越好；"PA＋"代表具有维护功效，"PA＋＋"则代表具备很好的维护功效；"紫外线 A-防护指标（PFA）2—4"为轻度防晒，有效防护时间为 2 倍—4 倍，效果以此类推。根据不同的场景可选择不同防晒指数的产品进行有效的防晒。

如何选择适合自己的防晒霜

一、看成分

防晒霜有化学防晒、物理防晒、物理＋化学防晒三种类型。物理防晒剂,通过物理折射、反射光线而达到防晒的效果,常见的成分是氧化锌和二氧化钛。

化学防晒剂则吸收紫外线,并通过化学反应将光能转化为皮肤表面的一种热能从而释放出去。

二、看 SPF 值、PA 值

SPF 是防 UVB 能力的体现,简单讲就是防晒红的。比如,不涂抹产品时,在太阳下晒 1 分钟就会发红,涂了 SPF30 防晒霜后,在太阳下晒 30 分钟后才会出现皮肤发红。PA 针对的是 UVA,简单讲就是防晒黑的。PA 和 SPF 一样,也是体现防护能力的指标。

三、看包装量

50 克装的防晒霜如果每天使用,一个月内能用完,75 克装的两个月左右用完,我们应根据自用量多少来选择。需要注意的是,前一年用剩下的防晒霜,下一年是不能用的,开封后的防晒霜保质期只有半年,但如果是从未开封的则可以继续使用。

四、看油分

油性肌肤本身很容易出油,所以选择渗透力强的防晒品比较实用,而干性肌肤要选择水润度高的防晒霜。混合肌肤两者都可以,根据自身需求而定,需要考虑保湿效果和防晒效果两个方面。

五、看使用场合

军训、游泳等场景,可以选择 SPF30 以上防晒指数的防晒霜;日常防晒则选择 SPF15 就可以了。

资料来源　搜狐网.《防晒霜怎么选》。https://www.sohu.com/a/13690069_100371。

四、面部修饰

（一）眉毛修饰

如果说眼睛是心灵的"窗户",那么眉毛就是"窗帘"。眉毛是面部美的重要组成部分,可直接反映一个人的性格。富有美感的眉毛应该具备眉形自然优美、眉毛浓淡适宜的特点。我们应根据不同的脸型选择适宜的眉形进行修饰。如图 2-9 所示,标准眉适合多种脸型,其特点是眉头比眉尾低一点,眉峰在整个眉的三分之二处,眉峰至眉尾下落柔和。如图 2-10 所示,一字眉适合长形脸,其特点为平直、粗短、微有眉峰,在视觉上有横向拉长脸型的效果。如图 2-11 所示,柳叶眉适合心形脸,其特点与标准眉相似,但更细，眉峰也更加向后，眉尾部分结束的比较早且高于眉头水平线。如图2-12所示，弯月眉适合方形脸，其特点为眉毛高低起伏比较大，眉毛的中间向上拱起，在视觉上可使面部轮廓变得柔和，显得更长。如图2-13所示，小挑眉适合钻石形脸，其特点是整条眉毛有向上挺拔的倾斜度，但不会有很大的弧度。如图2-14所示，欧式眉适合圆形脸，其特点是眉尾比眉头上扬且高于眉头的水平线。

图 2-9　标准眉（适合
多种脸型）

图 2-10　一字眉（适合
长形脸）

图 2-11　柳叶眉（适合
心形脸）

图 2-12　弯月眉（方形脸）

图 2-13　小挑眉（钻石形脸）

图 2-14　欧式眉（圆形脸）

知识链接

修 眉 步 骤

　　任何一款眉形都不能适合所有人，要想拥有好看的眉形，需要根据每个人的三庭五眼来判断，而后修剪出一个自然好看的眉形。适合自己脸型的眉形能让人们看上去更加精神，更显英气。然而对于化妆新手们来讲，眉毛的确是一个比其他部位妆容更难攻克的难点，因为修眉画眉不仅要求化妆的手法娴熟、有技巧，还涉及一些细碎的眉毛处理、眉形的设计，以及同眼妆的搭配等。

　　修眉工具：眉梳、眉笔、眉剪、眉刀

　　Step1：如图2-15，可先用眉笔在眉毛周围描画出自己想要的眉形，为之后的修眉做好形状准备，这样修眉不仅高效，而且不易出错。

　　Step2：如图2-16，用修眉刀将画好眉形外面的小碎眉毛轻轻刮掉，可按照从眉尾向眉头的方向。另外，刮完眉毛后可能会有些小黑点残留，可使用镊子将其拔除。

图 2-15　画眉形

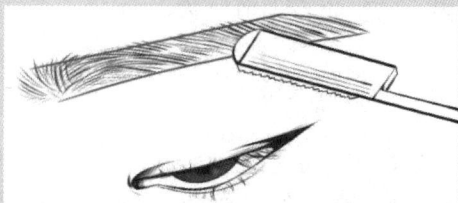

图 2-16　刮眉

　　Step3：如图2-17，刮掉眉形周围的小碎眉毛之后，为了让眉形更加自然，更加有形，可用修眉刀在眉毛的上方做一些细微的修整和调整。

图 2-17　微调

Step4：如图 2-18，使用修眉刀修整眉头部位，将其形状调整得更为有形。

图 2-18　修整眉头

Step5：再修整眉毛上方的眉形，同样，用修眉刀将剩余的小碎眉毛刮除干净，方向同样按照从眉尾向眉头的顺序，动作要轻柔，避免刮伤眉毛周围的肌肤。

Step6：如图 2-19，开始修剪眉毛下方，先放松眉毛部位，用手指指腹按压住眉毛区域，然后用修眉刀沿着刚刚画出的眉形向下修剪小碎眉毛。

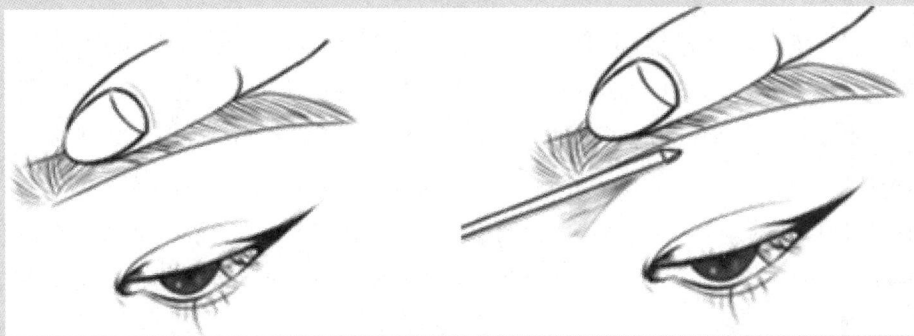

图 2-19　修剪眉毛下方

Step7：沿着刚刚勾出的眉形用修眉刀向下修整眉毛即可。

资料来源　百家号.《新手从修眉到画眉步骤大全》. https://baijiahao.baidu.com/s? id=1559502346285678&wfr=spider&for=pc.

（二）眼部修饰

眼睛是心灵的窗户,眼睛是五官中最引人注目的,眼部修饰直接影响面容美观度。首先我们要保持眼部的干净,及时去除眼部分泌物,戴眼镜的人也要重视眼镜的清洁问题,坚持每天擦拭眼镜,保持镜片的干净;其次,要注意预防眼部疾病;最后,要注意墨镜的佩戴礼仪,在与人交谈时应把墨镜摘下来,在室内工作时不能佩戴墨镜。

（三）鼻部修饰

鼻子位于整个面部的正中间,应养成每天进行鼻部清理的良好卫生习惯。首先,应每天清理鼻腔分泌物,保持鼻腔的干净整洁,男生还要注意修剪鼻毛,切忌公共场合抠鼻子、擦鼻涕等;其次,要注意黑头的清理,鼻部的皮脂分泌率较高,容易导致鼻部毛孔粗大,油脂、污垢堆积后则易形成粉刺、黑头,清理时切忌用手抠、挤,可借助黑头贴、祛黑头仪等产品辅助。

（四）耳部修饰

人的耳部每天都会分泌大量的分泌物,同时灰尘落入耳内也会堆积,虽两耳位于面部两侧,但如不及时清理,这些污垢极容易映入对方眼中,尤其当对方位于身侧时,更容易被他人看到,因此,要形成每天清洁耳朵的习惯。

（五）唇部修饰

唇部修饰包括口腔清洁和嘴唇周边的修饰,要做好唇部修饰,给人留下干净、整洁的印象。

1. 口腔清洁

人每天会进食大量食物,食物的残渣可能会贴附在牙齿表面或堆积在牙缝中,既影响牙齿的美观,还易形成口气。因此,我们要做好口腔的清洁,一是坚持每天刷牙,掌握正确的刷牙方式,每天刷三次,每次应持续三分钟;二是定期洗牙,即使每天刷牙,仍然会有影响口腔卫生和牙齿美观的牙结石产生,定期洗牙可以很好地去除牙结石、维护牙齿健康;三是保持清新口气,在与人交谈前,为防止饮食产生的口腔异味,应避免食用一些气味过浓的食物,如大蒜、榴莲、烈酒等,当口腔异味过重时,可使用口气清新剂除味。

2. 护唇

嘴唇皮肤比较薄,十分脆弱。在日常生活中,尤其是秋冬季节,要保持嘴唇的滋润,可涂抹润唇膏来防止嘴唇因干燥而干裂、爆皮;其次,要定期去除唇部死皮和角质,防止唇纹形成,保持唇部美观。另外,进食后应及时擦拭唇部,避免嘴边、嘴角残留食物。

3. 唇部修饰

男生要坚持每天剃须,个别汗毛较重的女生,也应及时去除唇部汗毛。

五、面部化妆

古有施粉黛、点红妆，而今人们会通过化妆来达到面部修饰的目的。

（一）底妆

面部化妆是在面部清洁和护理之后的彩妆操作部分。底妆，是面部化妆的第一步，是所有妆面的基础。只有打好了底，后续的上妆才能够更服帖，妆面才能更干净。底妆切忌繁重，追求的是清透无瑕的自然感。通常打底我们分为以下四个步骤。

1. 妆前/隔离

妆前、隔离是底妆的第一步，隔离有美肤作用，可以有效地隔绝彩妆和空气中的有害物质，从而保护皮肤。妆前乳主要是增强粉质和彩妆的附着效果，修饰肤色。

2. 粉底

粉底在底妆中起着不可替代的作用，其作用主要是均匀肤色、美白肤色和遮盖瑕疵。底妆是否打好、是否持久主要看粉底选择得好不好。通常，选择粉底颜色时选择比肤色浅一号的色号。在上粉底时要顺着毛孔向上打，才能使其紧致。现在可选择的粉底产品类型有很多，比如膏、霜、乳、液等。个人可根据自身肤质和需求进行选择，抹粉底时颈部和下颚也要照顾到。

3. 遮瑕

遮瑕是为了遮住面部的瑕疵。瑕疵多的可先遮瑕后扑粉底，瑕疵少的可先扑粉底后遮瑕。不同颜色的遮瑕膏其作用也不一样：绿色的可以遮红血丝、痘印；紫色的可以去黄、去暗沉；橘色的遮黑眼圈；米色的调节肤色，遮痘印和斑等。

4. 定妆

定妆通常是底妆的最后一步，其目的是防止皮肤出油、脱妆，起到保持妆面的持久、干净，以及稳固底妆的作用。

（二）眉毛

根据不同的脸型选择适合的眉形，另外可根据定点法确定三个定位点（见图 2-20）：一点眉头，在鼻翼—眼头的延长线；二点眉峰，在鼻翼—眼中的延长线；三点眉尾，在鼻翼—眼尾的延长处。确定三个定点后将定点自然连接起来，再用眉笔或眉粉填充，最后用眉梳刷掉多余的粉。

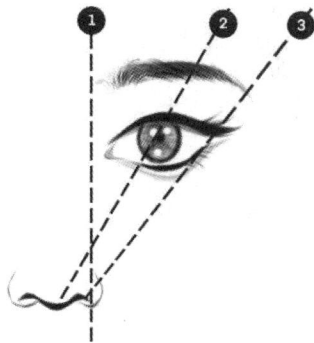

图 2-20　眉形的三点定位

（三）眼妆

眼妆是一个妆容的灵魂，是面部化妆的核心，眼妆以干净为主，如果眼妆处理得不好，就会显得整个妆面不干净，从而影响妆效。

眼影是眼妆的第一步，是整个眼妆的重点，而要想画出有层次感的眼妆，通常至少使用三种深浅不同的颜色，最浅的用来打底，中间的作为主色，最深的作为眼尾色。在日常场合，尤其是工作场合，切忌选择绿色、紫色等鲜艳的色系。最后画上眼线，涂上睫毛膏，整个眼妆就完成了。

（四）修容、高光

修容用来修饰面部的轮廓，一般用棕色来打面部阴影；高光能使面部的局部位置看起来突出。修容与高光结合使用可以使五官更立体。需要注意的是，不同的脸型有不同的处理方法。蛋形脸（见图2-21）要在额头和颧弓下线修容，在下颌部分大面积提亮。心形脸（见图2-22）需要修饰额头两侧及颧骨、下巴，面部中间位置则提亮。方形脸（见图2-23）在下颚处周围大面积修容，高光则集中在中央。圆形脸（见图2-24）在发际线两侧和脸颊两侧修容，颧骨和下巴处提亮。长形脸（见图2-25）需要在额头和下巴、颧骨两侧修容，在鼻部左右进行提亮。钻石形脸（见图2-26）则要在颧骨外侧修容，在面部中间提亮。

图 2-21　蛋形脸修容法　　图 2-22　心形脸修容手法　　图 2-23　方形脸修容手法

图 2-24　圆形脸修容手法　　图 2-25　长形脸修容手法　　图 2-26　钻石形脸修容手法

（五）腮红

腮红能使整个妆容锦上添花，通常打在颧骨处，让面部呈现出红润感和立体感，增添面部气色。通常有以下六种腮红的打法，不同的腮红也对应着不同的脸型（见图2-27）。

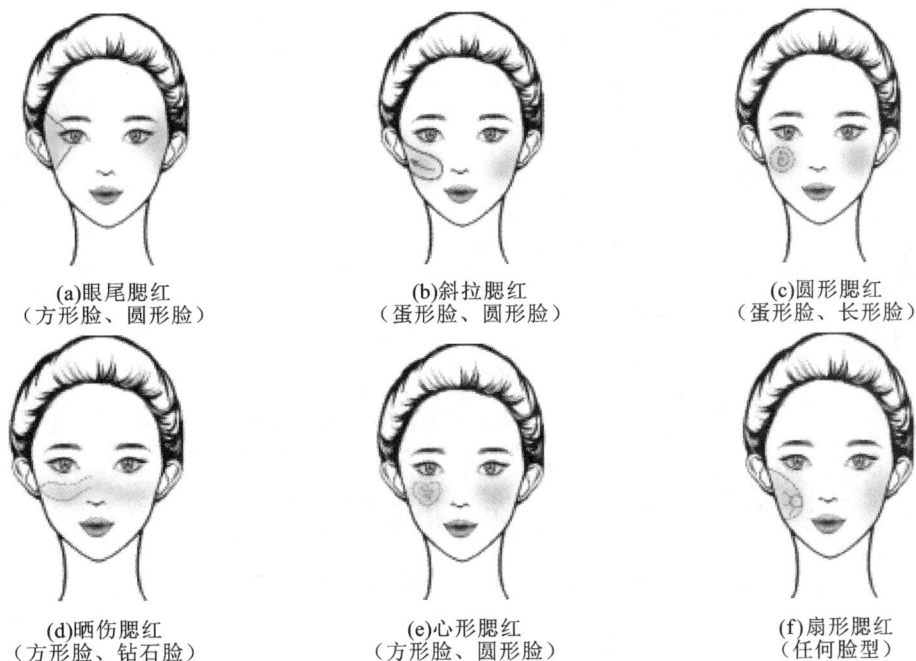

(a)眼尾腮红　　　　　(b)斜拉腮红　　　　　(c)圆形腮红
（方形脸、圆形脸）　（蛋形脸、圆形脸）　（蛋形脸、长形脸）

(d)晒伤腮红　　　　　(e)心形腮红　　　　　(f)扇形腮红
（方形脸、钻石脸）　（方形脸、圆形脸）　（任何脸型）

图 2-27　不同脸型腮红的画法

（六）唇妆

唇妆可以直接反映出一个人的气质和气场，根据妆容、场合选对唇膏的色号极为重要，例如面试时不宜选颜色鲜艳的口红。而在上口红之前，首先要做好唇部护理，其次要做好唇部遮瑕，这样才能使口红颜色更正、更显色。

知识链接

化妆工具小知识

在面部化妆时，需要借助一些化妆工具来帮助我们更好地上妆。今天跟大家一起聊聊化妆小工具。从毛质上来说，化妆刷毛质分为天然毛与人造毛。天然毛中山羊毛最为普遍；马毛柔软性好，但弹性稍差；貂毛和黄狼毛属于天然毛中较为高级的，通常较贵；灰鼠毛则属于更高级的天然毛，当然价格也更贵。人造毛也被称为尼龙、纤维毛，由于质地较硬且造价相对低廉，多用于粉底刷，以及低端套刷。图 2-28 可以看到不同化妆刷的名字和用处。

同步案例

《四季妆容
修饰要点》

Note

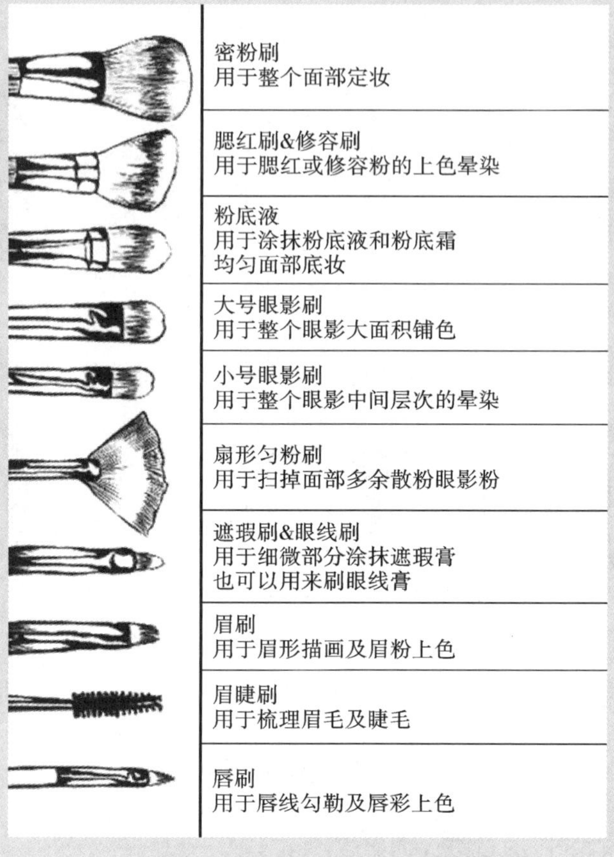

	密粉刷 用于整个面部定妆
	腮红刷&修容刷 用于腮红或修容粉的上色晕染
	粉底液 用于涂抹粉底液和粉底霜 均匀面部底妆
	大号眼影刷 用于整个眼影大面积铺色
	小号眼影刷 用于整个眼影中间层次的晕染
	扇形匀粉刷 用于扫掉面部多余散粉眼影粉
	遮瑕刷&眼线刷 用于细微部分涂抹遮瑕膏 也可以用来刷眼线膏
	眉刷 用于眉形描画及眉粉上色
	眉睫刷 用于梳理眉毛及睫毛
	唇刷 用于唇线勾勒及唇彩上色

图 2-28　不同化妆刷名称及用途

资料来源　知乎网.《解读专业化妆工具——化妆套刷》。https://zhuanlan.
zhihu.com/p/24325635.

知识点
自测
▼

第三节　发部修饰礼仪

案例
引导

选对发型,玩转职场

　　讲述高级商务谈判专家生活的职场情感剧《谈判官》热度不断,剧中的女主角童微是位精明干练的职场女性,凭借扎实的专业功底和胆大心细的谈判风格,在商务谈判桌上无往不利,是一位年轻耀眼的谈判专家。除了职业的衣着,女主角一头优雅的中长卷发也为其形象加分不少。由此可见,一款适合自己职业和气质的发型,不仅会让五官看起来更精致,对于一个人的气质也会有很大的提升作用。

　　资料来源　新浪网.《选对发型,你也能玩转职场》有删减。http://k.sina.com.cn/article_5616996671_14ecc913f001008yzh.html.

干净、整洁的发型会使人精神焕发,给对方留下良好的印象,而油腻、邋遢的发型则给人以不修边幅之感。因此,在旅游接待服务过程中,接待人员的发部修饰尤为重要。

一、头发的清洁与养护

中国人对发部传统的审美就是一头乌黑亮丽的头发,而想要拥有一头秀发,对其护理是关键。

(一)发部清洁

如果头发长时间不清洗就会产生皮屑、异味等,严重影响个人形象。定期对头发进行清洁有助于清除头发异物、异味,也有助于头发的保养。发质通常分为油性、中性、干性三种,清洁周期由不同的季节和发质决定。冬季,中性发质可三至四天清洗一次,而油性发质相较于中、干性发质易出油,清洁时间可适当缩短一至两天,干性发质可适当延长一至两天;而夏季天气炎热、易出汗,洗发时间相较于冬季可适当缩减一至两天,油性发质则可以每天洗发。

(二)发部养护

1. 清洁养护

在头发清洁时也要注意头发的养护。清洁时应使用温水,冷水不利于头皮的血液循环和毛发的生长;过热的水,则会使毛囊受损,头发易断。其次,如果了解自己的发质,应选用适合自己发质的、性质较为温和的洗护用品。最后,在清洁头发过后,应使用干毛巾把头发擦干或自然风干后再上床睡觉,长期使用吹风机烘干会使头发弹性减弱,而湿发睡觉则有损健康。

2. 修理养护

头发每天都会新陈代谢,而长时间不修理容易造成头发干燥、分叉、断裂,影响头发健康,因此应定期理发。因个人爱好和需求不同,可对头发进行烫、染等美化操作。切忌频繁烫、染,因为会对头发造成严重损伤。另外,在烫、染过后应及时对头发做深层护理,减少头发损伤。

3. 日常养护

除了以上养护以外,在日常生活中,我们也要注意头发的养护。首先,避免头发接触强酸、强碱类物质。其次,头发也需要做好防晒措施,减少头发受到长时间暴晒。另外,也可多食用一些谷类、蔬菜类食物,有利于护发美发。

二、发部造型

头发长于人的头顶,占领着人体的"最高点",发型会随着面部一起映入他人眼帘,而根据脸型、身材等修剪出合适的发型是发部造型的基础,合适的发型在视觉上能够弥补脸型、身材等不足,扬长避短。

Note

（一）男士发型

男士一般以干净、整洁、清爽的短发为主，基本要求是前发不遮眉、侧发不遮耳、后发不及领。男士应避免留过长的头发，它会显得男士邋遢、没有精神，因而要定期修剪和修饰。

（二）女士发型

女士的头发长短不一，可选择的款式和造型比较多样，但在选择造型时也要注意与自身脸型、五官和身材相结合，才能选出最适合自己的发部造型。

知识点
自测
▼

能力习得

（一）案例思考

案例 1："第一印象"的重要性

晓惠已经工作 5 年了，但她现在的工作还是不稳定。说到底，她也不知道原因，只是频繁地换工作。一天，她去一家化妆品公司面试，负责面试的人员看到晓惠便说道："小姐，请问您工作多长时间了？"小惠回答说："我工作 5 年了。在这 5 年里，我积累了很多宝贵的工作经验。"面试人员说："经验固然宝贵，但您可能并不符合我们的要求。如果您已经工作了 5 年，却还不能使自己的形象大方、得体、整洁，这便是您自身的问题了。在我们这里形象是很重要的，很多人都会根据形象来判断一个人。您应该不是一个注重形象的人，所以再多的工作经验也是无益的。"

资料来源　姜文刚.卓越员工职场礼仪[M].北京：北京工业大学出版社，2013.

思考：晓惠的面试为何会失败？在面试时，应如何做到仪容修饰符合时宜，又应该如何利用仪容修饰提高自身的职业形象？

案例 2：一家广告公司的调查

据一家广告公司的调查，54％的男性被访者经常使用洁面乳、紧肤水、润唇膏等洁肤和护肤用品，这反映出男士们越来越注重自己的仪表。多数男士还认为，注重仪表修饰能给自己带来自信。

资料来源　吕艳芝.教师礼仪的 99 个细节[M].上海：华东师大出版社，2013.

思考：这个调查结果给你什么启示？你如何看待这个广告公司的调查结果？

（二）案例讨论

案例 1：尴尬的沉默

某所学校准备迎接来自法国的考察团。学校对此次活动很重视，在接待程序和接待细节等方面都做了充分的准备，还选出了自身形象比较好，表达能力比较强，比较有经验的几位女教师负责接待工作。

女教师们来到校门口迎候法国客人。

Note

当她们热情地引领客人进入校园时,一位法国男士问道:"请问,你们每天都这样吗?"

女教师们被问得不知如何回答,她们困惑地问:"先生,您的意思是?"

男士笑着答道:"在法国,我几乎没有看到过不化妆的女士,你们每天都不化妆吗?"

面对这样的询问,女教师们沉默着没有作答。

资料来源　吕艳芝.教师礼仪的99个细节[M].上海:华东师大出版社,2013.

讨论:通过这个案例,我们该如何正确看待女士化妆问题?

案例2:职场妆容的困惑

杨萍大学毕业后就职于上海某酒店的人力资源管理部(HR),酒店要求女员工上班都要化工作妆(无论是对客服务部门,还是后台工作部门)。由于杨萍刚学习化妆不久,她对别人的妆容感到很新鲜,所以经常注意办公室其他员工的面部妆容。结果她发现办公室很多同事的妆容都有一定的问题:年纪稍大点的李姐经常不对其他部位化妆,只涂口红,而且口红的颜色比较艳丽,整体看起来只突出一张嘴;年纪较轻的小张的妆容看起来很漂亮,但是脸和脖子的颜色不一致,而且对比非常明显;文秘小赵,眼线画得较粗,完全将眼睛的轮廓包围起来,看上去非常生硬不自然;还有一位同事,长得很漂亮,身穿蓝色调的时装,却画着橘红色的唇膏。这些职场妆容让杨萍感到很困惑,到底在日常的职场中应该怎么化妆呢?

资料来源　韩婷.职业形象与社交礼仪[M].北京:北京理工大学出版社,2017.

讨论:(1)杨萍应该如何处理职业妆容?

(2)仪容修饰如何有效地扬长避短,利用面部修饰提高自己的职业形象?

(三)案例模拟演练

案例1:面试时妆容的选择

又是一年毕业季,也是找工作面试的季节,对于在求职中的应届毕业生来说,该如何从俏皮可爱的学生转型到干练爽朗的职场白领,又如何在面试环节脱颖而出呢?

1. 成功的面试化妆要点

(1)干净肤色,不泛油光。

春夏季节,皮肤常常会有出油问题,顶着满面油光参加面试,令人尴尬,又会给面试官留下不佳印象。因此粉底的选择很重要,要选择控油且持久不泛油光的粉底液;颜色则需要选择与肤色相近的自然色,不要选择过白的或过暗的(如小麦色)颜色。肤色偏红的可以选择淡绿色的蜜粉修饰,肤色偏黄的可以选择粉紫色的蜜粉修饰,建议不要使用珠光感较强的粉底。同时,使用粉底时还要注意脸部的颜色与耳朵、脖子的色调一致。

(2)立体线条,炯炯有神。

为了营造脸部的立体感,眼线、睫毛膏的使用是不能忽略的重点。眼窝处适当画上自然色眼影,可带少许珠光色泽,可达到画龙点睛的效果,从而烘托出明亮有神的眼神与神采。单眼皮的女生尽量不要选择暖色的眼影,如橙色。佩戴眼镜的女生可以选用强调肤色与腮红色调的眼影,同时也要注意与眼镜的明亮程度的搭配。

（3）色彩淡雅,清新脱俗。

在面试时,要展现年轻人的朝气与干练,也要显示出沉稳的专业素质。因此,妆容不宜选用鲜艳或浓丽的色彩。清爽的粉色、橙色系列较为适合,太过抢眼的红色、绿色、蓝色、黑色,尽量不要选择。可以使用色彩柔和或者略带珠光感的眼影,能够达到锦上添花的效果。

（4）避免使用颜色过于强烈的唇膏。

颜色强烈的唇膏会分散主试者对面试者的注意力。不妨选用不需要经常补妆的中淡色唇膏。如果面试者自身适合红色调的唇膏,可以考虑将彩度稍微降低,比如将平常使用的红色调唇妆产品,混合褐色调的唇膏一起使用。

（5）眼妆要自然。

面试当中与面试官的目光接触很重要,因此,面试者的眼妆便需要特别注意。最好选用中性色调的眼部彩妆,才不会与肤色形成过于突兀的对比。褐色的眼线及两层薄薄的睫毛会是相当安全的选择。

（6）妆容应尽量保持柔滑。

面试者不妨在自然光下看看是否有粉堆积在脸上,可以用手将堆积的腮红和蜜粉轻轻压平。此外粉红或玻璃色的腮红、唇膏或古铜色的蜜粉皆能改善霓虹灯在脸上所造成的惨白效果,应避免使用橙色和绿色系的彩妆颜色。

2. 两种类型的面试妆容

（1）清爽型的面试妆容。

想要应征旅游企业基础行政事务工作的女性求职者,重点在简单地表现出健康的气色与聪慧的双眼,给人留下清新自然、聪明伶俐的好印象。

第一要素,微笑的脸庞。底妆尽量挑选保湿型的粉底液,薄透自然的底妆给人清新舒服的好印象。可以大面积用粉嫩色腮红,在微笑肌上画出有微笑感的好气色。切忌将腮红画成圆形,如此会给人过于可爱的印象,缺乏职业气质。

第二要素,有神的眼睛。清爽型妆容不用特别强调眼影的色彩,只需挑选单色眼影为眼部做好提亮即可。肤色为冷灰色的求职者,可挑选淡蓝色系的眼影来为眼部提亮。而肤色若偏黄的话,则可用水蜜桃色来提亮。

第三要素,水润的嫩唇。保湿是选择唇蜜时需要考虑的重要因素。颜色嫩透的唇蜜能为形象加分不少。

（2）活力型面试妆容。

活力型妆容整体色调偏紫色、浅橘色。这种色调给人以亲切、温暖的感觉,不失可爱的同时,很容易拉近同事关系。这个类型的妆容比较适合资讯业、传媒业、客服等职业。在选择紫色眼影时,注意珠光感不要太强,浅色的紫色较适合。

这款妆容色彩比较淡,所以要重点突出眼睛,让整个妆容有亮点。新手不要用眼线液来画眼线,因为不好掌握,且容易出错。画眼线的时候避免画直线,可以曲折地将睫毛间的缝隙填满,这样可以让双眼迅速明亮起来。

选择自然色的粉底液打底,再用珠光蜜粉定妆,可以使皮肤呈现自然、清透的质感。用桃红色的腮红打在笑肌位置,这样会令妆容更柔和,给人以亲切之感。嘴唇可以选择橙色的唇彩,与暖色调的妆容相互协调,晶莹亮泽的嘴唇会增添求职者的年轻和朝气。

资料来源　李飞.别说你懂职场礼仪[M].沈阳:沈阳出版社,2018.

案例2:面试发型

在面试的过程中,面试者常常会忽略一些细节,导致自己的仪容仪表有些许的纰漏,这里介绍发型处理需要注意的一些细节。

发型最能直接地反映面试者的精神面貌,也能体现面试者的品位和对细节的关注程度。

(1)男生发型。

男生的发型一般要求干净利落、整洁自然。不宜过长,但也不要光头。男性的头发比较好打理,如果使用发胶,出发前一定要用梳子把粘连的头发梳开。如果头发过长,那么最好提前一周理发,让自己对新发型有个适应的过程。

(2)女生发型。

女生发型长发短发皆宜,但是长发的女生最好选择扎起来,不要披头散发,尽量把整张脸露出来,这样会显得干净利落,否则会给人一种慵懒的感觉。尽可能不要染发和烫发,发色以黑色为宜。女士最需要注意的一点就是不要戴太多的头饰。同时切记不要做"爆炸式"的发型,这种膨胀的发型会让面试官产生本能的排斥感。高挽的头髻也不可取,它会给面试官以过于家庭化的感觉,缺乏职业性。对女生来说,推荐马尾,不太夸张的卷发也是一个不错的选择,给人既成熟又活泼的感觉,但是一定要事先打理好。如果有刘海,建议修剪到眉毛以上,如果头发挡住眉毛,考官会认为该求职者不够自信。

资料来源　张丽璇.一本书说透职场礼仪[M].北京:台海出版社,2011.

案例3:面部清洁的手法

面部清洁的顺序和手法见图2-29:

(1)先取适量清洁产品加入清水,揉搓出绵密的泡沫;

(2)将泡沫均匀涂抹整个面部,并用打圈的方式从T区到两颊向外揉搓,最后带过眼周,T区等易出油的区域需重点清洁;

(3)最后用清水洗净,再用洗脸巾或棉柔巾将面部水分擦干。

图2-29　面部清洁的顺序、手法

案例4:日常生活护肤七步骤

第一步,使用洁面乳与卸妆油。

如果需要化妆,就需要用到洁面乳和卸妆油;如果不需要化妆,这一步可以省略。

目的：溶解化妆品或防晒霜。

用法：用干燥的手取适量洁面乳或卸妆油，在皮肤上轻轻按摩，然后用自来水冲干净或者用纸巾将其擦干净。

注意事项：如果未能一次性将污垢清洁干净，可以再次使用洁面产品，但不宜过度，以免对皮肤产生损害。干性或敏感肌肤尽量不要使用泡沫、凝胶、粉末，只要用洁面乳清洗即可。

第二步，使用洁面凝胶、洁面泡沫、洁面粉末。

目的：去除死皮、污垢及卸妆油或洁面乳的残留物，清理毛孔。

用法：加水揉搓起泡后，在湿的面部轻轻按摩，然后用水冲洗干净。

注意事项：洁面乳一般适合干性或敏感性肌肤。凝胶、泡沫或粉末一般适合油性、混合性及中性肌肤。

第三步，使用爽肤水。

目的：收缩毛孔、去除死皮、平衡肌肤酸碱度，同时为肌肤保湿。

用法：可倒在化妆棉上轻轻擦拭面部，或者用手将爽肤水轻轻拍在面部上。

注意事项：所有肌肤都需要这个步骤，敏感肌肤则应避免使用化妆棉。

第四步，使用面膜。

目的：面膜是面部深层护理的程序，根据制作工艺和功效，可以每天用作密集护理，也可以每个星期使用两到三次。

用法：将凝胶或者乳霜面膜涂在洁面后的脸上，敷用十到十五分钟后用水冲干净；片装面膜，同样是在洁面后使用，敷十五分钟后取掉，使用后可以选择将精华轻轻按摩到面部直到吸收完全，或用清水冲洗。

注意事项：如果是早上护肤，考虑到时间问题，可以省去使用面膜。凝胶和乳霜面膜可以每天使用；片装面膜，如需在短期内修复皮肤，可以每天使用，但当皮肤恢复健康状态后，不可再频繁使用，否则会让皮肤变薄和发胀。

第五步，使用眼部精华素、眼部凝胶、眼霜。

目的：眼部周围的肌肤非常脆弱，因此需要特别小心地护理，在这里需要注意的是，面霜不等同于眼霜，不能把面霜涂在眼部周围，否则可能会引起过敏反应或者诱发油脂粒的产生。

用法：首先使用眼部精华，再加上眼部凝胶或者眼霜，用无名指沾上米粒大小的分量，轻轻涂抹在眼周围。

注意事项：眼霜的主要功效是减淡皱纹，凝胶的主要功效是淡化黑眼圈和改善眼部水肿，因此涂眼霜时不要用力，以免产生皱纹。

第六步，涂抹精华素。

目的：美白、抗衰老、保湿、控油、抗敏感等类型精华素能满足不同肌肤问题的需要。浓缩的有效成分能由外向内逐层改善肌肤问题。

用法：整个抹匀或者只需涂抹在一个部位，轻拍，逐渐让其吸收。

第七步，使用晚霜、保湿霜。

目的：晚上是肌肤修复的黄金时段，跟日霜相比，晚霜通常质地比较水润，能够防止水分流失，加速肌肤吸收。但是，很多晚霜含有大量化学成分，如乙醇、防腐剂、矿物油、激素、色素等，会严重刺激皮肤引起副作用，因此选择和使用时要注意晚霜的成分。

用法：洁面爽肤及涂上精华后使用。

资料来源　百家号.《日常生活中护肤的七大步骤》。https://baijiahao.baidu.com/s?id=16032995785634503l8&wfr.

案例5：面部补水顺序

面部补水顺序如下（见图2-30）：

（1）用爽肤水将化妆棉浸湿；

（2）用化妆棉润湿面部，再用化妆棉由内向外、由下向上地轻拍面部和颈部；

（3）以鼻子为中心，横向擦拭两颊，拭去老化角质，二次清洁肌肤；

（4）用双手指腹轻拍、按摩面部至爽肤水被肌肤完全吸收；

（5）最后根据需要涂抹护肤精华、乳液或面霜。

图2-30　面部补水步骤

案例6：根据脸型特点选择适合的发型

发型对脸型的修饰作用远大于化妆、修容，正确认识自己的脸型才能有效地选择发型，不同的脸型所适合的发型也不一样。

（1）蛋形脸。

可以搭配任何发型，但具体发型的设计还受身材等因素的限制。

（2）长脸。

在设计发型时应考虑缩短脸长，增加脸宽。可考虑利用齐刘海来遮挡前额，缩短脸长，同时将头发梳向两侧。

（3）方脸。

在发型设计时可以有意识地拉长脸部长度，可以留八字形刘海遮挡额部的两角，两侧留长卷发，从而使面部线条柔和。

（4）圆脸。

在发型设计时应注意拉长脸长，减小脸宽。可考虑将发型"三七分"，蓬松发型顶部等。

（5）梨形脸和心形脸。

在发型设计时应平衡上下宽度。可考虑留八字形刘海，弥补额头过窄或过宽的缺陷，同时不易留短发，应留中长发，遮挡腮部。

（6）钻石形脸。

在设计发型时应增加额头和下巴的丰满度。可考虑留直发，紧贴颧骨。

Note

案例7：根据身材特点选择适合的发型

（1）短小型。

短小型身材的人身材矮、小，给人一种小巧玲珑的感觉。在设计发型时应尽量拉长身体。这类身材的人不宜留长发，长发会破坏身材比例。可考虑盘发、短发等秀气、精致的发型。

（2）矮胖型。

矮胖型身材显得圆润、健康。在设计发型时应拉长身材比例，缩减横向宽度。不宜留长波浪、长直发。可考虑有层次的运动式短发，或者前额翻翘式发型。

（3）高瘦型。

高瘦型身材是比较理想的身材，但也容易给人以瘦弱、单薄的感觉。在设计发型时应尽量使头发蓬松，避免贴头皮，造成头重脚轻的感觉。可考虑留长发、直发。

（4）高大型。

高大型身材给人一种力量美的感觉。在设计发型时应努力追求大方、健康、洒脱的美。可考虑大波浪、中短发等较为简洁的发型。

模拟演练：根据案例6和案例7当中脸型、身材与发型的匹配特点，以及化妆时应注意的清洁、皮肤护理等知识，结合案例讨论中案例2主人公的困惑，按照本章所学内容，进行如下综合练习。

（1）自我脸型、身材诊断。找一面全身镜，根据脸型分类介绍、身材与发型的匹配建议，确定自己的脸型、身材以及自己适合的发型。

（2）自我发质诊断。清洁头发后，在自然光线下，根据发质诊断技巧，确定自己的发质类型。

（3）自我肤质诊断。在清洁面部后（5分钟内），在自然光底下面对镜子观察，根据肤质诊断技巧，确定自己的皮肤类型。

（4）按上述职业妆容技巧，以二人一组，先自我诊断，再相互诊断并练习职业妆容化妆，从自评、他评和教师点评等不同角度，使自己最终掌握旅游接待人员仪容修饰能力，并填写表2-1。

表2-1　能力习得情况评价与建议

评价指标		评价等级（A、B、C、D、E）		建　　议
		他评	师评	
基础知识	仪容修饰礼仪			
	仪容修饰禁忌			
	面部修饰原则			
动手能力	脸型诊断			
	发质、肤质诊断			
	职业妆容步骤与技巧			
	面部修饰细节处理			

Note

续表

评价指标		评价等级（A、B、C、D、E）		建　议
		他评	师评	
职业能力	妆容与身份协调			
	配饰审美			
需改进：				

本章小结　　本章对仪容修饰相关内容进行了介绍，包括仪容修饰的原则，以及脸型、肤质、发质等的判断方法，并能够根据自身脸型、肤质、发质的不同，选择合适的产品进行修饰。同时，也介绍了如何根据不同时间、场合和目的进行恰当的仪容修饰，提升自身气质和职业形象，进而给对方留下良好印象。最后，通过能力习得部分的思考、讨论和练习，让学生真正获得仪容修饰的能力。

关键概念

仪容修饰　面部修饰原则　脸型判断技巧　发部养护　发部造型

复习思考

☐ 复习题

1. 作为旅游接待人员，仪容修饰的禁忌有哪些？
2. 自身肤质的判断方法有哪些？
3. 简述面部护理的基本步骤。
4. 简述职业妆容的要点和步骤。

☐ 思考题

假如你是一位旅游企业的高管，晚上要去参加一个公司的年会，结合本章所学内容，你认为参加年会的仪容应当怎么修饰？应注意哪些细节？

第三章
衣着品格

学习目标　　掌握服饰礼仪在人际交往中所起到的实际作用；掌握各类配饰使用技巧，了解不同服饰类型特点。能够根据交往目的、场合和对象准确选择着装；能够针对身材、肤色、性格等特点扬长避短、巧妙着装。掌握并能熟练运用服饰搭配技巧，有效地提升自身职业形象和气质。

素养目标　　培养学生具备正确的审美价值取向与较好的人文素养，以及开放包容和科学求真的积极态度，帮助学生逐渐成长为拥有社会责任感和岗位意识的优秀人才。

第一节　服饰礼仪

案例引导

自我表达要正确

APEC服装设计师赵卉洲在某次接受媒体采访时，曾谈到一个问题：经理人该如何着装？她借用了美学家蒋勋在《天地有大美》一书中的观点：服装其实是一门大学问，大家还是要花一点心血去了解自己适合什么样的颜色，什么样的造型、体态与什么样的服装搭配在一起是最合适的。很多企业家其实可以创造出自己穿衣服的独特风格，一方面可以让自己更优雅，另一方面可以拉近与自己员工之间的距离，更有亲和力。美，不应该在最后变得使大家感觉陌生和害怕。

赵卉洲看来，许多职业经理人应该习得如何用服装的语言，正确地表达自己。

资料来源　世界经理人.《APEC服装设计师赵卉洲：经理人该如何着装》,节选。
http://www.ceconline.com/mycareer/ma/8800073810/01/

一、着装搭配

服饰是"人的第二肌肤",在人类生活中,服饰具有七大基本功能。

其一遮羞蔽体。因衣服的有效遮挡,可以使人能坦然地与他人交往。

其二保护身体。借助衣服,如登山装、滑雪装、防火装等,降低外界对人们身体的伤害。

其三御寒保暖。随着季节的变化,服装形式相应变化,从而调节体温,满足人们最基本的生理需要。

其四体现个性。由于个人喜好、生活品位、审美情趣、性格差异等原因,造成人们对服装质地、颜色、款式、搭配等选择千差万别,服饰也因此能够反映出每个人的个性。

其五美化人体。借助人类对线条、色彩、质料的错觉,达到扬长避短的美化作用。

其六代表身份。服饰能够传达出着装者的生活背景、社会地位等信息,如军服、制服、校服。

其七满足自我。穿着自己喜爱的衣服,愉快、自信、满足之感油然而生,借助服饰达到自我满足的目的。

从以上七大功能可以看出,随着社会的发展,现代人已能通过服饰传递和获取越来越多的信息,如性别、年龄、经济状况、社会背景、道德修养、文化素养、情感状态、审美水平等。可以说,站在社会文化角度上看,服饰就是一系列符号的集合,是促进人际交流的一种无声语言。而学习并掌握一些关于着装的基本原则,对人际交往将大有裨益。

(一) TPO 原则

1964 年,为在东京奥运会上树立日本国民的良好形象,日本男装协会对欧美的着装规则进行了理论研究和总结,并结合日本本土特色提出了社交场合着装的 TPO 原则,得到欧美发达国家的认可,并在国际社会中广泛传播,被认为是世界服装界公认的着装审美原则之一。其基本含义就是穿衣打扮要有章法,需要考虑着装的时间、地点及目的,使自己的形象与周围环境、气氛相协调,达到整体美和协调美的效果,并随着要素的变化而改变着装。虽然 TPO 原则对着装原则的总结并不全面,但直到今天,它仍是各国人士在着装时应遵循的基本规则。TPO 着装原则中,T 指的是 Time,即时间;P 指的是 Place,即地点;O 指的是 Object,即目的。

1. 关于时间的 T 原则

T 原则指服饰打扮必须根据时间来决定,包括三层含义:一指每天的早、晚的时间变化;二指一年春夏秋冬四季的不同;三指时代的差异。职场人员参与工作性质的社交活动,在着装选择时,应注意早、晚的时间变化。

2. 关于地点的 P 原则

地点或场合一般分为两大类,正式场合和非正式场合。所谓正式场合,指气氛比较端庄、严肃的场景,更多是以工作交往为目的的,包括会议、会见、会谈、谈判、演讲、颁奖、各类典礼等。还有一些风俗性的场合,如参加婚礼、生日晚会、葬礼等。

非正式场合,指除上述场合之外的其他场合,主要目的为放松和交友。如休闲娱乐、外出旅游、上街购物、访亲问友等活动。

按场合着装,就是在一定的时间、地点下,结合当时场景、自身的身份职位等信息,

微课视频

《职场女性基本服饰规范》

选择恰当的服饰。在非工作范畴的私人社交场合中,还可结合自身的主观目的和意愿恰当地着装。

3. 关于主观目的的 O 原则

O 原则指穿着打扮应根据交往对象的不同,有目标地选择服饰,或给对方留下深刻印象,或恰到好处地映衬出自己的身份、地位等。关于主观目的,要考虑的是:你希望在人们心中留下什么样的印象? 你希望领导同事如何看待自己? 你希望在朋友家人心目中是什么形象? 因此,即便都是商务场合,却可因具体商务事项的不同而目的不同;即便都是会友社交,却可因到场人员的不同而目的不同,所以,在这类主观目的不同的场合里需选择不同的服饰。

(二) 色彩搭配原则

同步案例
▼
[QR code]

《经理人
不同场合
巧着装》

有学者曾经做过一个实验:当一个人从远处走来,观察者首先注意的是其服装的色彩,然后才是这个人的体型轮廓、五官容貌,最后才是衣服的款式、花纹和其他饰物。我们生活在一个色彩缤纷的世界当中,色彩能够最先吸引他人的注意力,且有效距离更远。因此,学习如何进行着装色彩搭配很重要。

1. 根据色彩要素的搭配原则

所有的色彩都具有三个最基本的要素,即色相、明度和纯度。色相,即色彩的长相、外貌,色彩以此而得名。色彩根据其色相分为三类:以黑、白、灰为主的"无彩色"系;以金、银色为主的"独立色"系;和除这两类之外的所有"有色彩"系颜色。明度,即色彩的明暗强度。明度高的色彩感觉比较明亮,而明度低的色彩感觉比较灰暗。如湖蓝和深蓝,前者亮度高、后者亮度低。纯度,也叫彩度,指色彩的纯净度或饱和度。如前面的湖蓝和深蓝,前者多为在正蓝色中加入白色而来,而后者则在正蓝色中加入了黑、灰等色。虽因其他颜色的加入,使之变得浑浊,但都属同一色相——蓝色,只是纯度不一而已。

人们多数希望自己的衣橱里服装色彩斑斓,而色彩的多样化又给着装搭配带来了更多的难度,所以,服装的色彩搭配原则要求人们要对自己有比较清晰地了解,从而选对适合自己的服装颜色。根据色彩三要素,在着装配色上可注意以下 4 个技巧。

(1) 纯度的协调。

一个人是适合穿艳丽的色彩还是柔和的色彩,取决于五官立体感的强弱和其化妆的习惯。五官立体感较好,可以穿一些纯度相对较高的色彩款式;柔和、平淡的五官,则适合纯度中等或者偏弱的色彩款式。如果习惯化妆,脸部的色彩对比度就会明显些,适合的服装色彩范围也较宽,可以搭配多种色彩。反之,不习惯化妆,着装的色彩也会受到一些限制。

(2) 冷暖的协调。

要按个人的性格特点来搭配服饰色彩。偏黄的颜色为暖色调,适合随和、稳重、活泼的人穿着,比如活泼的人适合明亮的亮黄、橘色等,能够给人以洒脱随意之感;性格随和的人适合柔和的米色、自然的苔绿色等,让人感觉亲切且舒服;性格稳重的人适合深棕色、铁锈红等颜色,给人沉稳成熟的印象。

黑白分明、清爽的蓝调和粉紫色调在色彩印象中,都属于冷色调,适合气质干练的人。黑白分明或者清晰的蓝色调,其纯正的对比色彩使人显得冷静理智;淡雅的粉紫色则把优雅浪漫的人衬托得气质更为出众。

（3）对比度的协调。

在服装颜色选择中，还要注意色彩搭配反差情况。反差较大的服装，适合个性特点鲜明的人或理性的人选择；而个性随和、委婉、温柔类型的人，适合搭配色彩对比小一些的服装，以避免过于生硬的对比搭配，破坏了穿着的柔和氛围。

（4）几种经典搭配中的宜与忌。

运用同色系中的近似色搭配，如深蓝配浅蓝、米黄配咖啡等。对比色搭配，如蓝与红，黄与紫。色彩明暗对比搭配，如绿上衣配白裙子是上深下浅，白上衣配蓝裤子是上浅下深。这些都是经典的服饰色彩搭配的成功案例，可以作为搭配参考，但要注意色彩比例要适当。在运用近似色和对比色搭配时，有五种情形一定要注意避免：冷色＋暖色、亮色＋亮色、暗色＋暗色、杂色＋杂色、图案＋图案。

2. 基于色彩比例的搭配原则

前面说到，搭配时，需注意色彩比例要求，本部分我们主要谈谈如何注意这些比例。

（1）色彩不超过三种。

有品位的着装服饰色彩其主要特点为纯净不杂乱。无论选择哪种颜色，全身上下一般不超过三种。包括上衣下裳、打底衣衫、皮包鞋袜、装饰品等尽量控制在三种颜色之内。

（2）色彩搭配注意主次。

在服饰三种色彩之间，必须掌握一定的用色比例，才能凸显品位，建议三色的比值在6∶3∶1至7∶2∶1。如上半身与下半身分属不同颜色，色彩比例不能是等分或接近等分，否则显得上身太长、腿太短，缺乏美感，可上3下6或上6下3最为理想；另外一种颜色使用范围应更小一些，根据服饰特点，比例大概控制在1之内，通常用在打底的衬衫，以及领带、丝巾、皮包、皮鞋、饰品等起到点缀作用的物件上。

3. 对服装颜色缺乏研究时的搭配原则

对服装颜色没有太多研究和了解时，建议买一些可以百搭的颜色的服饰，如黑色、白色和各种深浅度不同的灰色、驼色等。因黑色、白色属无色彩系，而灰色、驼色是接近人体自然肤色的生理色，这两种类型的颜色穿上身时既时尚又不突兀，还易于与其他颜色搭配。也可以利用百搭色为主色，其他色为点缀色，有主有次、比例合适也是不错的选择。

知识链接

驾驭好黑色，关键在于三个重要的技巧

技巧一，材质混搭。从上到下穿黑，如果不做材质上的变化，很容易给人落后于时代的印象。如果你钟爱黑色，那一定要注意在面料的使用上制造视觉的层次感。提到黑色的不同质地，你可能会想到黑色的绢、棉、麻、缎、纱、雪纺、毛料、针织、皮革、羊绒、毛皮、蕾丝等等，你想对了，就是这些。只要根据场合和温度条件，把两到三种不同质地的黑色面料组合搭配起来，或购买时留意面料混搭的单品，基本上就能避开黑色沉闷保守的一面。

技巧二，配饰调节。如果在材质上的变化不容易实现，还可以选择配饰调节的方法打破黑色的沉闷。与黑色深沉神秘相对应的是银白的明亮华丽。银白色配饰

不仅可以给黑色添上一抹鲜亮,也能体现更为强烈的对比和跳跃感。所以,应该注意在胸前V区、手部、腰部、手袋和鞋子上"镶嵌"闪光点。

技巧三,艳色点缀。因为黑色给人带来的感觉强烈而沉重,因此与之搭配的颜色也应该同样具备强烈的视觉冲击力。色彩饱和度高的鲜艳颜色,与黑色配起来会相得益彰,十分漂亮。羽西女士以大红色口红配乌黑的头发,华贵艳丽。

还要注意的问题是,黑色是否适合你。如果你有浅淡的肤色,头发和眼睛的颜色也很淡,看上去十分轻盈,那么,穿黑色的时候,就容易给人头轻身重的感觉。或者,在头部附近用黑色,而脸部的化妆又太淡,也容易给人不和谐的印象。遇有这种情况,建议通过化妆来调节头部和身体间的平衡。比如,把眉毛眼线画得深一些,或者让头发的颜色改变一些,等等。事实上,无论是谁,在不化妆的情况下每天去大面积地挑战黑色,是很容易失败的。

资料来源 于西蔓.西蔓美丽观点[M].北京:中信出版社,2007.节选。

(三)款式搭配原则

在款式搭配上,从服装整体廓形来说还有长短搭配、宽窄搭配、大小搭配、方圆搭配等,为的是以服装的整体廓形来弥补个人身材体型上的不足,或者凸显优点。

1. 长短搭配

长短搭配即对上衣和下装进行孰短孰长的选择。

可上长下短。以人体黄金比例为准,上衣下摆位于臀部按黄金比例上下浮动。从视觉上既可以让他人的视线集中在人的上半身,还可以适当拉长身高,修饰臀部。

可上短下长。长下装可突出长腿或修正短腿。长短搭配中,一般不建议上下等长。

2. 宽窄搭配

宽窄搭配主要是解决服装的肩部和臀部设计的宽窄问题。从男士角度来说,标准体型为上宽下窄的倒梯形;而女士的标准体型应是X型。应以这两者标准体型作为宽窄搭配的指导理念。

当体型为A型或O型时,采用的是上宽下窄式搭配。男士,可选用加垫肩或加宽胸部的、以较挺实的面料做成的上装。女士,如需硬朗干练,可选用有垫肩的上装,如需轻松、和谐、柔美的风格,可选用有泡泡袖的上装。当体型为Y型时,应采用下宽上窄式搭配,即选用宽松的下装。宽窄等同的搭配较少见。

3. 大小搭配

大小搭配就是典型的扬长避短搭配。身体中比较粗、圆的部分,选择适中的大尺寸服饰,不仅能较好地遮盖不足,还能显得苗条。通过合适的大小搭配,使身材看起来更和谐、更具美感。

大小搭配更多地体现在服装风格和面料选择上。一般而言针织面料比较柔软,机织面料则多挺括。大尺寸的针织面料服装,嘻哈风味足,休闲时可选择,但绝对不能在职场中出现。但大尺寸的机织面料服装,男士穿了易显得颓废,穿搭时要注意;女士可选择适当大一型号的服装,有率性、强势之感。

4. 方圆搭配

主要指服装版型上的直与曲。如果希望体现硬朗、沉稳的风格，服装线条应以直线条、简单为主；如果希望体现温柔、娇美的风格，服装线条可多采用曲线和繁复的工艺。

综上，服装款式虽多种多样，但通过对服装廓形的搭配，可以总结出，职场中的着装具备以下特点：合身比宽松或紧绷更正式、机织面料比针织面料更正式、简洁比繁复更正式。

二、配饰之用

配饰，不同于首饰，囊括范围比首饰更广，是除主体时装（上衣，裤子，裙子）外，为烘托出更好的表现效果而增加的装饰物品，其材质多样，种类繁杂。佩戴在人身上，对佩戴者可起到美化、吸引或转移注意力的作用。

（一）配饰分类

配饰的种类有很多，最常见的是按装饰部位进行分类。

头饰，用在头部及面部的装饰，如帽子、头花、耳坠等。肩饰，包括丝巾、披肩等。胸饰，指胸部佩戴的装饰，包括项链、围巾等。腰饰，包括皮带、腰链等。手饰，包括手链、手镯、戒指、手表等。脚饰，包括脚链、鞋子、袜子等。佩戴饰，包括服装上和随身携带的装饰品（如包、胸针、扣子）等。

如何用好配饰，让配饰恰当地传情达意，从而提升着装品位，是需要注意的问题。

（二）饰品佩戴须知

1. 明确配饰与首饰的区别

只有明确配饰与首饰的区别，在选择佩戴饰品时，才会自觉地把服装上已有的饰物与佩戴的饰品一同考虑在内。如领带、丝巾，设计或造型比较别致的鞋子、皮包，衣服上的纽扣、腰带等，均须与佩戴的饰品相协调。

2. 遵循着装的"TPO原则"

配饰的选择和着装一样，需要注意佩戴的时间、场合、目的。正式场合应避免佩戴做工粗糙的饰品，过于前卫的饰品也应慎用。

3. 整体风格协调统一

选择配饰，应考虑自己的发型、脸型、体型、肤色、服色和着装风格等，建议配饰可以与服装上的某一颜色相呼应，巧妙点缀，为自己的着装锦上添花。而有些衣服、鞋包上本身就带有配饰，如扣襻、褡裢、logo 等，这些都有装饰的作用，在进行服饰搭配时需注意适当呼应和控制，配饰本身相互之间也应统一。比如佩戴有镶嵌物的配饰时，应使该配饰的宝石与衣着上其他镶嵌物保持一致。如无合适配饰，可以选择不佩戴。

4. 须考虑性别差异和比例

配饰种类繁多，要通过配饰体现品位和风格，还应注意配饰的比例。在一般场合里，女士可以根据喜好选择适当的配饰，但同色彩搭配中的主次比例原则一样，配饰整体比例也应控制在"1"以内。男士可选配饰的范围更小，至多再佩戴一枚婚戒即可，如果一定要同时佩戴多件配饰，那么全身的配饰不要超过三种，同类型的配饰则避免重复佩戴。

Note

知识点
自测
▼

第二节　职场中的各类服装

案例引导

有一位能力出众的女推销员在美国北部工作,一直都穿着深色的套装,提着一个男性化的公文包,在公司里拥有傲人的销售业绩。后来,她调到阳光普照的南加州,仍然以同样的装束去推销,结果成绩不够理想。在形象设计师的建议下,她改穿淡色彩的套装和洋装,换了一个女性化的皮包。随着着装的变化,她的业绩提高了 25%。

本案例表明:工作中的着装并不是一套就可以打天下。职业性场合中,着装礼仪上还有哪些细节需要了解和注意?

资料来源　宿文渊.《每天读点销售学》节选。http://dushu.qq.com/read.html? bid＝26188843&cid＝2.

一、西装

西装以人体活动和体形结构的分离组合特点为原则,形成了打褶(省)、分片、分体的服装缝制方法。它由同一面料的上衣、背心和裤子三件衣物组合形成套装。在造型上延续了男士礼服的基本形式,属于日常服装中的正统装束,使用场景甚为广泛,并从欧洲影响到国际社会,成为礼仪的指导性服装。

现代的西装形成于 19 世纪中叶,但从其构成特点和穿着习惯上看,至少可追溯到 17 世纪后半叶的路易十四时代。西装之所以长盛不衰,源于其深厚的文化内涵,主流的西装文化常常被人们打上"有文化、有教养、有绅士风度、有权威感"等标签。西装的主要特点是外观挺括、线条流畅、穿着舒适。若配上领带或领结后,则更显得高雅典朴。如今,西装作为衣着款式的一种也进入到女性服装行列,发挥着体现现代女性独立、自信特质的作用。

西装从面料到穿着都有严格的规范。

(一) 面料

颜色越深越正式,正式场合以黑、灰、蓝三色为主。如需凸显个性,在一般的商务场合中还可以选择深色细条纹西装。质地上,选择垂坠感强的面料,抗皱性会更好些。第一套西装,建议选择四季款面料,即四个季节都可以穿着,实用性较高。

（二）穿着规范

合体的西装应为（见图3-1）：上衣，衣长为颈部至手臂自然下垂后的手掌虎口处的长度，系上扣子后稍有空余。袖长，至手腕处。裤长，裤脚刚盖住脚背，遮住约1厘米鞋跟。腰围，系好扣子拉好拉链后，可以插入一个手掌，并能自如下蹲抬腿。腰带，系上腰带后尾端长度超出腰带扣10厘米—12厘米，宽度一般为2.5厘米—3厘米。衬衫袖长应比西装衣袖长1厘米—2.5厘米，衬衫领也应高出西装领1厘米—2.5厘米，既保护西装又具有匀称的美感。袜长，长度以坐下来跷脚时，不露出皮肤汗毛为准。系扣，上面一颗偶尔扣、中间一颗永远扣、下面一颗永不扣。

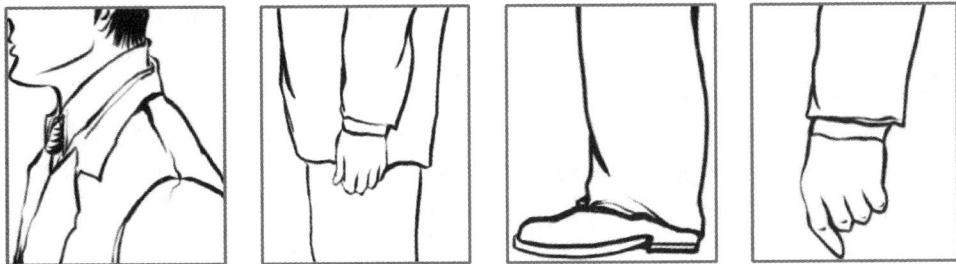

图 3-1　合体西装

知识链接

西装的保养

（1）西装只能干洗，不能水洗。精良的西装在肩膀部分结构相当复杂。水洗会使它变形。

（2）平时不穿时，要用专用西装衣架把西装挂起来，千万不要用一些便宜的细衣架。这也可以避免西装变形，让它穿得持久。

（3）如果西装上有点皱，要用熨斗小心地熨平。为了防止熨烫时出现"镜面"现象，可以用一条薄的手帕铺在西装上来保护它的面料。

（4）一件保养得好的西装每个季度干洗不能超过三次；而燕尾服则永远不用干洗。

（5）衣橱里挂的衬衣和西装之间要有足够的空间。

（6）出行时，包里的西装和衬衣都要套上干洗店的塑料袋，这样不仅可以保护衣服，还能减少褶皱。

资料来源　靳羽西.中国绅士[M].北京：中信出版社，2006.一书节选。

二、正装与制服

正装，即职业装，指职场人员在工作时必须穿着的服装。它起源于工业革命的发源地英国。19 世纪中叶,欧洲出现了具有现代意义的着装规则(The Dress Code),其指导了包括国家公务员、工商管理人员以及白领阶层人员的形象设计和实施方案。最终在美国,合理主义和功能主义设计理念为这一着装规则注入了新的活力。现如今,着装规则所代表的国际着装规范,成为国际社会相互交流、沟通、信任的桥梁。在着装规则指导下的以男士西装和女士西装套裙为典型代表的服装款式成了政界和商务界通用的职业服装。

制服,是标志一个人从事何种职业的服装,是岗位识别服,它可以传达出着装人员从事的职业信息、职业化程度、受教育程度等信息,因此,其符号作用在工作交往中的影响力也越来越大。

(一) 正装

通过本章之前的介绍,我们知道正装有几个特点,如合身比宽松或紧绷更正式、机织面料比针织面料更正式、简洁比繁复更正式、颜色越深越正式、穿着搭配越规范越正式等。但需要注意,着装规则与西装规范并不完全等同,因此,如在某些场合不想穿西装,此时可以在着装规则指导下选择穿正装,其要点为:

(1) 全身主要色调不超过三种;

(2) 选择质地挺括、线条简洁、素色或花色不明显的服装;

(3) 注意鞋袜色调应一致,深色皮鞋配深色袜,正式场合不穿露趾凉鞋;夏季女性在严肃场合必须穿皮鞋配肉色丝袜;

(4) 越是正式严肃的场合,着装的色调应越深,花色则应越少越好;

(5) 着裤装时,上衣要有领子、扣子、袖子,系腰带;

(6) 选择长装要比短装更合适;

(7) 女性裙装要求不短、不漏、不透、不亮、不紧身。

(二) 制服

1. 普通旅游岗位制服

旅游行业,作为商业的分支,在着装规范上既有遵循国际着装规则的一面,也因其工作岗位的特殊性保有自我特色的一面。如,旅游企业内的中高层管理人员、行政岗位,其工作着装遵循国际着装规则;而普通的员工或者中低层管理者,则多穿款式各异的制服。

旅游从业者在工作时穿着与自己角色相配的制服不仅是对客人的尊重,而且也便于客人辨认,同时也使穿着者有一种职业的自豪感、责任感,是敬业、乐业在服饰上的具体表现。

在普通旅游工作岗位上,工作人员的服装款式要求造型简洁、轮廓清晰、线条干练。男士以西服套装或中山装为基本款式,女士以西服套裙或西服套裤为基本款式。西装作为旅游岗位工作制服,应把外套所有纽扣扣上。

西装外套除必要的熨痕外,应没有多余的褶皱;男性如佩戴领带,需系好衬衫领扣,并使领带结处于衬衫领口正下方;女性如穿裙装,应选择及膝或膝上 1 寸之内的西装裙最为端庄(图 3-2)。

头发梳理整齐没有头屑

发角侧不盖耳，后不盖领

不吃异味食品，口腔清新

衣领干净

保持工装干净、整洁

工作牌戴在左胸上衣袋处

纽扣齐全

不留长指甲、指甲常修剪
指甲边缝内无污垢

衣袋内不放与工作
无关的物品

勤洗澡，身体无异味

黑色袜子

穿旅游企业指定工鞋

头发梳理整齐没有头屑

化妆清淡

口腔清新，不吃异味食品

不可佩戴夸张耳环、项链

衣领干净

工作牌戴在左胸上衣袋处

保持工装干净、整洁

纽扣齐全

不留长指甲、指甲常修剪、
指甲边缝内无污垢

衣袋内不放与工作无关的物品

穿肉色丝袜

穿旅游企业指定工鞋

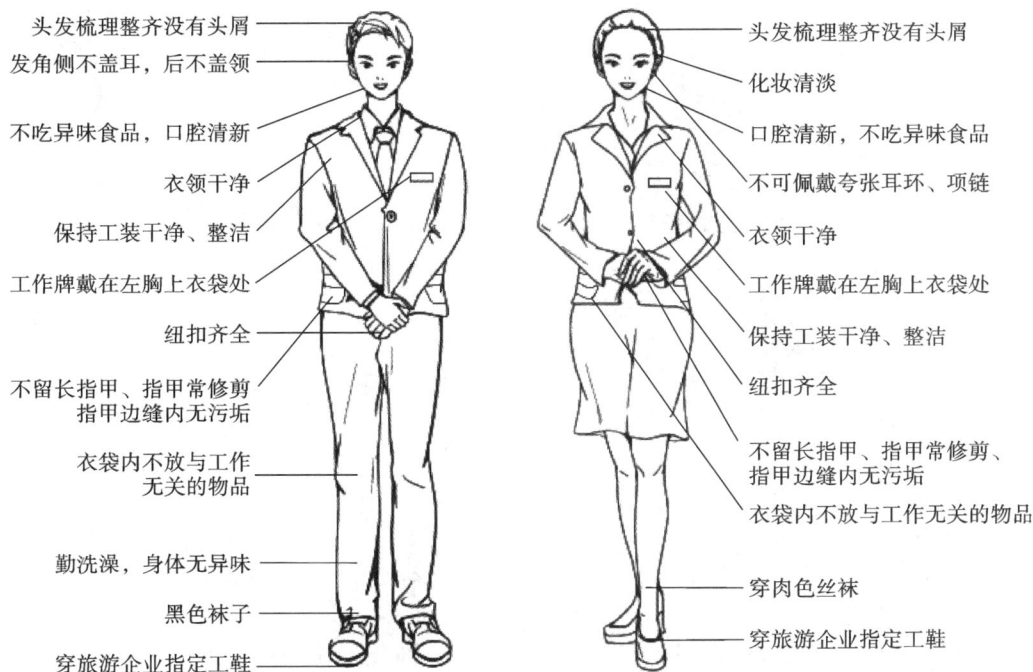

图 3-2　旅游从业者制服/职业装穿着规范示意图

2．特殊岗位制服

特殊岗位指的是旅游过程中涉及食、住、行、游、购、娱的各岗位中，因工作特点有别于常规旅游服务工作的岗位。其着装在便于工作的同时，还要保护从业者，体现本岗位传统服饰文化。这些特殊岗位主要有餐饮服务中的厨师、游览服务中的导游、休闲娱乐服务中的运动指导员等。下面将就这三个特殊岗位的制服进行简单介绍。

（1）厨师制服。

高高的厨师帽就是典型的厨师文化的体现。戴白高帽是厨师的象征，帽子的高低表明厨师级别的高低，帽子越高说明厨师的级别越高、厨艺就越高。另外，厨房工作人员因处在各种食材、油烟、灶台、锅碗瓢盆围绕的工作环境中，着装上对卫生的要求非常高，对员工的人身安全也要起到一定的防护作用。因此，作为厨师在选择着装时需注意下列细节要求：戴公司统一配置的工作帽、口罩，身着厨师服，系围裙，为防水防滑可穿防水鞋。因卫生需要，不论男女，头发必须全部放入工作帽内；如有长发，则需编扎后再戴帽子（见图 3-3）。

（2）导游制服。

导游主要的工作内容就是不停地走动和讲解。因此，健康的体魄、阳光和充满活力的心态，是导游人员必备的素质。为此，导游服装要体现其健康、阳光的工作状态，同时兼顾休闲、轻便；如由公司统一制发岗位制服，则需严格按制服着装要求穿着。

导游人员着装规范要求不论男女，如无公司统一要求，均可以穿着轻松、方便的休闲服，平底鞋或运动鞋等。

夏季，男性可以穿有领 T 恤、休闲长裤和休闲鞋等（见图 3-4），忌穿圆领短袖 T 恤、大短裤、人字拖。

图 3-3　厨房人员穿着规范示意图　　　图 3-4　导游人员穿着规范示意图

女性可选择范围较广,但为了自身安全和行走方便,忌穿吊带短裙,或者太过暴露的、紧身的衣裙,以及不便于行动的高跟鞋等。

（3）休闲运动指导员制服。

休闲运动指导员的服装以运动套装为主,这里主要以高尔夫球场人员为例进行介绍。

高尔夫运动是在户外开展的休闲运动,又称为"绅士的运动"。在球场上球员应着长（短）袖 POLO 衫、西裤、运动鞋等。高尔夫球场、训练场工作人员在着装上除了与球员大体保持一致外,为便于工作且与球员有一定区别度,在着装上还有如下要求:

男性应穿领袖俱全的 T 恤、休闲长裤;为保护草皮,只能穿高尔夫专用胶钉鞋或运动鞋。女性,着装要求与男性基本一致,一般不穿短裤或短裙。

球场员工因需长期暴露在阳光下提供打球服务,为了防晒,夏季可戴公司统一提供的有宽大帽檐的遮阳帽,以及加长的臂套等（见图 3-5）。

3．制服穿着要求

制服是岗位识别服,制服穿上身,会时刻提醒着交往对象,制服穿着者的职业、岗位等信息。因此,制服对岗位人员的行为举止、道德规范等的约束性非常明显。此外,他人还能从穿着者身上制服的完好程度来判断其对职业的重视与尊重程度;从制服的设计与搭配细节上了解企业文化和人性关怀。某些特殊工种的制服设计与穿着要求,还能在工作中对从业者提供保护,避免发生险情时危及员工人身安全。

针对制服所提供的信息,要树立良好的企业形象,严格按制服规范穿着实为必要。

（1）不污浊破损。

制服首先代表的是公司形象,因此员工应爱护,并仔细穿戴。保持制服始终如一的干净、整洁,既体现了员工爱岗敬业的职业态度,也为赢得客户尊重打下基础。

图 3-5 高尔夫球场员工穿着规范示意图

（2）不随意增减改动。

某些员工为体现个性擅自对制服本身进行增减修改，殊不知，制服里饱含了设计人员对企业形象的整体考虑。无论款式、面料、颜色，还是细节表现特点，都以体现本企业或岗位的职业特质为主。而企业要求员工穿着制服，强调的是整体形象美，而非凸显员工个人的形象特征，不能本末倒置。

（3）不乱搭配。

不尊重制服的行为还表现在员工穿着时随喜好自行设计搭配。在旅游企业中，如果有职业制服，而又不严格按照着装要求穿着的话，会给客人带来管理松懈、效率低下的负面心理暗示。因此，无论岗位、职务，工作人员都应具有主人翁意识，严格按照企业着装要求穿着统一制服。

（4）非工作时间段不穿着外出。

一旦穿上职业制服，工作人员的一言一行都代表着自己所从事的职业和工作的企业。具体到旅游工作者，如果穿上制服，则应立即产生对工作和客人的责任感，对所在企业的自豪感，将不卑不亢、热情大方的工作态度展现在客人面前。

三、礼服

礼服是受 18 世纪的便装化风潮影响，于 19 世纪中期从日礼服中分离出来的一种服饰，后来逐渐形成了自己固定的模式。西方传统的礼服分为常礼服、小礼服和大礼服等。

（一）常礼服

常礼服也称晨礼服。男士常礼服上装为戗驳领、单排扣款，灰、黑色，后摆为圆尾形，下装搭配灰色竖条纹裤，另配灰领带、黑皮鞋、黑礼帽等（见图3-6）。常礼服多用于参加隆重的典礼、就职仪式、教堂礼拜和婚礼等场合。大礼帽通常是拿在手上而不是戴着的，有时也并不需要拿大礼帽出席。方巾可于左边胸口的口袋中打一个低调的结。女士常礼服为质料、颜色相同的上衣与裙子，可戴帽子与手套（见图3-7）。

图 3-6　男士晨礼服　　　　图 3-7　女士晨礼服

（二）小礼服

小礼服也称晚餐礼服或便礼服。男士小礼服为全白色或全黑色西装上衣，衣领镶有缎面，腰间仅一个纽扣，下衣为配有缎带或丝腰带的黑裤，系黑色领结，穿黑皮鞋（详见图3-8），一般在参加晚6时以后举行的晚宴、音乐会、剧院演出等活动时穿着。女士小礼服为长至脚背而不拖地的露背式单色连衣裙式服装（见图3-9）。

图 3-8　男士小礼服　　　　图 3-9　女士小礼服

（三）大礼服

大礼服又叫燕尾服。男士大礼服为黑色或深蓝色上装，前摆齐腰剪平，后摆剪成燕尾样子，翻领上镶有缎面，下衣为黑或蓝色配有缎带、裤腿外面有黑丝带的长裤，系白色领结，配黑色皮鞋、黑袜、白色手套（详见图 3-10），在参加夜间仪式与正式晚会时穿用，因此也叫晚礼服。女士大礼服则为一种单色拖地或不拖地的连衣裙式服装，并佩戴颜色相同的帽子、长纱手套，及各种头饰、耳环、项链等首饰（见图 3-11）。

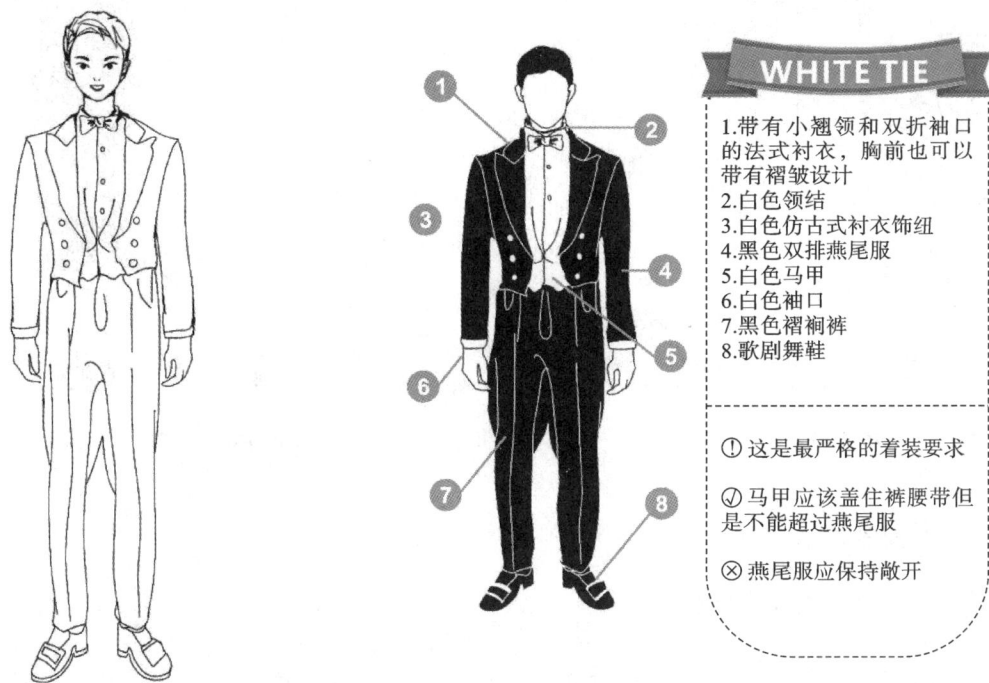

WHITE TIE

1.带有小翘领和双折袖口的法式衬衣，胸前也可以带有褶皱设计
2.白色领结
3.白色仿古式衬衣饰纽
4.黑色双排燕尾服
5.白色马甲
6.白色袖口
7.黑色褶裥裤
8.歌剧舞鞋

① 这是最严格的着装要求

✓ 马甲应该盖住裤腰带但是不能超过燕尾服

✗ 燕尾服应保持敞开

图 3-10 男士大礼服及着装细节

（四）中国传统礼服

我国传统的男士礼服是中山装，一般由上下身同色的深色毛料精制而成。中山装前襟有 5 粒扣子，领口为封闭式，带风纪扣，上下左右共有 4 个贴袋，袋盖外翻并有盖扣。穿着中山装时应当把前襟、风纪扣、袋盖扣全部扣好，口袋内不宜放置杂物以保持挺括，配穿黑色皮鞋（图 3-12）。传统的中式女礼服为旗袍，有各种不同的款式和花色可供选择，紧扣的高领、贴身、衣长过膝、两旁开衩、斜式开襟是旗袍的基本特点（图 3-13）。女士在国际交往场合穿着旗袍，开衩不宜过高，以不超过膝关节上方 10 厘米为佳，配穿高跟鞋、半高跟鞋，或面料高级、制作考究的布鞋。

事实上，除极少数国家在个别场合有一些特殊的规定（如在隆重的典礼活动中，禁止妇女穿长裤和超短裙）外，大多数国家在穿着方面均趋于简化，在很多隆重场合男士穿着颜色深、质量好的西装正装即可。

图 3-11　女士大礼服　　　　图 3-12　我国传统中山装　　图 3-13　我国传统旗袍

知识链接

旗袍的穿着礼仪

（1）旗袍的面料、花色应与着装的场合相协调。普通棉布和真丝织锦缎做出的同样款式的旗袍，其风格会截然不同：一个朴素雅致，一个华丽高贵。购买旗袍时，一定要考虑穿着的场合因素，选择相应风格的面料和花色。

（2）穿旗袍时，要注意款式与自己的身份相协调。前卫风格的无肩无袖或抹胸旗袍，以及毛皮绲边的超短旗袍配上靴子，穿在明星身上会格外出众，却不适合在保守行业工作的人员日常穿着。

（3）旗袍的领围、领高、肩宽、胸围、腰围、臀围都要合身，任何一处过于紧绷或过于宽松，都会使美感大打折扣，自己穿上也会感觉很不舒服。女士在穿旗袍时，不管天气如何，旗袍所有的纽扣都必须全部扣上。任何一粒纽扣不扣，都会显得不够庄重。

（4）旗袍应与场合相符，长及脚踝的高开衩旗袍，其风格和袒胸露背长及脚踝的西式晚礼服有异曲同工之效。需要注意的是，日常工作或休闲场合旗袍开衩不要高于膝盖上缘以上 10 厘米。

（5）穿旗袍时搭配的丝袜最好是连裤袜。但要注意的是，旗袍的面料一定要选择不会与丝袜起静电的面料。

Note

（6）穿旗袍时，要格外注意保持良好的仪态，行为要端庄，动作要优雅，腰身要挺拔。无论是站着还是坐着，双臂都应该紧贴身体；需要做任何动作时，最好是文雅地使用小臂，避免因为幅度过大而露出腋下，这在穿无袖旗袍时更要当心。坐下来时，请先撩一撩后裙摆，给身体弯曲以足够的空间。旗袍因为是连体的紧身设计，如果不腾出空间，很容易引起面料的轻微撕扯。

（7）穿旗袍时应搭配中或高跟皮鞋，手拿无带式小坤包，化淡妆，必要时还应配上首饰。旗袍外应有大衣、风衣、斗篷之类的外套匹配。

（8）因旗袍隆重典雅的风格与户外的嘈杂拥挤气氛不协调，所以不宜穿着旗袍上下公交车，或是骑自行车。

资料来源 瑞文网·礼仪常识.《旗袍的穿着礼仪介绍》一文节选。http://www.ruiwen.com/liyichangshi/1440422.html.

能力习得

（一）案例思考

案例1：摩洛埃的实验

美国著名的服饰工程师约翰·摩洛埃曾做过一项多元性研究。他派一位中下层社会出身的大学毕业生去拜访100家公司，去其中50家时他穿着普通服装，去另外50家时则穿着高档服装。每家公司的经理，摩洛埃都事先打过招呼，让经理们通知自己的秘书，这个年轻人是摩洛埃刚刚聘任的助理，并要求秘书听从这个年轻人的吩咐。结果这位年轻人穿着高档服装去拜访时，秘书几乎是有求必应；而穿着普通服装时，至少有1/3的秘书对他态度冷淡或颇有微词。当他要求调3份职员档案时，身着高档服装时有42次在10分钟内收到，而在身着普通服装时只有12次。这个实验的统计数据显示，身着高档服装时，在50次会面中得到的积极反应和合作是30次，而身着普通服装时却只有4次。

资料来源 徐辉.现代商务礼仪［M］.北京：清华大学出版社，2014.

思考：摩洛埃的试验结果给你什么启示？你如何看待着装服饰在工作中给你带来的作用，你又将如何在现有的经济条件下提升你的着装品质？

案例2：男士着装干练规则

西服是职业装的首选。挑选西装的标准是：圆扣、手工翻领、缝制衬里（非粘胶）、布料柔软、穿着舒服。准备四件白衬衣、四件蓝衬衣，最好选择质地优良的，以便适应公务活动或比较庄重的场合穿着。在穿衬衣系领带时，选稍大一点的衬衣，大概能伸进一到两个手指，这样才不会勒到脖子。最后应注意擦亮皮鞋。

对于职业形象而言，颜色必须简单，蓝、灰、褐、驼色是永恒的主题。除了注意服装的色彩搭配以外，别忽略了它的质感搭配。穿职业装必须系皮带、穿袜子。办公室适合穿轻便皮鞋、系带皮鞋、半腰系带皮靴。毛织品给人以轻松和休闲的感觉，与西装搭配最好选用美利奴羊毛、开司米或羊驼毛毛衣,针织背心和开襟羊毛衫。

休闲职业衬衫的特点包括有细花格或浅条纹图案、上衣口袋和领扣。穿厚棉职业衬衫时最好搭配纯毛领带。运动外套穿在身上首先要舒适,肩膀曲线必须流畅和自然,质地轻快且无任何光泽。颜色鲜丽的运动夹克不属于职业装系列。

记住,个人清洁卫生属于穿衣打扮范畴,比如刮脸。

资料来源　时尚杂志社.衣冠楚楚:时尚男士完全着装手册[M].北京:北京出版社,2003.

思考:你能从男士着装干练规则案例中提炼出哪些具体规则,请尝试进行总结。

(二)案例讨论

案例:面试时该怎么穿?

有两位条件和经验相当的女性应征一家大公关公司的主管职位,第一位应征者穿着一件无可挑剔、布料和剪裁都一流的海军蓝羊毛套装,裙子的式样规规矩矩的,长度刚好在膝盖的上方;白色丝质衬衫的领子端庄地扣在正确的位置上;外套的翻领上则别着一只雅致的别针;耳朵上戴着与别针造型相呼应的耳环;脚上穿的是低跟淑女鞋。

第二位应征者仿佛裹着满身彩霞走进门。小圈圈纱布料裁制而成的外套上,覆盆子的紫红色与粉红色夹杂在一起,显得光彩亮丽。外套的线条在腰部收整,底下搭配的是柔和的粉红色美利奴羊毛裙。脖子上一条色彩与衣服相互辉映的围巾轻披在肩上,颇有艺术气息。

结果谁会得到这份工作? 主考官的结论是,第二位应征者比第一位更适合这份工作。

资料来源　织锦纯平.衣语:我的第一本穿衣搭配书[M].南京:江苏美术出版社,2013.

讨论:(1)为什么第二位应征者比第一位更适合公关公司主管的位置? 如果你是招聘主考官,从穿着上来看,这两位应征者阐释出怎样的性格特点和工作能力?

(2)从这个案例中,关于着装,你得到了什么启示?

(三)案例模拟演练

案例1:身材诊断着装选择

人的身体有不同体型,人的服装款式也变化丰富,独具慧眼地挑选最能体现自己身材优点,遮盖身材缺点的款式,前提是需要对自己的身材特点有所了解。数据方面,从身体的正面看,有肩宽、腰宽和臀宽;从人的体型立体廓形来看,有胸围、腰围、臀围等三围,根据这些数据的不同,可将人的体型分为以下几种。

1. 体型分类

1)沙漏形体型

沙漏形体型也叫 X 型身材。其特点是臀宽、胸围和臀围基本相等,腰围小。

2)倒三角形体型

倒三角形体型其特点是肩膀宽且厚实,臀窄、臀围小,臀部总体较扁平。

3）直筒形体型

直筒形体型也叫 H 型身材。其特点是三围差距不大，身体瘦且显高，从正面看，肩、腰、臀的宽度基本相等，总体偏瘦长。瘦的，称之为窄小型；瘦且高的，称为瘦长型；如果身体较为圆润，则又称为矩形体型，也叫椭圆形体型。

4）梨形体型

梨形体型也叫 A 型、三角型。其特点是肩窄、胸围小，臀围饱满突出。

5）葫芦形体型

葫芦形体型其特点是臀围比胸围大，臀宽比肩宽大，腰部较细。

6）圆形体型

圆形体型也叫肥胖型或苹果型。其特点是个子不高，身体整体都很圆润，而腰、臀部特别饱满突出。

2．男士各体型着装

1）倒三角体型

倒三角体型，上身适合穿着色彩简单或者有收缩感的颜色，上身色彩不要过强，脖子周围可用鲜艳颜色，避免穿船领和翻型领。腰部及腿部适合穿着带有兜盖的款式。

2）窄小体型

窄小体型适合选择宽松的、面料有质感的、色彩浅淡明亮的上装，并采用对比的搭配方式。避免选择颜色过深、过硬的面料。

3）瘦高体型

瘦高体型可以经常穿着浅色服装，适合搭配有对比度的、宽松的、有线条感的上衣。避免选择面料过硬和过于紧身的款式。

4）三角体型

三角体型上身适合穿着色彩强烈的衣服，以淡化下身。

5）肥胖体型

肥胖体型身上的衣裤颜色宜偏深，脖子周围可用艳色，做相近搭配，适合 V 领和竖式的配饰。避免穿着肩部有相对应的横线或腰部过于宽松的款式。

3．女士各体型着装

1）沙漏型

完美的体型，应当选择能够展示身材曲线的款式。因此，半合身裁剪的服装最为适合，而面料过于硬的、款式过于宽松或紧身的都不适合沙漏型体型。

2）倒三角体型

这种体型肩宽臀窄，所以可以穿比较宽的裙型，如 A 字裙，以及有醒目的条纹、格子、印花图案的裤子或裙子，这样可以取得上下平衡的良好效果。配色上可以采用上装颜色深、下装颜色浅的搭配方法，效果也很好。忌穿所有加宽肩膀的款式，例如有大垫肩、肩章、大荷叶领、一字领、泡泡袖、肩膀上有绳边或皱褶花边的上衣款式。

3）窄小型

窄小型身材可以穿加宽肩膀、加宽臀部的款式，从而使腰部显细，增加身材的曲线感。忌穿过于紧身或贴身的服装款式，否则会显得身材过于平直。要选择有腰线设计的上衣或衬衫，并将上衣或衬衫放在裙子或裤子之外，这样可以美化平直的腰部线条。

搭配服装的时候,应该注意服装的层次感与节奏感,可多层次穿衣,用颜色对比或线条对比拉宽身形。

4)瘦长型

瘦长型身材适合选择上身效果显丰满的上衣、裙子和长裤,在服装款式上增添一些饱满的线条,比如束腰、褶皱、荷叶装饰物和带有外口袋的服装款式。可以选择上窄下宽的大摆裙,也可以选择柔软的宽摆裙。穿着长裤时,适合选择下窄上宽的直筒裤,以及有柔软褶皱的裙裤等。布料质地上,厚重有纹理的织物比较合适,如花呢、毛织物、马海毛、手编织物。布料图案上,应该选择带碎花或不规则印花图案的服装,S形不对称图案的服装也行。

5)椭圆形

椭圆形身材适合穿着有弧形线条设计的服装,如圆领、荷叶领的服饰,鱼尾裙等,与椭圆形的整体轮廓相呼应。但不宜全身都是圆形线条或全身都是刚硬的直线条。下装腰部设计不可太复杂,穿较长的上衣可以掩饰腰部的宽度。大格子、大花或太复杂的图案都应当避免。应当选择质地柔软挺括、薄厚适度的服装面料。过厚的面料会产生沉重感,过薄的面料容易贴身,也会显胖。

6)梨形

这种体型的人适合穿着收腰的宽松上衣,纯粹的宽松上衣的确可以达到增加上身的体积,平衡下身肥胖的效果,但整体上会使人显得臃肿,所以增加腰部收拢的设计会避免这一点,从而显示出腰部的线条。腿粗的人往往希望通过穿衣来遮掩不足,而阔腿裤恰恰可以产生这样的效果,上身搭配比较修身的短款服装,能够掩盖不够纤细的腿部。其实要弥补不足,不光可以采取"藏"的方式,也可以用"露"的方式,将整条腿展示出来。有些腿粗的女孩,大小腿的比例往往很均匀,全部露出来反而不会让人觉得其腿粗。另外,腿粗的人也可以选择有向上延伸效果的细高跟鞋,达到拉长下身的效果。日常穿衣上则要注意上身尽量选择碰撞感明显的服装,裤子、裙子等下装尽量选择较深的颜色,如黑色、蓝色等,可以在视觉上达到收缩的效果。

7)葫芦形

这种体型的人往往臀围比胸围大,臀宽比肩宽大,腰部较细。因此,上衣应当选择有引人注目的细节的款式,如特别设计的领型、色彩对比强烈的衬衫搭配外套,还可以使用独特的项链或胸针以强化醒目的效果。下装宜选择悬垂性较好的面料,颜色上应上装浅、下装深,这样可使下半身显瘦。忌穿让肩膀显窄的袖型,如插肩袖、蝙蝠袖等。下装的臀部附近忌有复杂的设计。如果腰围和臀围比很小,则不要使用太宽或太紧的皮带,以免使臀部看起来过大。

8)苹果形

苹果形身材在装扮时要注意保持腰部的简洁,如果腰围与胸围接近,就要选择宽松的上衣。同时选择高腰、垂腰式样的裙子或长裤,而裙子的下摆要长过膝盖。面料上尽量选择柔软的布料。穿着鲜艳的颜色,在视觉效果上更容易引起别人的注意。可以用这种方法突出身材的优点,用黑色的低调来掩饰缺陷部位。

案例2:肤色诊断与着装选择

通常而言,黄种人的皮肤色彩大致分为冷、暖、中三种色调,服装颜色大致也分为这三种色调。暖色调肤色整体偏黄,冷色调肤色整体偏蓝。在色系中,红、黄、蓝是三原色,不可调制,除了金银色和白色外,其他颜色都是由红、黄、蓝这三种颜色调制而成的,第一次调制出来的颜色称为间色,再调制则为复色。冷、暖色调的区别就在于黄色素和蓝色素的比例,选择服装颜色时,只要注意观察就会明白。

如何判定自己的皮肤属于哪种色调呢? 在此有个简易的测试方法。

首先,身处自然光线下;然后,看自己腕关节的静脉更接近蓝色还是绿色;如果静脉颜色接近蓝色则是冷色调,而接近绿色则是暖色调,如果颜色不明显则有可能是中色调;如果无法明确判定的,还可以找出自己平时佩戴的金色或银色的饰品,映照自己的皮肤,如果是金色让自己的皮肤更白皙,则肤色为暖色调,如果是银色起作用,则自己的肤色就是冷色调,如果都不明显,则肤色是中色调。

确定自己的肤色后,一定要对应买适合自己色调的服装,即冷色调肤色买冷色调服装,暖色调肤色买暖色调服装,中色调的肤色两种色调服装都可以选择。建议皮肤暗的人可以买色彩重的服饰,效果会更好。如想选择自己喜欢但不适合自己色调的服饰,应让此颜色远离自己的面部,使之成为点缀色即可。

案例 3:领带、丝巾、袋巾系结技巧

1. 男士领带

1)平结

平结的打法如图 3-14 所示。这是较多男士选用的领带打法,几乎适用于各种材质的领带。系结技巧:首先,把领带绕在颈部,其宽端长于窄端,两端交叉,宽端在上;其次,宽端绕窄端一圈,从后至前穿过颈圈和结节处,使宽端盖住窄端,拉紧、拉直;最后,领结下方所形成的凹洞应让两边均匀且对称。

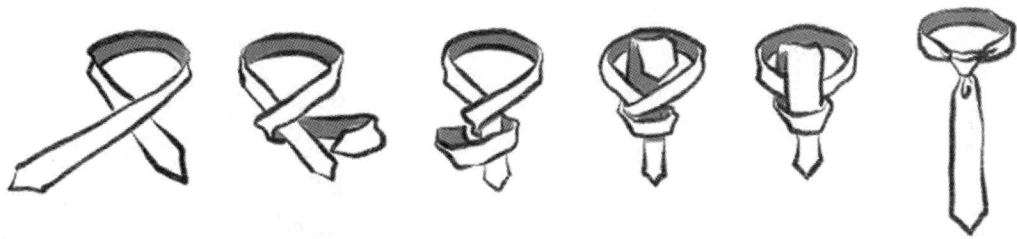

图 3-14　平结打法

2)双环结

双环结的打法如图 3-15 所示,此款适合年轻的上班族选用,可选择质地细致的领带,搭配双环结能营造时尚感。系结技巧为:首先,把领带绕在颈部,宽端长于窄端,两端交叉,宽端在上;然后,将宽端绕窄端两圈后,从后至前穿过颈圈和结节处,使宽端盖住窄端,拉紧、拉直;随后,第一圈应稍露出于第二圈之外;最后,领结下方所形成的凹洞应让两边均匀且对称。

3)温莎结

温莎结的打法如图 3-16 所示。

此结比较厚实工整,适合用于宽领型的衬衫,也适用于秋冬季。系结技巧为:首先,把领带绕在颈部,宽端长于窄端,两端交叉宽端在上;其次,使宽端从前至后穿过颈圈绕

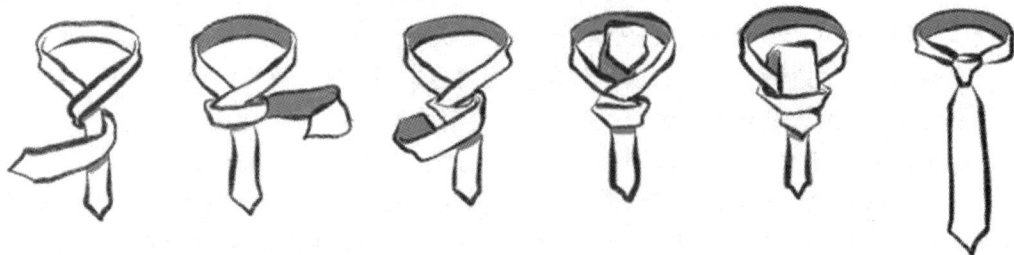

图 3-15　双环结打法

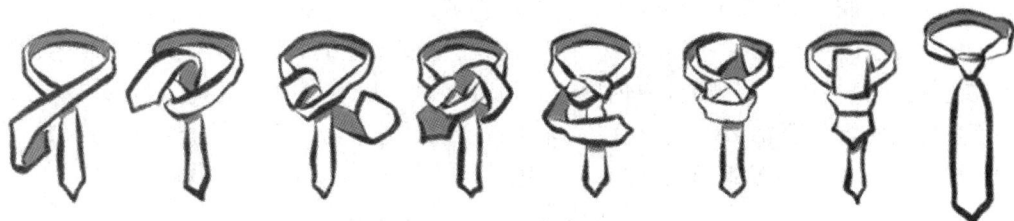

图 3-16　温莎结打法

左边带一圈；然后，使宽端再从左至右、从前往后穿过颈圈绕右边带一圈；再次，拉紧后，从右往左绕结一圈；下一步，将宽端从后至前穿过颈圈和结节处，盖住窄端，拉紧、拉直；最后，领结下方所形成的凹洞应让两边均匀且对称。需要注意的是，应避免选择材质过厚的领带，领结也勿打得过大。

2. 女士丝巾

1）双结巾

双结巾的打法如图 3-17 所示。

图 3-17　双结巾打法

此结搭配职业制服用，宜选择大小适中的方丝巾。其技巧为：第一步，把方丝巾从两个对角开始，向中间对折成一指宽片状丝巾；第二步，把片状丝巾在中间某处交叉系一个结；第三步，使"结"位于颈部一侧，后把丝巾两端交叉绕颈部一圈来到"结"处；第四步，分别将丝巾两端穿过"结"；第五步，最后，拉紧、调整丝巾至满意。

2）双环巾

双环巾的打法如图 3-18 所示。

此系法与打领带双环结类似，是较为成熟的款式，要选择稍大些的方丝巾。其技巧

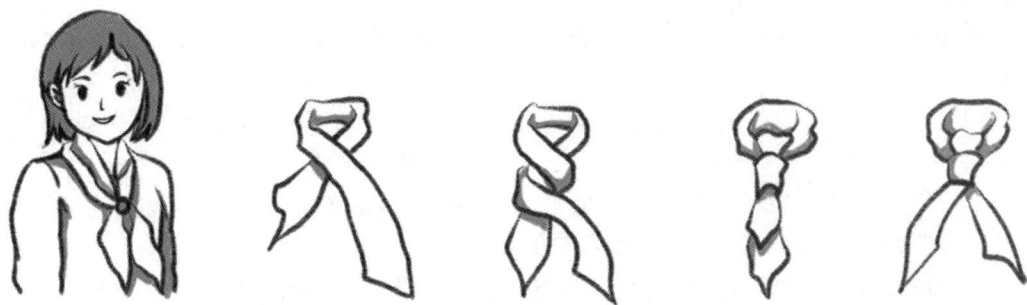

图 3-18　双环巾打法

为：第一步，把方丝巾从两个对角开始，向中间对折成一指宽片状丝巾；第二步，把片状丝巾绕在颈部，使一段长一段短，两段交叉长段在上；第三步，长段绕短段两圈后，从后至前穿过颈圈和结节处，拉紧、调整丝巾至满意。

3．男士袋巾

1）小山巾

小山巾的打法如图 3-19 所示。

图 3-19　小山巾打法

小山巾适合双排扣西装或休闲西装。其技巧为：第一步，把袋巾两个角对折成一个等腰三角形；第二步，分别把左、右两个角向上折叠；第三步，使左、右下角与顶角交叉，形成三个尖角；第四步，把三个尖角朝上，交叠的下部分向内稍微折叠一下，以方便插入西装上衣口袋；最后，使正面朝外，把下半部插入衣袋并调整至满意。

2）山形巾

山形巾的打法如图 3-20 所示。

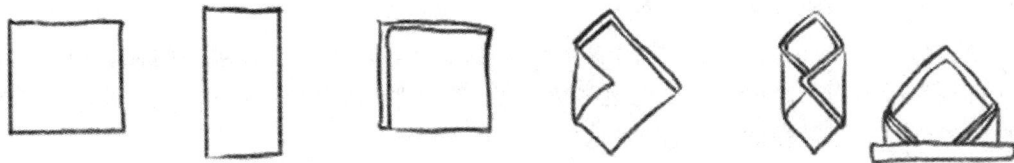

图 3-20　山形巾打法

此种叠法适合保守型西装、复古型西装、窄翻领型西装。其技巧为：第一步，把袋巾对折成一个长方形；第二步，把长方形两短边对折，使之成为一个留有一个边的小正方形；第三步，把留边的小正方形中间角朝上；第四步，左、右两个角分别朝中间折叠，使角尖稍微越过中线；第五步，把下部向内稍微折叠一下，以便插入西装上衣口袋；第六步，使正面朝外,把下半部插入衣袋并调整至满意。

模拟演练:请根据以上案例介绍的一些自我诊断、着装搭配技巧及领带、丝巾的系结技巧,进行如下综合练习。

(1)自我体型诊断。找一面可以看得到全身的穿衣镜,只穿贴身衣物,面对镜子,从头到脚检查自己的体型,根据体型分类介绍,确定自己的身材体型。

(2)自我肤色诊断。找个阳光明媚的日子,在自然光底下看自己的腕关节静脉的颜色。根据肤色诊断技巧,确定自己的皮肤色彩。

(3)根据诊断结果,选择符合自己身材和肤色的服饰,以正式和非正式两个不同场合为背景,分别搭配合适的领带、丝巾、袋巾及其他配饰等。

(4)按上述诊断技巧,以小组形式相互诊断并帮助搭配,从自评、他评和师评等不同角度,使自己最终掌握此搭配技巧和诊断技巧,提升能力,并填写表3-1。

表3-1　能力习得情况评价与建议

评价指标		评价等级(A、B、C、D、E)		建　议
		他评	师评	
基础知识	着装选择			
	服饰色彩搭配			
	饰物搭配			
动手能力	着装细节			
	体型诊断			
	肤色诊断			
	领带、丝巾与袋巾系结技巧			
职业能力	场合意识			
	审美素养			

需改进:

案例4:面试着装情况调查

我国著名色彩研究专家于西蔓女士曾经做过面试着装的相关调查。她发现面试者中着装大体合格的仅占40%左右;其余20%的人无从谈起;40%的人看起来好像重视着装,但事实上穿着都是不合适的。

此外,她还发现,着装的合格率与年龄呈正比走势。职场经验越多的人,对面试着装的把握越好,而年轻的群体则问题最大。她(他)们往往身穿自己喜欢的"逛街装"来面试,尽管可能是漂亮的,但极不职业。

第三,在合格者中,衣服的清洁感和品质感仍然是大问题。

休闲的"逛街装",有对职业态度不认真之嫌;衣着"不洁"和"低品质"给人的不良印象,更是直接关联到对面试者能力的判定。那些在面试中被淘汰者,即使对所面试的公司有一定的价值,也只能因为"面"试没有通过而望洋兴叹。

资料来源　于西蔓.西蔓美丽观点[M].北京:中信出版社,2007.一书节选。

模拟演练:结合本则案例给你的启示,以自己的衣橱为整改对象,按照本章所学内容,把自己的衣服尝试按照"逛街装""职业装""品质职业装"进行分类和搭配。之后请老师和同学进行点评,并填写表 3-2。

表 3-2 能力习得情况评价与建议

评价指标		评价等级(A、B、C、D、E)		建 议
		他评	师评	
基础知识	职业装/正装面料、款式			
	休闲装面料、款式			
	配饰认知			
动手能力	色彩搭配			
	款式搭配			
	饰物搭配			
职业能力	不同场合服装类型认知			

需改进:

本章小结

　　本章对着装礼仪规范与搭配的基本原则进行了介绍。特别是针对不同的时间、场合和主观目的,如何就自身的身材肤色、五官轮廓、个性特点等方面,在服饰的色彩搭配及款式搭配、配饰选择上进行了介绍。同时,针对不同的服饰特点和适用场合,针对西装、正装、制服和礼服的穿着与要求等问题,也做了详细介绍。

　　本章第二个重要部分是结合能力习得模块的案例思考、讨论及演练环节等相关内容,让学员在对基础知识有较好掌握后,通过不同形式的思维训练和行为训练来获得相应能力。

关键概念

TPO 原则　色彩搭配原则　款式搭配原则　首饰佩戴原则　西装规范
正装特点　制服穿着禁忌　不同礼服的区分　体型着装选择　肤色判断技巧

复习思考

□ 复习题

1. 在着装的 TPO 原则中,如何正确理解 P 原则和 O 原则?

2. 如何掌握基于数字比例的色彩搭配?

Note

3. 选择穿着正装时要注意哪些要点？

4. 选用配饰的讲究有哪些？

5. 穿着制服时有什么禁忌？

☐ 思考题

如果大学毕业的你已经有了 3—5 年的工作经历，为了使自己的职业生涯有更好的发展，准备到另一家旅游企业应聘中层管理岗位。请结合本章所学内容，回答以下问题：你认为在面试时的着装与你刚毕业时的有无差别？ 如果没有，原因何在；如果有的话，具体的差别会在哪儿？

第四章
仪态风貌

学习目标　理解并掌握旅游接待人员仪态风貌要求,掌握正确的站、坐、行、蹲等姿态;能恰当地使用手姿、身姿、目光及表情;通过练习要求,纠正日常生活中形成的不良姿态和姿势。能根据旅游业不同岗位的实际情况,灵活应用合适的姿态和表情。

素养目标　培养学生具备科学求真的学习态度和积极向上的精神风貌,塑造学生健全的人格和良好的气质风度。

第一节　翩翩体态

案例引导

仪态之美

在央视《开学第一课》的舞台上,主持人采访了一位 96 岁高龄的嘉宾,因为嘉宾在舞台上是坐着进行采访的,为了方便沟通,在 3 分钟的采访过程中,主持人选择蹲跪的方式,用仰视或平视的目光专注又耐心地倾听嘉宾的分享,再详细地转述给现场的观众。穿着半身裙和高跟鞋的主持人其实采用蹲跪的方式并不是那么方便,但是她却体现出了最美的姿势和专业素养。

资料来源　礼仪小课堂.《行为仪态——坐姿、蹲姿礼仪》一文部分。https://zhuanlan.zhihu.com/p/124055178.

此案例中,节目主持人的美不仅仅体现自她超强的专业能力,更是来自她从蹲姿中所散发出的对尊者发自内心的敬重。可见,一个人的内在美,会通过得体的行为举止传递出来,让他人得以看到和了解。正如达·芬奇所说,"从仪态了解人的内心世界、把握人的本来面目,往往具有相当的准确性和可靠性。"心理学家通过长期的研究也发现:一个人要想向外界传达完整的信息,单纯的语言成分只占 7%,声调占 38%,另 55% 的信息都由非语言因素来传达。

在这个研究结果当中,声调的 38% 主要是指人的表情和情绪;剩下的 55% 里则包含了肢体动作、着装、人际交往距离与朝向等因素。因此,关注自己的行为举止,就是在修炼自己的肢体动作,管理好自己的面部表情,使对方感受到自己高素质的个人修养,为建立良好的人际关系保驾护航。

一、挺拔的站姿

站姿是人最基本的姿态之一,是各种姿态的基础。人们常以"身姿挺拔""站如松""英姿飒爽"等词来形容站姿,而风度翩翩的站姿确实可以给人一种坚定、正直、朝气蓬勃的感觉。

(一)正式场合的站姿

1. 肃立

身体直立,双手置于大腿外侧,双腿自然并拢,脚跟靠紧,脚掌分开,呈"V"字形。面部表情严肃、自然、庄重。参加庄重严肃的场合,如升降国旗仪式、遗体告别仪式等时,应该用肃立站姿。

2. 前腹式站姿

身体直立,双手置于腹部,在工作及社交场合中可采用这种站姿。

(1)女士前腹式站姿。

如图 4-1 所示,右手搭握在左手四指,自然贴在腹部,两脚 V 字形或丁字步站立。

(2)男士前腹式站姿。

如图 4-2 所示,男性可右手搭在左手上,自然贴在腹部,两腿并拢,脚跟靠紧,两脚 V 字形或两脚平行分开,比肩略窄(男士两脚略分开站立更显洒脱)。

(二)礼宾站姿

1. 女士腰际式站姿

女士双脚以八字步或丁字步站立,双手虎口相交叠放于腰际,拇指可以顶到肚脐处,手指伸直但不要外翘。在迎宾或是颁奖等重大场合中往往采用这种站姿(见图4-3)。

2. 男士后背式站姿

双脚跨立步站立,双手在背后腰际相握,左手握住右手手腕或右手握住左手手腕。这种站姿较多在执行安保任务时使用(见图 4-4)。也有双手相握后放置在臀部的,此时的站姿较双手放在腰际处轻松些,适合私人交往的休闲场合。

(三)女士交流站姿

女士双手轻握放在腰际,手指可自然弯曲。在职场与客户或同事交流时可采用这种站姿(见图 4-5)。

图 4-1 女士前腹式站姿   4-2 男士前腹式站姿

图 4-3 女士腰际式站姿   图 4-4 男士后背式站姿   图 4-5 女士交流站姿

知识链接

演讲站姿

在国际交往中,由于各国语言和文化习俗不同,因此所使用的手势有各自的含义。

看过哑剧表演的人都知道人类无声的动作具有巨大的包容性。德国表演大师吉布·佩森有一次谈演出体会时说:"我就靠我的动作、姿态向人们昭示我的内心世界,昭示我的所思所想,昭示我的喜怒哀乐。"

应聘者都会遇到演讲这一关。演讲时首先要注意自己的站姿,争取给人留下一种精神饱满、胸有成竹的好印象。

Note

著名演讲家曲啸曾在介绍演讲经验时说："演讲者的体态、风貌、举止、表情都应给听众以协调的、平衡的、至美的感受,要想从语言、气质、神态、感情、意志、气魄等方面充分地表现出演讲者的特点,也只有在站立的情况下才有可能。"

资料来源 搜狗百科.《站姿》一文部分。https://baike.sogou.com/v36639021. htm? fromTitle＝％E7％AB％99％E5％A7％BF.

二、端庄的坐姿

坐姿是由落座、就座及起座三个步骤所组成,是动与静的结合。只有从就座开始,到起座离开为止,始终保持优雅、从容自如,才能算是端庄、优雅的坐姿。

(一)基本式坐姿

男士双手呈放松状置放于两腿上,女士以双手互握式置放于两腿上;上身身体与腿部、大腿和小腿形成直角,双腿自然并拢,脚全掌立于地面。此坐姿给人严肃、端正、诚恳的印象,所以多运用于正规严肃的场合,如面试、向上级汇报工作、拍合影等(见图4-6)。

(二)斜放式坐姿

以基本坐姿为基础,此坐姿又分为左侧斜放与右侧斜放,适合女士,多见于所坐之处为较矮的椅子和沙发的时候(见图 4-7)。

图 4-6 基本式坐姿   图 4-7 斜放式坐姿

双腿、膝盖自然并拢,在身体方向不移动的前提下,双脚向左或者向右平移。外侧脚的脚掌内侧着地,脚跟提起;内侧脚的脚弓部位贴于外侧脚的内脚踝处,以脚掌作为支撑,脚跟提起,双腿靠拢斜放,使脚部和地面形成一定的角度。

Note

（三）前后式坐姿

前后式坐姿男士、女士均可采用（见图4-8）。

以基本坐姿为基础，一只脚向前伸，全脚着地，另一只脚向后回收，膝盖外凸，脚掌着地支撑着腿，两腿膝盖并拢，双脚呈一条直线；男士膝盖可略微打开。根据疲劳程度，双脚可以相互交替。

（四）重叠式坐姿

此坐姿多见于喝茶、聊天等较轻松的场合。

女士重叠斜放式坐姿（见图4-9）：以基本坐姿为基础，一条腿搭在另一条腿上，同时双腿向被搭脚一侧倾斜，两小腿互相靠拢；搭在另一条腿上的脚的外侧贴于被搭的小腿，形成两脚交叉相叠，呈一高一低状态，且相互靠拢。双手十指相握放于最上面的大腿上。

图 4-8　前后式坐姿

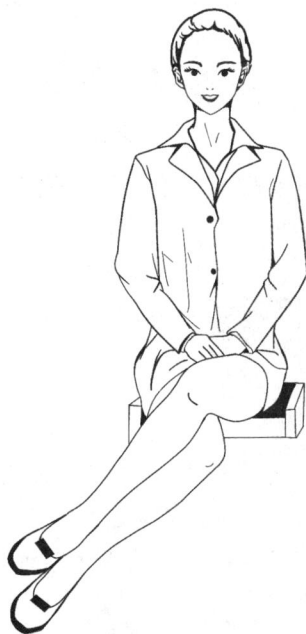

图 4-9　女士重叠斜放式坐姿

男士重叠式坐姿（见图4-10）：搭在另一条腿上的脚可以不用贴于被搭的小腿，自然下压即可。

（五）后点式坐姿

后点式坐姿以基本坐姿为基础，两腿并拢，两脚掌向后移，脚尖着地，女士膝盖并拢，双手相握放于两大腿之间；男士双腿可以自然打开，双手放于大腿上。

（六）开合式坐姿

开合式坐姿以基本坐姿为基础，双脚适当分开，分开大小以不大于肩部宽度为宜，与地面呈 A 字形,脚尖向外(见图 4-11)。坐下时,男士的双手也可采取双掌交叠放于两大腿之间的姿势。

图 4-10　男士重叠式坐姿

图 4-11　开合式坐姿

此坐姿适用于较低矮位置,也多半适用于男士;女士着裙装时,因易走光,不建议采用此坐姿。

知识链接

坐姿的语言

椅子坐的浅,是因为没有敞开心扉?

心情紧张时,通常就会坐得浅。

第一次见面或者面对长辈的时候,很多人都会只坐在椅子的边缘部分。这种坐得很浅的举动,其实是让自己处于能随时起身的姿势,是一种时刻保持紧张状态的行为。这在心理学上,被称为"觉醒水准过高"。随着对话的进行,双方彼此形成融洽关系,这时候很可能就会背靠椅子,坐得更深一些。

如果有人在对话时,一直坐得很浅,说明他并不打算敞开心扉,或者因为处于晚辈、下属的立场,无法在面对长辈、上司时表现得过分轻松。

处于不同地位的人在面对面的时候,优势地位的一方比较容易放松,坐得深。而劣势地位的一方则容易紧张,坐得浅。在商务会谈中,双方一般都会坐得比较浅,但如果希望彼此坦诚相见或是给予对方更多的安心感时,主动调整并引导对方改变坐姿很重要。

资料来源　新浪女性.《我们为什么要保持良好的坐姿》一文整理。http://eladies.sina.com.cn/zc/2013/0524/06591223912.shtml.

三、稳健的走姿

走姿是人体所呈现出的一种动态,是站姿的延续。文雅、端庄的走姿,不仅给人以沉着、稳重、冷静的感觉,而且也是展示自己气质与修养的重要形式。正确的走姿应当身体直立、收腹直腰、两眼平视前方,双臂放松在身体两侧自然摆动,脚尖微向外或向正前方伸出,跨步均匀,两脚之间相距约一只脚到一只半脚,步伐稳健,步履自然,要有节奏感。

起步时,身体微向前倾,身体重心落于前脚掌,行走中身体的重心要随着移动的脚步不断向前过渡,不要让重心停留在后脚,并注意在前脚着地和后脚离地时伸直膝部。

步幅的大小应根据身高、着装与场合的不同而有所调整。女性在穿裙装、旗袍或高跟鞋时,步幅应小一些;相反,穿休闲长裤时步幅可以大些,凸显穿着者的靓丽与活泼。

(一) 基本走姿及注意要点

在基本站姿的基础上,精神饱满,富有活力。男士在走路时,双腿要适当张开向前迈步,保持两脚平行前行;女士在走路时,后脚脚尖跟着前脚脚跟,走直线为最佳。

(1) 步态。

行走时,头正,双目有神,直视前方,表情自然;双肩放松、自然下垂,双手手心向内,放于裤缝处,十指处于弯曲状的自然状态;两手臂随着走路的步速和步幅而自然摆动;身直腰挺,微微收腹,脚步轻盈,步幅、步速适中、均匀,富有一定的节奏感。

(2) 步幅。

步幅指的是每迈出一步时,前后脚之间的距离。步幅和人的身高、习惯有着密切的关系。步幅过大会使人显得不自然;步幅太小则使人显得琐碎、做作。所以保持正常的步幅十分重要,一般来说,男士的步幅应保持在 45 厘米至 55 厘米之间,女士的步幅在30 厘米至 45 厘米为宜。

(3) 步速。

步速指的是每一步的速度。步速和性格,以及处理的事情缓急有着重要关系。通常情况下,步速应该是不紧不慢的。如果步速过快,说明性子较急或有紧急事件需处理;如果步速过慢,则说明性格平和或者处在比较放松的状态。一般来说,正常成年人步速应该是每秒 1.2 米至 1.4 米。

(二) 男士走姿

1. 特点

男士要步履雄健有力,不慌不忙,展现雄姿英发、英武刚健的阳刚之美。

2. 速度

每分钟 108 步至 118 步。

3. 要点

男士常见的走姿是“平行步”。其要领是双脚各踏出一条直线,使之平行,步伐快而不乱,与女士同行时,男士步调应与女士保持一致(见图 4-12)。

同步案例

▼

《古代的仪表仪态要求》

Note

（三）女士走姿

1. 特点

女士要步履轻捷优雅，步伐适中，不快不慢，展现出温柔、矫健的阴柔之美。

2. 速度

步幅一般以 30 厘米至 45 厘米为宜，每分钟 118 步至 120 步，可根据所穿鞋的鞋跟高度来适当调整。

3. 要点

女士常见的走姿是"一字步"。"一字步"走姿的要领是：行走时两脚内侧在一条直线上，两膝内侧相碰，收腰提臀，肩外展，头正颈直，微收下颌（见图 4-13）。

图 4-12　男士正确的走姿　　　　图 4-13　女士正确的走姿

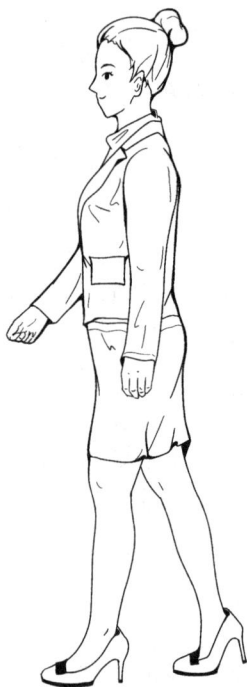

四、得体的蹲姿

蹲姿是人在处于静态时的一种特殊体位。蹲姿的要领如下：下蹲时一脚在前，一脚在后，两腿向下蹲，前脚全着地，小腿基本垂直于地面，后脚脚跟提起，脚尖着地。女性应靠紧双腿，男性则可适度地将其分开。臀部向下，基本上以后腿支撑身体。

（一）交叉式蹲姿

交叉式蹲姿通常适用于女性，尤其是穿短裙的人员，它的特点是造型优美典雅。下蹲前两脚前后交叉，保持此姿势的同时向下蹲下，前脚小腿尽量垂直于地面，全脚着地，后脚脚掌着地，脚跟提起，双腿靠拢，合力支撑身体，臀部向下，上身稍前倾（见图 4-14）。

（二）高低式蹲姿

男性在选用这一方式时往往更为方便，女士也可选用这种蹲姿。下蹲时右脚在前，左脚稍后，两腿靠紧向下蹲。右脚全脚着地，小腿基本垂直于地面，左脚脚跟提起，脚掌着地。左膝低于右膝，左膝内侧靠于右小腿内侧，形成右膝高、左膝低的姿态，臀部向下，基本上以左腿支撑身体（见图 4-15）。也可以左右腿前后互换，但在服务中需要用到蹲姿时，应使高一端的腿离客人更近。

五、恰当的手姿

手姿是具有一定表现力的肢体语言，通过手姿，可以传达出不同的信息和内容。手姿是人们在交际交往中不可缺少的体态语言。如招手致意、挥手告别、拍手称赞、拱手致谢、举手赞同、摆手拒绝、手抚是爱、手指是怒、手搂是亲、手捧是敬、手遮是羞，等等。手姿的含义丰富多彩，或是发出信息，或是表示喜恶。

图 4-14　交叉式蹲姿

合理的、恰当的手姿不仅有助于信息表达，也可以增加人的信心，增强语言表达的感染力。如何使用手姿表达出正确的意思，从手姿中体现出对他人的尊重，越来越受到人们的重视。在此，我们主要简单介绍接待工作中的一些常用手姿。

图 4-15　男女高低式蹲姿

Note

（一）基本指引手姿及注意要点

1. 基本要领

在指引中，手掌自然平伸，五指并拢，手掌与小臂呈一条直线，且掌心向上朝向客人，大臂与体侧呈30°；同时，根据手姿的不同来调整掌心的朝向。另外要注意眼神与手的协调配合，手姿指引时，眼神要看向手所指的方向，之后再看向客人以示知会。

2. 注意要点

在运用手姿进行表达时，要注意手姿运用，手姿动作应与所要表达的内容相一致，不然易让人产生误会。

手姿运用要适度。手姿动作不能过多、过频；不要过多地反复使用同一种手姿；手姿的幅度也不宜过大或过小，过大显夸张，太小显拘谨。

运用手姿时，附带上礼貌用语能加强手姿的内涵，给人以尊重的感觉，并提升提示对方的作用。

注意手姿运用中的手掌朝向：一般来说，掌心朝上有展示的意思；朝下则表示尊者对后辈的召唤；手掌垂直于地面，有停止的意思；礼貌地指引"请"时，掌心应斜向上方（见图4-16）。

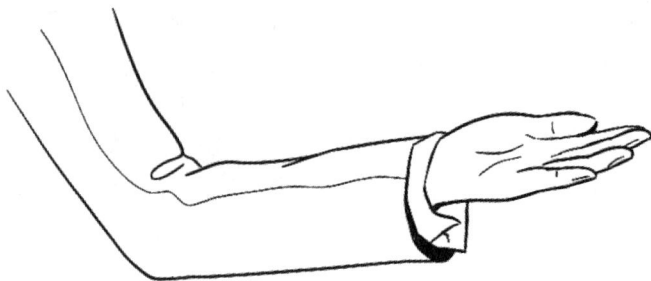

图4-16　指引手姿掌部细节

（二）指引手姿种类及动作要领

1. 直臂式指引手姿

直臂式指引手姿（见图4-17）多适用于指示较远的方向。

身体站直面对宾客，上半身可以随着指引的方向转动，一手自然放置身侧，另一手臂以肩关节为中心顺势抬起，手臂与肩同高，手臂、手掌形成自然弧度的直线，手指指向指引的方向。同时附带上礼貌的指引用语。

2. 横摆式指引手姿

横摆式指引手姿（见图4-18），多用在客人到来时，表示礼貌的"欢迎""邀请"之意。准备姿态同直臂式。不同在于另一手臂主要运动在肘关节，由下向上，小臂轻缓地向指引方向抬起，手臂不必抬得太高，一般在腰部即可，指尖指向指引的方向。同时附带上礼貌用语。

人多时，也可以用双臂横摆式的指引手姿向来宾展示，用以加强礼貌用语的意图。

图 4-17　直臂式指引手姿

图 4-18　横摆式指引手姿

双臂横摆式指引手姿(见图 4-19),准备要领与单手时一样,区别在于另外一只手也一样抬起,可根据需要保持手臂高度一致,或者一高一低均可。说完礼貌用语后,双眼要缓缓环顾四周并微笑,以示知会所有宾客。

3. 下位指引手姿

此手姿常用于向下做指引或引导就座时使用(见图 4-20)。

图 4-19　双臂横摆式指引手姿

图 4-20　下位指引手姿

做指引的手臂向前自然抬起后，肘关节自然弯曲，让上臂与小臂形成一定的角度，根据需要，或保持手臂姿势；也可小臂由上而下向下指示于某物并保持该姿势。同时，需面带微笑说"请看""请坐""请留神脚下"等礼貌用语。

（三）接物、递物手姿动作要领

身体面向对方，双手向前伸出递出或接收物品，上身随着双手的前伸，自然前倾，以表示对对方的尊重。同时，使用礼貌用语，如"谢谢""请笑纳"等。因用左手接递物品是很多民族、宗教认为的无礼表现，所以如只能用单手接递物品时，应用右手。在递接有文字信息的物品时，如名片、文件等，要把有文字的一面朝上，并且把物品方向调转，让文字信息正对对方，以表示对对方的尊重并便于对方阅读。在递送尖锐或带刃物品（如剪刀、小刀、笔等）给对方时，钝的一方朝向对方，尖的或者带刃的一方朝向自己，以表达对对方的善意与重视。

知识链接

> #### 在国际交往中的手姿礼仪
>
> 在国际交往中，由于各国语言和文化习俗不同，所使用的手姿有各自的含义。
>
> 秘书在工作中要注意根据工作对象的不同，在手姿时尊重对方的习惯。以秘书在与客人用餐时招呼侍者为例：我国通常习惯于伸出右手，将手指朝自身身体方向摆动，表示"请过来"；欧洲人则习惯于伸出食指并用食指弯曲这一手姿达到上述目的；美国人呼唤侍者可把食指向上伸直；日本人招呼侍者时会把手臂向上伸，手掌朝下，并摆动手指；在中东各国，叫人时轻轻拍手，对方即会意而来。
>
> 在很多国家，人们都认为在餐馆敲桌子是不文明的失礼之举，但在非洲一些国家的餐厅用餐时，叫服务员通常是以敲打桌子为信号，否则服务员是不会理睬你的。又如伸出食指和中指呈现为Ｖ形手姿，在我国是表示"二"，在欧美则表示"胜利"和"成功"。在英国，手心向外的Ｖ形手姿是表示"胜利"，而手背向外的Ｖ形手姿则含有侮辱人的意思。
>
> 资料来源　出国留学网.《手姿礼仪》一文部分。https://www.liuxue86.com/k.

同步案例

▼

《受辱
鞠躬》

六、合宜的身姿

除上述几种体态规范外，合宜的身姿也是十分重要的体态组成部分。合宜的身姿是礼仪姿态的综合体现，它更能体现出一个人的素质和礼仪修养。同时，合宜的身体姿态在人际交往中，也更能让对方体会到尊重和敬意。本章中，我们着重介绍鞠躬问题，在各接待服务岗位，鞠躬也是常用的身姿。

（一）鞠躬

1. 适用场合

（1）各类仪式场合。如，庄严肃穆的、喜庆欢乐的、感怀追思的仪式场合，均需采用鞠躬礼。

（2）日常生活中学生对老师、晚辈对长辈、下级对上级、表演者对观众等都可行鞠躬礼。

（3）领奖人上台领奖时，向授奖者及全体与会者鞠躬行礼。

（4）演员谢幕时，对观众的掌声常以鞠躬致谢；演讲者也用鞠躬来表示对听众的敬意。

（5）遇到客人、表示感谢回礼时，均可行鞠躬礼。

2. 鞠躬动作要领

行鞠躬礼时面对客人，并拢双脚，视线由对方脸上落至自己的脚前 1.5 米处（行 15°鞠躬礼）或脚前 1 米处（行 30°鞠躬礼）。男性双手放在身体两侧或体前，女性双手叠放在身体前面。

鞠躬前必须伸直腰、脚跟靠拢、双脚脚尖处微微分开，目视对方。然后将伸直的腰背，以腰为轴，向前弯曲。

鞠躬时，弯腰速度适中，之后抬头直腰，动作不宜过快，这样令人感觉很舒服。

3. 鞠躬的分类

"鞠躬"主要表达弯身行礼，以示恭敬。除了向对方致以"早安""您好"等日常打招呼之外，也可广泛地用于表示感谢或道歉的场景，是一种普遍使用的礼仪。另外，弯腰的深浅不同，表示的含义也不同。按照上身倾斜角度的不同，可以将鞠躬分为三种类型。

一度鞠躬，示意式鞠躬礼，是最常用的一种鞠躬方式。要点是微微低头，身体上部向下弯约 15°（见图 4-21）。常用于与熟人打招呼，与长辈或上级擦肩而过的时候。当向对方表示感谢关照的时候，口头致谢固然重要，若再加上"点头"鞠躬，更能体现诚意。

二度鞠躬，商业上的往来中普遍使用的鞠躬方式。身体上部向下弯约 30°（见图 4-22）。这种鞠躬方式一般在进出会客室、会议室和向客人打招呼时使用，常用来表示敬意。

三度鞠躬，上身倾斜角度为 45°左右（见图 4-23），在向对方表示深度敬礼和道歉时使用。

知识点
自测
▼

  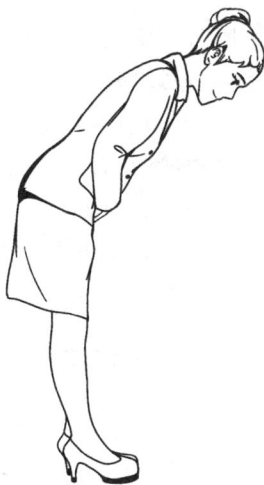

图 4-21　15°鞠躬礼　　　　图 4-22　30°鞠躬礼　　　　图 4-23　45°鞠躬礼

三种行礼方式适用于不同的情况，在日常工作中接待人员可使用一度鞠躬；在参加重要活动、接待重要来宾时可以选择使用二度鞠躬；三度鞠躬在服务工作中较少使用。

4. 传统仪式鞠躬礼

以鞠躬基本要领为基础，上身倾斜 90°左右，表示对对方深深的敬意或者谢意，常见于中国传统的婚嫁、丧葬等庄重、严肃的场合，还有在台上演出结束时使用。

总之，鞠躬行礼时，上身倾斜的程度，主要是由使用场合和对对方的尊重程度来决定的，上身倾斜的角度越大越能体现场合的庄重性和对对方的尊重。

第二节　诚　挚　表　情

案例引导

来自形象设计师的诊断结果

伦敦商学院毕业的威廉姆·赵在连续经历十多次工作面试失败后，找到了著名形象设计师英格丽进行咨询。英格丽没有发现他外表形象上有明显错误和缺陷，但在与其进行面试模拟中，威廉姆的眼光游离不定。他面对英格丽的眼光没超过 5 秒就移到了自己的手上或别处。英格丽找出了问题的症结所在："第一，一个让人琢磨不清、上下飘忽不定的眼光，会让别人对你的信任度产生怀疑。第二，它会让人感到不受重视，你没有给别人足够的尊重。第三，对方会存有疑问，你是否在听我的问话？第四，对方会怀疑，你是否有足够的自信。"得到英格丽的帮助后，威廉姆马上在一次面试中成功，找到了一份高薪水的工作。

资料来源　蒋璟萍.现代礼仪[M].北京：清华大学出版社，2009.

德国哲学家 A·斯科芬翰尔曾说过："人们的脸直接地反映了他们的本质，假若我们被欺骗，被欺骗的原因是我们自己观察得不够。"美国身体语言专家福斯特在他的《身体语言》一书中也说："尽管我们身体的所有部分都在传递信息，但眼睛是最重要的，它在传送最微妙的信息。"由此可见，面部表情在表达一个人的思想、情感，及其心理活动时所占有的重要地位。案例引导中威廉姆·赵因面部表情控制不好，才造成屡次求职失败也正印证了这一点。因此，旅游从业者在人际交往中应学会管理自己的情绪，有效地控制自己的表情，以真挚的目光和自信的笑容传递给对方以诚意和热情。

一、目光交流

正如前面所说，作为面部重要器官之一的眼睛，除了"看"的功能外，在传递信息和表达情感中具有不可替代的作用。如果眼睛为心灵的窗户，目光则应是心灵的语言。目光的千变万化可以传递不同的意思，既可以和蔼可亲、精神抖擞，也可以疲惫厌倦、萎靡不振,甚至给对方以厌恶、冷漠之感。因此,人际交往中,坦然、亲切、柔和、有神的目光才是礼貌的表现。故正确地把握和运用好自己的目光十分重要。

(一) 目光交流时间

人际交往中,互相间的目光接触和交流非常重要。实验证明,目光接触的时间长短,直接反映出双方对此次交往是否感兴趣。

通常,目光注视时间应占整个交往时间的 30% 至 60%,如果超出 60% 或者长时间注视对方,会给人一种不安、不自在的感觉,它隐含两种意思:一是侵犯和挑衅;二是对对方产生浓厚兴趣。倘若低于 30% 或者完全不看对方,也隐含两种意思:一是瞧不起对方,对对方不感兴趣或者漠视;二是试图掩饰,不愿让对方知晓自己的心理活动。以上两种目光都是没有礼貌、缺少礼仪素养的表现,在人际交往过程中应尽量避免。

反之,注视时间在合理区间内时,目光会给人以友善之感,使对方产生受到重视和关注的印象,所以学会把握好这个时间的度很重要。

基本技巧为:在与人交流过程中,无意间双方四目相对时,对视时间可保持 1 秒至 3 秒,再缓慢移开。若保持对视时间过长,会给人带来生理和心理上的紧张感;对视时间过短,也会让对方误会你有所隐瞒。

(二) 注视位置

要注意的是,随社交场合的变化,注视对方的位置也应有所变化,其意义也不尽相同。大致上因视线交流范围的不同,分为"公事注视""社交注视"和"亲密注视"三类(见图 4-24)。

公事视线

社交视线

亲密视线

图 4-24　注视位置

1. 公事注视

在洽谈、磋商、谈判等较为严肃的场合时,注视的区域应在对方双眼或双眼与额头之间。具体而言,目光区域应聚焦于以两眼为底线,以额头上部为顶点所连接成的正三角形区域之内。在交谈时,公事注视会给人以严肃、认真之感觉。善于运用此目光有助于把握谈话的主动权和控制权。

2. 社交注视

社交注视是指在各种社交场合所运用的注视目光,目光区域应聚焦于以两眼为底线,以嘴唇为顶点的倒三角形区域内,这种目光以"散点柔视"为主,给人以平等、轻松、舒服的感觉,适用于营造良好的社交氛围。

3. 亲密注视

亲密注视是指家庭成员、恋人、亲人之间的注视目光,给人以亲密、爱恋的感觉。目光区域多聚焦于对方双眼到胸之间的区域。此目光只限于关系亲密的人之间使用,非亲密关系的异性之间慎用。

(三)注视方位

1. 平视

双方目光高度相当,体现出彼此平等、公平、坦率、理智的关系,适用于多数日常场景。

2. 仰视

目光向上注视他人,体现出对他人的尊敬、敬畏、崇拜与期待之情。

3. 俯视

目光从上至下注视他人,既可以表现出对他人的爱护、宽容、怜爱,也可以表现出对他人的藐视、轻视。

4. 斜视

不正视对方,仅以余光蔑视他人,有轻视、怀有敌意和心不在焉之意,是十分失礼的行为。

二、真诚微笑

微笑是人内心喜悦、快乐的表现。微笑不仅是热情、友好、尊重、赞美的代名词,也是一种无声的语言。微笑是对一切美好事物的自然流露,是缩小彼此之间距离的有力武器,也是消除隔阂、达到互相理解的交往桥梁,是征服别人和成功的法宝。

(一)微笑的种类及适用场合

1. 一度微笑

给人一种友好的、舒服的感觉,宜用于初次见面的场合。在旅游接待各岗位中,不管有无宾客,旅游从业者应该始终保持微笑等候宾客的到来(见图4-25)。

要点是整个面部表情放松,嘴角轻微向上,嘴两端翘起,上嘴唇微微绷紧,不露出或微微露出两颗牙齿,呈现出友好、和善的表情。

2. 二度微笑

二度微笑是一种亲朋好友之间熟悉的、友谊的微笑。在旅游接待各岗位中,旅游从业者在来宾距离自己360厘米内的社交范围时,应该采用二度微笑(见图4-26)。

微课视频
▼

《真诚微笑》

同步案例
▼

《表情管理真的这么难吗》

Note

其要点是在一度微笑的基础上,脸部肌肉向上收紧,嘴角更向上,上嘴唇有明显的上提感,露出 6 颗至 8 颗牙,眼睛里充满着笑意,以表达亲切、温馨的情感,给人以温暖的感觉。

3. 三度微笑

三度微笑又称为希尔顿式微笑,这种微笑能给人以热情的感觉。主要适用于比较亲密、熟悉的人之间。在旅游接待各岗位中,旅游从业者在与来宾近距离交流沟通时,应以三度微笑和悦耳的声音向客人传递出热情、有朝气的情感(见图 4-27)。

图 4-25　一度微笑　　　　　　图 4-26　二度微笑　　　　　　图 4-27　三度微笑

其要点是嘴角大幅上扬,两颊肌肉明显拉紧,一般会露出上排 8 颗到 10 颗牙,下牙也应适当露出。

(二) 微笑的要求

真诚的微笑必须做到"四要"和"四不要"。

1. "四要"

(1) 要口眼结合,做到发自内心的微笑。

(2) 要微笑与神情结合。

(3) 要微笑与声音结合。

(4) 要和仪表举止的美和谐一致,与外表完美统一。

2. "四不要"

(1) 不要缺乏诚意,强装笑脸。

(2) 不要露出笑容随即收起。

(3) 不要仅为情绪左右而笑。

(4) 不要把微笑只留给上级、朋友等少数人。

知识链接

工作中的微笑

(1) 衣装整洁,仪表端庄,精神饱满。

(2) 微笑要规范得体。微笑者要神态自若,双唇轻合,眉开眼笑,目光有神,热情适度,自然大方,规范得体。

（3）主动微笑。如果你是一位成熟或者训练有素的员工，在与客人目光接触的同时，在你开口说话之前，首先献上你的一个微笑。这样，就由你创造了一个友好热情对自己有利的气氛和情境；肯定会赢得对方满意的回报。如果对方微笑在先，必须马上还以微笑。

（4）微笑的最佳时间长度，以不超过7秒为宜。时间过长会给人以傻笑的感觉，反而尽失微笑的韵味。

（5）最佳启动。当目光与客人接触的瞬间，要目视对方启动微笑。迎接一般顾客可启动一度微笑，对熟客或在商务活动中可启用二度微笑。但微笑的启动与收拢都必须做到自然，切忌突然启动和收拢。

资料来源　中国餐饮酒店教育培训.《微笑礼仪》一文部分. https://www.sohu.com/a/149586324_206575.

知识点
自测
▼

能力习得

（一）案例思考

案例1：孔子之礼

孔子非常注意自己的言行举止，包括一些非常细小的地方。《论语》说，孔子遇到三种人，自己的举止就会发生变化：一种是"齐衰者"，就是穿着丧服的人，家里发生了丧事，哀伤无比；一种叫"冕衣裳者"，就是穿着朝廷服装的人，是代表政府出来执行公务的人；还有一种是"瞽者"，就是盲人，是生理上的弱者，是需要社会扶助的人。孔子见到这三种人"必作"，"作"是起身。孔子原本坐着，见到有这三种人过来，他马上就会站起来，以表示对不幸者、弱者的同情，或者是对公务人员的敬意。这是孔子内心世界的表露。如果依然故我，端坐不动，就显得麻木不仁了。如果孔子要从这三种人前面走过，也一定会"趋"。如果旁若无人、散步一般地走过去，就是没有教养了。

礼是要表达内心情感的，师长或者朋友呼唤时，一定是有事需要帮助、询问，或者是有所教导，如果自己对此很在意、很上心，就一定会"趋"，快步前往，因为，行为是受内心支配的。《礼记》说："遭先生于道，趋而进，正立拱手，先生与之言则对，不与之言则趋而退。"在路上遇到老师，应该主动地快步到老师跟前打招呼，看老师是否有所指教，这是尊师的表现。"先生与之言则对"，如果先生问话就回答；"不与之言则趋而退"，先生说没什么事，就可以退下，但是不能慢慢腾腾地退下，应该"趋而退"，加快步子。这种速度的变化，是内心尊师的自然流露。如果慢条斯理地走上前去，又晃晃悠悠地退下，那就近乎傲慢了。

资料来源　彭林.中华传统礼仪概要[M].北京：商务印书馆，2017.

思考：阅读了孔子对"步趋"的解读，放到今天，作为21世纪的旅游接待人员，如何把步趋应用在生活中、工作中，请谈谈你的看法。

Note

案例 2：硕士落选记

某公司要招聘一位市场部经理，一位名校硕士的简历深深吸引了老板。这名应聘者有相关理论著述，而且在两家单位任过职，有一定的经验。于是该公司通知他三天后来面试。然而，面试结果竟然没能通过。老板后来说，那次面试是他亲自主持的。他发现那位应聘者有个特点，就是不管什么时候都是锁着双眉，不会微笑，显示出很沉闷的样子。他说，常带这种表情的人是典型的不擅做沟通工作的。而作为市场部的负责人，沟通却是重要的工作内容，因此这名应聘者落选了。

<u>资料来源</u>　百度文库.《仪态案例分析》。https://wenku. baidu. com/view/549e996e42323968011ca300a6c30c225901f096. html.

思考：作为职场人，你如何看待自身的表情控制能力和情绪管理能力？

（二）案例讨论

案例：被"抖掉"的合同

有一位美国华侨，到国内洽谈合资业务，洽谈了好几次，最后一次来之前，他曾对朋友说："这是我最后一次洽谈了，我要跟他们的最高领导谈，谈得好，就可以拍板。"过了两个星期，他又回到了美国，朋友问："谈成了吗？"他说："没谈成。"朋友问其原因，他回答："对方很有诚意，进行得也很好，就是跟我谈判的这个领导坐在我的对面，当他跟我谈判时，不时地抖着他的双腿，我觉得他举止轻率，很担心合作会出问题，所以洽谈也不了了之了。"

<u>资料来源</u>　百度文库.《仪态礼仪故事》。https://wenku. baidu. com/view/659ca8b388eb172ded630b1c59eef8c75ebf957a. html.

讨论：(1)为什么一个人下意识地"抖腿"动作会把到手的合约给"抖掉"？这里反映的深层问题是什么？

(2)你有下意识的、不雅观的习惯性动作吗？如果自己还没有意识到的话，请咨询同学或朋友，让他们帮你指出来，并写出你的改进措施。

（三）案例模拟演练

案例 1：胡先生的"幽默"

客人迟迟不来。虽然大堂吧的环境幽雅、温馨，胡先生却有些坐立不安，毕竟此次生意的成败关系到公司的兴衰。

"先生，请您把脚放下来，好吗？"当训练有素的服务员一边添加开水一边委婉地轻声提醒时，胡先生才发现自己竟不经意地把脚搁在对面的椅子上摇晃，并引起了其他客人频频注视。等待的不耐烦令胡先生极为烦躁。未加思索，他带了怨气盯着服务员一字一句地说："我偏不放下，你怎么办？"

片刻的沉默后，服务员笑了笑："先生，您真幽默，出这样的题目来考我。我觉得您蛮有素质的。"说完，她很快转身就走，并且始终没有回头。稍后，胡先生弯腰借弹烟灰的刹那，把脚放了下来。

<u>资料来源</u>　百度文库.《仪态礼仪故事》一文部分。https://wenku. baidu. com/view/

659ca8b388eb172ded630b1c59eef8c75ebf957a.html.

案例2：肢体动作的魅力

报纸上曾刊载过这样一篇文章，叫《以"礼"服人》，是说一位中考失利的同学未能考上理想的学校，心情一度很苦闷。

在一次礼仪课上，老师给大家提出了礼仪要求："入座轻盈莫含胸，腿脚姿势需庄重。双手摆放要自然，安详庄重坐如钟。"她勉强照着做了，但奇迹也随之产生了。"当我挺起长久以来含着的胸膛，世界仿佛变大了；当我庄重地举手投足，自己仿佛变得重要了；当我安详地挺身而坐，即使在父母面前，仿佛每句话也能掷地有声。一种从没有过的独立感、尊严感油然而生。我在坐、立、走之间，清晰地感悟到了自己的存在。此后的日子，我知道自己该做什么。尊严，要靠实力。"

她感慨道："新学期开学，师生们写在脸上的庄严与亲切感染了我，要允许别人'以貌取人'，因为在初次见面开口之前，你只能靠仪表展示自己。这也许正是礼仪教育的真谛。"

这位同学的亲身感受道出了年轻人的心声：礼仪教育使她受益匪浅。礼仪教育是一种潜移默化的教育，礼仪修养的高低决定着个人综合素质的优劣。文化艺术修养可以丰富礼仪修养的内涵，并使礼仪水平不断提高；而礼仪水平是个人修养程度、文明程度的标志，与个人的思想道德修养密切相关。

仪态属于人的行为美学范畴。它既依赖于人内在气质的支撑，同时又取决于个人是否接受过规范和严格的体态训练。

资料来源 原创力文档.《社交活动中的体态礼仪案例》节选。https://max.book118.com/html/2016/1212/71143478.shtm.

案例3：日本的微笑培训

在日本，许多公司员工都在业余时间参加"笑"的培训，他们认为这样可以增强企业的内部凝聚力，改善对外服务，提高企业效益。根据日本传统，无论男人和女人，感到高兴、悲伤或愤怒时，都必须学会控制情绪，以保持集体和睦。因为日本人认为藏而不露是一种美德。但自从日本经济进入衰退后，生意越来越难做，商家竞争日趋激烈，于是，为招揽顾客，日本商家，特别是零售业和服务业，新招频出。其中之一就是让员工笑脸迎客。在今日的日本，数以百计的"微笑学校"应运而生。日本一些公司的员工一般在下班后去学校接受培训，每次时间为90分钟，连续接受一个星期的培训。据称，经过微笑培训后，日本不少公司的销售额"直线上升"。日本许多公司招工时，都把会不会"自然的微笑"作为一个招工的重要条件。

资料来源 原创力文档.《社交活动中的体态礼仪案例》节选。https://max.book118.com/html/2016/1212/71143478.shtm.

案例4：姿态表情训练要点

1. 站姿训练要求

（1）基本站姿训练。

找一面空墙壁，脱鞋，使后脑勺（女性需解开发髻）、后肩双胛骨、后臀部最高点、双小腿后部最高点、双脚后跟最高点等5个点轻触到墙面；同时抬头，挺胸，收腹，双目正视前方，嘴唇微闭，下颌微收，面带微笑；双肩自然放松，呼吸自然，动作平和；双臂放松，自然下垂于体侧，手指自然弯曲；感受到整个人向上的挺拔姿态后，保持 15 分钟至 20 分钟。

（2）常用站姿训练。

保持基本站姿的基础上，双腿并拢立直，两脚跟靠紧，脚尖分开呈 V 字形。身体重心应在两腿中间，防止重心偏左或偏右；男士站立时，双脚可分开，比肩略窄；女士可以采用丁字步站立姿势，即双脚前后稍稍分开，以一只脚为中心站立。

2. 坐姿训练要求

入座时要轻而稳，左侧入座右侧离开。

女士入座时，若是裙装，应用手将裙摆稍稍拢一下；着西装的男士入座前可把西装扣子解开；面带笑容，双目平视；双肩平正放松；立腰、挺胸、上体自然挺直；落座后，不超过椅面的 2/3。双膝自然并拢，双腿正放或侧放；双手相握轻压裙摆；起立时，右脚向后收半步后起立。

谈话时，可以侧坐，此时上体与腿同时转向一侧。

男士落座后，上身挺直坐正，双腿可略开与肩宽，两手分别放在双膝上，或相握搭放于双腿之间。

3. 走姿训练要求

在地上画一条直线或利用地板的缝隙练习，两脚内缘的着力点力求落在直线两侧，通过不断练习，保持好行走的轨迹和稳定性；练习时，主要注意保持脊背和脖颈的优雅之姿。走路时头顶上可放一本书，保持脊背伸展和头正、颈直、目平。起步行走时，身体略前倾，身体的重心始终落于行进在前边的脚掌上，在前边的脚落地、后边的脚离地的瞬间，膝盖要伸直，脚落下时再放松。

从客人或领导身边离开时，要采用后退法。即目视对方，双脚轻擦地面，向后小步地退 1 步到 2 步，然后先转身，后扭头轻轻离去。

行走在楼道、走廊等道路狭窄之处时要礼让。即面向对方，双肩一前一后，侧身让行。

4. 鞠躬训练要求

立正站好，保持身体端正，面对受礼者，距离 2 步至 3 步远，先问候"您好""早上好""欢迎光临"之后，以腰为轴，整个腰及肩向前倾，目光向下，保持 1 秒至 2 秒后，恢复立正姿势。并面带微笑，双眼礼貌地注视对方。

注意头部、颈部和腰部在行鞠躬礼时保持在一个平面；要以腰为轴，后背挺直；前倾时眼睛随着动作走，根据鞠躬的角度不同，鞠躬度数越深，目光停留的地方越靠近自己；快下、慢起、手自然下垂。

5. 手姿训练要求

手臂从体侧自然抬起，五指并拢，手腕伸直，使手掌与小臂呈一条直线，肘关节自然弯曲，掌心向斜上方，手掌与地面呈 45°。

6. 蹲姿训练要求

动作平稳，操作方位准确，姿态优雅，下蹲时动作要缓，不要面对他人或背对他人蹲下,女士要扶裙,有遮掩。可使用高低式蹲姿或交叉式蹲姿。

7. 眼神练习

(1)眼睛扩大练习。

全身放松,注意力集中,尽量将额肌抬起,带动两眼眼角向上提,眼皮上绷,使眼睛在最大限度地张开的同时,紧盯一点,不可眨眼,每次练习10分钟,练习后闭眼放松,双手按摩眼眶。

(2)眼睛神貌练习。

全身放松站立,注意力集中,双目不可眨眼,平视远处一个物体后,再慢慢地把视线移到距离眼睛35厘米处的物品上,反复数次后,闭目放松,双手按摩双眼。

(3)眼睛灵敏度练习。

全身放松,固定好头部,双眼由上到下,从左到右移动视线,反复多次练习后,可上下左右与专注练习相结合练习,每次10分钟,练习后闭目定睛,休息放松。

8. 微笑练习

(1)嘴部肌肉训练。

将双唇向两侧尽量展开发出拼音"i"的发音;将双唇合拢向前用力嘟起发出拼音"u"的发音。将这两个动作慢慢重复练习20次左右即可,反复练习后,平时嘴角就会自然地微微上扬。

(2)照镜训练法。

端坐镜前,心情舒畅放松,保持自然的呼吸状态,闭目3秒钟后,开始练习:使嘴角翘起,面部肌肉舒展开来;微笑要与眼神相配合,使笑意从眼底流淌出来。可按照微笑的种类要求和特点来进行练习,如此反复多次。

模拟演练:请根据案例模拟练习中的案例1、案例2、案例3的背景介绍,和案例4姿态表情训练要点,2—3人一组完成以下练习。

(1)讨论。

案例1中,服务人员对胡先生的善意提醒显得很得体周到,但在具体的接待工作中,从举止表情上,服务员还有哪些细节可以做得更到位?

(2)良好仪态与得体表情的日常训练。

根据案例4的仪态表情训练要求,保持每日30分钟的不间断自我训练。可与小组成员搭档互练互纠,也可找一面全身镜,对镜自练自纠。直至良好的体态和得体的表情成为个人日常的行为习惯。

(3)大堂吧接待服务模拟。

分别扮演接待人员和客人等,在延续案例1前情介绍的基础上,模拟演练大堂吧服务人员在礼貌接待不同客人落座、斟送茶水后返回自己接待岗位的全过程。

注:训练过程中必须按照讨论结果,纠正案例1中不正确的做法,并按照之前练习过的姿态和表情来完成本次模拟演练。之后,互换角色再次演练。

(4)评价。

模拟演练结束之后,从自评、他评和教师点评等不同角度,使自己最终掌握良好的基本仪态,并能应用在接待工作中,最后填写表4-1。

表 4-1　能力习得情况评价与建议

评价指标		评价等级（A、B、C、D、E）		建　议
		他评	师评	
基础知识	得体姿态获得意识与 自我训练途径、方法			
动手能力	站姿			
	坐姿			
	走姿			
	鞠躬			
	手姿			
	蹲姿			
	目光与微笑			
职业能力	在接待客人中良好仪态与 诚挚表情、微笑的自然应用			

需改进：

本章小结

　　本章详细介绍了良好的仪态所包含的相关内容及养成技巧。同时，对如何运用与养成恰当的手姿、合宜的身姿及目光、微笑面对客人也做了详细介绍。需要指出的是，优雅的仪态不是一蹴而就的，需要我们经过长期而艰苦的训练才能获得。

　　本章案例思考、案例讨论、案例模拟演练，更强调的是培养良好仪态对个人日常生活和工作中所起的重要作用，在此之上，我们有意识地进行仪态培养训练，从而使学生在指导下获得实操训练。

关键概念

　　站姿　坐姿　走姿　蹲姿　手姿　鞠躬　目光　微笑

复习思考

□ 复习题

1. 简述目光注视区域有哪些。

2. 简述微笑的"四要"和"四不要"。

Note

3. 简述什么是仪态。自然、大方、得体的仪态应该注意哪些方面？

□ 思考题

案例：卡耐基曾讲过这么个故事："有一次，我去纽约参加一个宴会，遇到一位女士，她在不久前，曾经得到一笔巨额的遗产，因此，她特地花了不少的金钱，把自己从头到脚，装饰得十分华丽。她这样做，无非是想给别人留下一个好的印象。可是很不幸，她那张面孔却有着一副冷漠像铁板一样的表情，并且显得傲气凌人，使大家见了她，一点也不觉得愉快。她只知道装饰自己身上的衣饰，却忘了女人最重要的面部表情。"

这个女人虽然有钱，可以买华丽的衣服，却不明白，这些华丽的衣服穿在一个面无表情的人身上，和穿在一个木头标本上，并没有什么区别。人是感情的动物，只有当你把愉快的感情表现出来，以谦和、热情的态度与人相处，别人才会对你产生好感。

思考：在本文中"微笑"对个人形象起到了怎样的作用？

第五章
言谈修养

学习目标　　了解语言修炼的途径、方法和要求;熟悉和了解日常沟通和对客服务中,快速与陌生人拉近情感距离的礼貌方法和常用话语术,提高与他人交流时的语言技巧。能够在深入学习本章内容的基础上,在日常生活、工作中根据交流对象的不同,灵活使用不同话语术待人接物,得体周到地解决各种问题,体现自己高素质的语言修养水平。

素养目标　　培养学生树立和谐、平等的职业环境意识和社会环境意识,使学生具备尊重他人、助人为乐、诚实守信的职业情怀,塑造出健全的人格,在实际工作中体现出较好的人文素养。

第一节　交谈技巧

案例引导

令人不悦的称呼

在广告公司上班的王先生与公司门卫的关系处得好,平时进出公司大门时,门卫都对王先生以王哥相称,王先生也觉得这种称呼很亲切。这天,王先生陪同几位来自香港的客人一同进入公司,门卫看到王先生一行人,又热情地打招呼道:"王哥好! 几位大哥好!"随行的香港客人觉得很诧异,其中有一位还面露不悦之色。

资料来源　道客巴巴.《安保社交礼仪综合测试题》案例。http://www.doc88.com/p-3496765168457.html.

思考:为什么门卫平时亲切的称呼,在这里却让几位香港客人诧异甚至不悦? 门卫的称呼有何不妥,应该如何称呼?

在为客人提供服务的过程中,所谓的优质服务不仅包括服务人员娴熟的服务技能,得体的服务态度、规范的操作，同时还包括在与客人的交流中，能够运用得当的语言技巧答疑解惑、礼貌待客，使客人发自内心地感到满意。

一、语言的修炼

（一）修炼表达能力

在交谈时如果词不达意、前言不搭后语，很容易被人误解，达不到沟通的目的。因此在表达思想感情时，应做到口音标准、吐字清晰，说出的语句应符合规范，避免使用似是而非的语言。语言表达能力修炼中要注意以下 3 点。

1. 思路要清晰

语言组织思路清晰，语句停顿要准确，谈话要缓急有度，让对方能准确地掌握关键信息要素。

2. 避免口头禅

去掉过多的口头语，以免语句割裂，这样有助于使交流活动畅通无阻，提高信息传递的质量。

3. 慎说术语、避免俗语

所谓"术语"，指的是专业性语言；"俗语"是通俗用语。具有好的语言修为能力之人，在与普通人交流时既能让人听懂其所言，还能让对方觉得言谈之人有一定的修养。所以交流中不能不顾交流对象和场合，通篇"之乎者也"；也不能用对方听不太明白的专业术语沟通，除非对方是行业专家，或对所探讨的问题有相对的了解，否则应慎说术语。当然，也不可为了迎合对方，而满口低俗之语。

（二）修炼文明用语

与人交流，言谈内容和方式是体现一个人知识修养的重要标志，也能展现出说话者对听者的尊重程度。社会主义核心价值观中，"文明"居于前列，可见我国对文明素质水平的重视程度。而体现文明素养，重要的一点就是人际交流中文明礼貌语言的使用。使用文明礼貌用语不仅会得到人们的尊重，提高自身的信誉和形象，而且还会对自己的事业起到良好的辅助作用。

汉语是拥有优秀语言体系的语种之一，经过数千年的锤炼，足以表达最为细腻、复杂的情感和思想。汉语分雅、俗两种用语，同样一件事，使用的语言不同，得到的效果可能大相径庭。因此，人际交往中，除使用"你好"为主的问候语，以"请"为主的请托语，以"谢谢"为主的回敬语，以"对不起"为主的致歉语，以"再见"为主的告别语外，在弘扬民族文化自信的今天，还需适当地了解和掌握敬语、谦语与雅语，并在合适的场合得体、灵活地使用。

1. 敬语

在中国传统文化里，为了表达"自谦而敬人"的理念，需要借助一套相应的语言体系，即敬语和谦语与人沟通交流。

敬语体现在敬称上。敬称，是对他人表示尊敬的一种称呼方式。早在先秦时代，我国就有非常丰富的敬称词汇和成熟的使用方法。沿用至今，常见的还有："某君""某公"

"某夫人""阁下""令尊或令堂""贵姓""芳名"等等。现在,我们最常用的敬称是"您"。

2. 谦语

谦语亦称"谦辞",与"敬语"相对,一般用于描述自己或者自己代表的一方。提及对方的时候,语气要恭敬和文雅。讲到自己一方,则要谦卑、自守,尽可能地低调,把自己一方放在不值得人家夸奖的位置上。对他人用敬称,对自己用谦称,这一传统始于先秦时代,流传至今,现在常用的还有:"愚""弟""鄙""晚生""晚辈""家父或家母""舍弟或舍妹"等。

3. 雅语

中国人历来以典雅为美,敬语和谦语都是典雅的语言,《诗经》《楚辞》《左传》《史记》以及汉赋、唐诗、宋词、元曲,无一不是如此。与敬称配合使用的叫"敬辞",与人交谈,首先用敬称称呼对方,随后的语言,凡是涉及对方的事物都要用敬辞,以表恭敬。

现在仍常用的敬辞有"久仰"(初次见面时)、"久违"(很久不见时)、"请教"(请人批评时)、"包涵"(请人原谅时)、"打扰"(麻烦他人时)、"拜托""劳驾"(托人办事时)、"高见"(赞人见解时)等等。此外,常见的还有"敬请""敬祝""敬献""承蒙""屈尊""高就""错爱""抬爱""过奖""不胜"等。

(三) 修炼表达方式

1. 婉转表达

与人交往是一个复杂的心理过程,在此过程中,起重要作用的多半是人的微妙心思和自尊心,一旦触及二者就有可能使对方产生不快。因此,对一些可能引起对方不愉快的事情或需要回避忌讳的事情,不能直接陈述,只能用委婉、含蓄的方式表达。比如用一些商量的语气,如"您看",或用一些先肯定对方再给出建议的语句,如"您说得很好,如果××××可能更好"等。武断性的语言,如"不行""一定""只有"等,尽量避免使用。

2. 风趣幽默

交谈本身就是一个寻求一致的沟通过程,在这个过程中因观点不一或立场不一,产生争论、分歧、不和谐的情况时常发生。此时,交谈者如能随机应变,化矛盾为幽默,化尴尬为欢乐,凭借机智抛开或消除障碍,不仅能体现说话者的高尚情趣和涵养,还能使交谈氛围更加愉悦、融洽,个人所表达观点更易被他人接受。这需要建立在说话者对自我智慧和自我能力具有充分自信的基础上,才能使所表达的内容既诙谐幽默,又入情入理。幽雅的风趣不是低俗的笑话,智慧的幽默不是自我为是地取笑他人,而是需要说话者经过长期不断地学习和积累练习后才能达到的。

二、称呼的礼仪

人们在日常生活和社会交往中,与人碰面打招呼、登门拜访、为别人做介绍时首先遇到的问题就是如何称呼对方。称呼往往是传递给对方的第一个信息,不同的称呼不仅反映了交际双方的角色身份、社会地位和亲疏程度的差异,而且表达了说话者对倾听者的态度。而倾听者通过对方所选择的称呼形式可以了解说话者的真实意图和目的。恰当的称呼能使交际得以顺利进行,不恰当的称呼则会造成对方的不快,为交际造成障碍。可以说,称呼是人与人关系远近的一种体现。

（一）称呼的技巧

关于称呼，最简单、最方便的方式是：称呼对方的名字。交际大师卡耐基曾经说过：记住别人的名字会让人产生一种"我自己对别人很重要"的感觉，这是让别人对你产生好感的迅速、有效的方法。记住别人的名字，是一项非常重要的能力，这一点在政治领域、在工作中、在人际交往过程中都是一样的。从另一角度来说，正确的称呼，也是双方建立良好沟通关系的基础，所以作为旅游职场人员，了解和正确应用称呼尤为重要。

1. 符合年龄

称呼必须符合对方的年龄、性别等具体情况，且行为举止也要与称呼方式相符。如对年长者要借助谦恭的体态表示尊重的情感；对同辈，则应表情自然、亲切友好，体现坦诚之情；对晚辈，则要表达对他的喜爱和关心。依据年龄称呼他人，要力求准确。

2. 符合身份

称呼别人的时候还要考虑到对方的职业和身份。对职场中人，有明确职务或职称者，要称其职务或职称。当交往对象具体的职业或身份不清晰时，可以采用模糊称呼法。其技巧分为行业称呼和性别称呼。

如知道对方在医院工作，可按其所在行业，统称为"医生"；在学校工作，可以统称为"老师"。其实，不管对方是什么职业，称呼别人"老师"都含有尊敬对方和谦逊的意思。

此外，常见的还有，对男性统称为"先生"，女性统称为"女士"，这样的性别称呼，也属于符合身份的模糊称呼方式。

3. 符合关系

在称呼对方时，还要考虑到与对方的关系。在中国传统文化里，兄弟姐妹、同窗好友、单位同事和年轻人之间直呼其名或昵称，比一本正经地冠以"同志"之类的称呼，更显亲密无间、欢快自然、无拘无束。此外，对年长的叫"张哥""李姐"等，也显得关系融洽，更易让人接受。但要注意场合是否适宜。

4. 符合场合

对上级和领导如有不同称呼，一定要注意场合。有些领导比较平易近人，平时会让下属以"老张""老李"相称。但在正式场合，如开会、与外单位接洽、谈工作时，称领导为"张经理""李总"，就很有必要。因为这不仅体现出工作的严肃性和领导的权威性，有时也是维护本单位专业形象的重要一环。

此外，需要注意的是，因地域不同，风俗人情不同，相同的称呼所蕴含的意思可能会有所差别。有时候在某个地方是尊敬的意思，但是在另一地可能就有侮辱之意，这是需要格外注意的。导入案例中，门卫会惹得王先生不快，就是称呼时不注意场合和身份所造成，我们要引以为戒。

（二）职场中的称呼

在旅游接待工作中，接待人员能够主动正确地称呼对方，被称呼者会认为自己受到尊重，心里会感到愉悦，因而会对称呼自己的人怀有亲切感。且姓名不仅是个人与他人区别的标志，其往往凝聚着父母对子女的期望。由于自尊，人们重视和珍爱自己的名字，同时，也希望别人能记住和尊重它。

在正式的职场交往中,还有以下 4 种称呼方式可供选择。

1. 职业性称呼

职业性称呼也叫行业称呼,主要针对从事某些特定行业的人,可直接称呼对方的职业,如前面提及的"老师""医生"等,这些称呼方式既属职业性称呼,也是一种泛称和模糊称呼。

2. 职务性称呼

职务,指在岗职员所具有的头衔称谓,它包括职权和职责两方面内容。职务性称呼是以交往对象的职务相称,以示身份有别。这种称呼方式,古已有之,目的是不称呼其姓名、字号,以此表达对对方的尊敬和爱戴。

职务性称呼,一般在较为正式的官方活动、政府活动、公司活动、学术性活动中使用,如"张总""李校长"等。

3. 职称性称呼

职称是指专业技术人员的专业技术水平、能力,以及成就对应的等级称号,是反映专业技术人员的技术水平、工作能力的标志。以职称相称既是一种头衔,也体现出对方工作性质,如,"张教授""李工"等。

4. 学衔性称呼

学衔性称呼分为两种情况。一种是高等学校根据教师的学术水平和教学科研工作水平,经评定而授予的学术称号。一般分为教授、副教授、讲师、助教等。前面的"张教授"既属于职衔性称呼,也属于学衔性称呼。另一种仅以被称呼者所获得的学术学位等级为称呼方式。学术学位等级从高到低依次为"博士、硕士、学士"。此时,我们一般仅称呼最高学位博士的获得者,如"张博士"。用学衔性称呼可增加被称呼者的权威性,有助于增强现场的学术氛围。

知识链接

中国古人的称谓

1. 字与号

在中国文化中,姓代表血统,所以,古人同姓不婚,就是因为彼此血缘有联系。

古代男子出生,要由父亲起名。女子没有名,只有氏。父亲用哪个字作为孩子的"名",一般有这么几种现象,一是蕴含着对孩子的期盼,望子成龙;二是对出生地点的纪念;三是以出生的季节或者相应的物候为名。

古时男孩年满二十岁要举行成年礼,由嘉宾为他取一个"字"。"字",也叫"表字"。中国人至今喜欢用"名字"这个词,其实名是名、字是字,两者是在不同的年代由不同的人取的。

名与字的意思一般有联系,例如孔子姓孔,名丘,字仲尼。古人用伯、仲、叔、季来表示兄弟排行的顺序。孔子排行第二,故称"仲";因为生于尼山,故字"尼"。屈原,"原"是高而平的地方,所以字"平"。明白这一点就可以知道,古人见面,或者在文章中,每每称呼对方的字,是一种表示尊敬对方的称呼。古代文人除名、字之外还有雅号,以此标榜自己的情趣。故他人往往用雅号来代替其名字。如陶潜,字渊明,因为住宅旁有五棵柳树,所以作《五柳先生传》,自号"五柳先生"。

2. 称呼籍贯或者官职

古代称呼文人,还有称呼其籍贯或讲学处的。人出名之后,故里为之增色,所以人们往往将两者并提。如王安石在北宋当过宰相,因为是临川人,故人称"王临川",他的文集也名为《临川集》。对于某些曾经在朝廷供职的人,古代往往将他的姓与官职连称,以示尊隆。如司马迁的父亲司马谈担任过太史令,司马迁承袭这一职务,故称司马迁为"太史公",他写的《史记》也因此而被称为《太史公书》。用雅号或官职做文集名的现象很多,如果不了解古人的这一传统,许多文集看了书名往往不知作者是谁。

3. 用政府褒封的称号来称呼人

例如,古代政府崇尚孝义,鼓励家族聚居,往往将数代同居、和睦相处的大家族称为"义门",予以旌表。如清朝郑尔坦的家族,自宋朝建炎至明初,合族而居者十三世,故人称"郑义门"。这样的称呼,是为了显示对其家世的了解和尊重。

资料来源 彭林.中华传统礼仪概要[M].北京:商务印书馆,2017.节选。

三、交谈的原则

卡耐基曾说过:将自己的热忱与经验融入谈话中,是打动人的速简方法,也是必然要件。如果你对自己的话不感兴趣,怎能期望他人感动? 因此,与人交谈时,表达准确,态度诚恳是首要的要素;其次,在交谈的过程中,要理解和信任对方,以自然平等的态度与人交谈,这样才能建立和谐的人际关系;最后,要做到落落大方,即使是在陌生人面前或者是重大严肃场合里,也应表现得从容不迫,不卑不亢。除此之外,旅游从业者在与人交谈过程中,有些原则和方法要了解。

(一) 注意方法

首先,交谈时要正视对方,认真倾听,不要一边做其他事,一边听人说话,也不要东张西望或做一些不必要的小动作;交谈中不能全无反映,应适当地给予对方应答或反馈。

其次,不要轻易打断他人说话,也不要抢接别人的话题,干扰对方的思路。

再次,要尊重对方,给对方表达观点的机会,不能滔滔不绝、口若悬河,使他人无从置喙。

此外,当交谈双方言归正传时,应学会运用提问、请教等方法及时展开话题。

最后,当谈话氛围逐渐消沉,或话题跑偏,或对方的问题太敏感不便回答时,应学会及时转移话题。

（二）"四个把握"

"四个把握"主要是指在与人沟通中,如何针对现场情况说重要的话、得体的话、让人易于接受的话,这主要在于交谈者是否能对时机、场合、分寸、距离结合自己要谈论的内容、交谈的对象性格特点,进行准确判断,这不是一蹴而就的事,需要交谈者平时用心观察和总结才行。

1. 时机把握

人的心境和状态不同,对外界信息的接受程度也不同。当发现沟通对象心情比较好,状态比较轻松悠闲时,可以尝试谈一些比较重要、严肃的内容。反之,如发现沟通对象状态不佳,除非紧急事件,否则应择机再说;也可以选择对方感兴趣的话题、轻松的话题先让对方心情舒畅、精神饱满起来,再接入自己要谈论的主题。

时机把握还包括对所要沟通内容的紧急、重要程度及时进行判断。紧急且重要的信息,需要沟通者在第一时间做出判断,并迅速反应,与对方进行沟通。如果此时只顾及沟通对象的心情和状态,容易贻误时机,因小失大。

2. 场合把握

场合不同,人的心理和情绪往往不同,根据场合判断说话的内容和方式也很重要。例如严肃、庄重的场合说话不能太随便;喜庆的场合说话语调应欢快;与对方的关系不是很近的话,任何时候说话都不能太随便;如很得对方信赖,且关系不错,在轻松的场合幽默诙谐地交流也无伤大雅;提出不同意见或建议时最好只有对方一人在场,当有其他人尤其是对方特别在意的人在场时,则应尽量避免当众对其提出批评,以保全对方的颜面。

在场合把握过程中,结合前面"修炼文明用语"里关于敬语和谦辞的用法,在以下场合使用更能获取对方的好感和认可:一是比较正规的社交场合;二是与师长或身份、地位较高的人交谈;三是与人初次打交道或会见不太熟悉的人;四是会议、谈判等公务场合等。

3. 分寸把握

把握分寸是一个难题,是高情商的体现。把握分寸,首先是不能违反原则和制度。再次,可以结合谈话内容和交谈对象的情况、环境,选择说话内容和方式。如有女性、长辈、领导在场,说话内容要注意分寸;交谈对象如果是性格直率的人,宜直接切入谈话主题;而与性格内向、多疑、敏感的人交谈,则应借助婉转的表达技巧进行沟通,这样往往会取得良好的效果。

4. 距离把握

此处的距离把握不是指把握空间距离,而是指把握交谈双方的心理距离,是对人际边界掌握的体现。无论是职场中的上下级、同事、客户,还是生活中的亲朋好友,只要人们彼此之间熟悉之后,就容易不拘礼节,缺乏自我约束,很容易因"越界"而触怒到对方。所以,无论与何人沟通,均要做到亲密"有间"、热情有度。另外,如果一个人欠缺边界感,就会把自己的意愿强加于人,让对方感受到压力。因此,保持一定的距离,留出空间给彼此,这样的人际距离会给人安全、舒服的感受,更加有助于相互沟通。

Note

四、交谈的主题

良好的人际关系离不开交往双方不断有效的沟通交流。在此过程中,双方必须通过不同的形式,进行大量的信息交换之后,才能达到相互了解,彼此认同的目的。因此,一段好的关系建立,重点在于交往双方选择怎样的信息交流主题。特别是彼此双方不太熟悉时,发起主动的那一方,要想获得对方好感,更需斟酌交谈主题。

(一) 交谈对象引以为傲的话题

按话题性质,可分为常规性话题和非常规性话题。常规性话题,一般包括交谈对象的研究内容,兴趣所在等。如与医生谈健康、与教师谈教育、与作家谈创作等。非常规性话题一般包括易被忽视但被交谈者关注的细节问题,并由此深入展开的相关话题。诸如天文地理、文化艺术、休闲娱乐、风土人情、热点时尚、美食美景等各类话题,这些内容不易引起对方的反感。好的话题选择,可以有效地拉近沟通双方彼此间的距离,为后续深入交流打好基础。

(二) 既定的话题

既定的话题,即交谈双方早已约定好的,或者其中一方事先准备好的主题。例如,求人帮助、征求意见、传递信息、讨论问题、研究工作等,往往都属于既定主题性的交谈。选择这类主题,最好双方协商而定。它适用于正式交谈。在这样的场合里,有一些争论和分歧实属正常,关键在于双方最终要以友好的方式达成一致。

(三) 注意雷区

需要规避破坏双方关系的话题雷区有以下方面。容易破坏双方关系的话题包括宗教、政治、偶像等,因为在交流这些话题时很容易出现争论。一旦双方立场不同,不欢而散是小事;严重者,还有可能引发更大的矛盾冲突,得不偿失。另外还有属于个人隐私的话题,如:年龄、收入、体重、婚姻状况等,均属于侵犯对方隐私的话题,贸然谈及,易引起对方反感。

五、交谈的禁忌

在前文中或多或少已对交谈中主要注意的事项进行了介绍,此外还有一些交谈禁忌和交流方式需要了解和避免。

(一) 自吹自擂

交谈是互动的,最忌讳自以为是地"独白",假如交谈的一方不管对方身心状态和有无急事要办而高谈阔论,较易让对方感到反感。

(二) 冷落众人

与众人交谈最忌只同个别人或地位较高的人谈话,厚此薄彼。冷落众人,不顾及他人的感受和现场的气氛,就难以达到预期的交谈效果。

(三)不言不语

在交谈中一言不发,过分沉默会被误解为是对他人的谈话不感兴趣,或性格孤僻、不合群。因此,应把握好什么时候该认真倾听,什么时候该加入谈话,从而避免冷场。

(四)语言刻薄

说话过于刻薄,爱揭人短处,或者得理不饶人,这些表现都会让他人敬而远之。

(五)不告而别

如果要退出谈话,应向众人打招呼并表示歉意,同时说明退出理由,不要不辞而别,让人产生误会。

(六)品头论足

在交谈中,不要冒昧地讨论对方或他人的生理缺陷,不要对别人的是非品头论足。否则也会招人厌恶。

(七)无知浅薄

浅薄,是指不懂装懂,或讲外行话、言不及义。言辞单调、词汇贫乏、语句不通、常吐白字都属于此类。

六、拒绝的妙招

职场中,很多场合都要学会拒绝别人,这是我们维护自身权益的方式,也是我们的权利。拒绝不代表自私冷漠,而是一种理性解决问题的方式。因为合理的拒绝,不但是对自己负责,更是对他人负责。当自己无能为力时,学会拒绝,虽然当时在一定程度上会给他人带来不快,但如果硬着头皮答应下来,就可能给自己带来更大的困扰,也可能因无力实现承诺而给对方带来更大的麻烦。所以,当别人有所请托时,要量力而行。

当然,拒绝也是一门艺术,该拒绝时一定要以适当的方式表达出来,以免给工作带来被动。因此,我们首先要了解人不会拒绝的原因的是什么。

(一)不会拒绝的心理动因

心理学家认为,懂得拒绝自己不喜欢的事或者不属于自己能力范畴之内的事,是自信和有边界感的体现。

反观不会拒绝的心理,从个人的心理表现来说,一是怕别人对自己有意见,所以有所顾虑,导致想拒绝的话说不出口,反而错过了拒绝的最佳时机。二是怕别人尴尬。当一个人不善于拒绝别人的时候,往往是因为他把自己被拒绝时的尴尬和不安卷入到当下的交往中,主观认为对方也会因拒绝而尴尬和不安,因此,选择被动接受对方要求。

微课视频

▼

《拒绝的妙招》

同步案例

▼

《一切为了安全》

Note

综上所述,掌握一些得体的拒绝他人的方法很重要。

（二）学会拒绝

在旅游接待工作中,有时会因各种主观或客观因素造成无法满足客人的需求,这时,我们可以使用一些得当的拒绝技巧让对方能坦然接受事实。

1．李代桃僵

李代桃僵的拒绝方式是当对方提出的问题棘手时,或我们暂时难以满足对方的需求时,可提出一个双方都能接受的解决方案,这是解决矛盾的最佳处理手段。

2．间接拒绝

间接的拒绝方式是在交谈中先对对方的要求表示理解,在与对方获得情感上的共鸣之后,提出自己的建议和看法,与后面的直接拒绝相比,间接拒绝更易被接受。

3．直接拒绝

直接的拒绝方式即拒绝之意直接讲出来。需要注意的是,拒绝时的语气语调,并解释清楚拒绝的理由,最后应向对方表示歉意。

作为旅游接待人员,当遇到客人提出无礼要求时,甚至触犯自己底线的时候,要学会用严肃的表情、明确坚定地语言表达自己的拒绝之意。

七、聆听的艺术

被聆听是我们必不可少的心理需要。当自己被聆听的时候,我们能够感受到自己被重视。它满足了自我表达及与人沟通联系的需要。

而聆听他人,是对具有发布自己言论和观点权利之人的尊重。因此,作为聆听者,最好把注意力放在对方的身上,尽量减少自己在交谈中的话语比例,让对方讲。在聆听当中,从外在表现来看,具体的做法如下。

（一）传递倾听的态度

注视正在讲话的人,朝着讲话的人倾斜身体,耐心倾听并对其所讲内容表现出浓厚的兴趣。

（二）不要先入为主

倾听过程中不要先入为主地判断对方的对和错,而应该考虑如何理解和运用对方所提供的信息,避免贸然地打断对方。

（三）偶尔提问

倾听过程中可适当提问,同时鼓励对方继续说下去。在谈话过程中,如实地告诉对方自己的困惑,可以让对方感觉到你是在认真听,从而增进相互理解。

（四）借鉴讲话人的行为

尽量较为自然地模仿对方的行为,如使自己的音高与讲话人一致,以此与对方产生共鸣。

（五）做好记录

"好记性不如烂笔头",做记录的目的是避免遗忘,也是展现对讲话之人、所说之事重视之意。当然,有些人交谈中因有人记录会感到紧张,因此应提前说明和解释自己记录的原因,从而使双方能够较为轻松地交流。

知识点
自测
▼

第二节　接待人员用语原则

案例引导

说话时要考虑客人的感受

夏日炎炎,某酒店 608 号和 609 号房间的两位客人各买了一个大西瓜回到房间正准备享用。不巧的是,他们正好被两位楼层服务员碰见。为了避免弄脏地毯和棉织品,这两位服务员分头到客人的房间制止他们在房间里吃西瓜的行为。

服务员 A 对 608 房间的客人说道:"先生,对不起。您不能在房内吃西瓜,会弄脏地毯的。请您去餐厅吃吧!"

客人很不高兴地答道:"你怎么知道我会弄脏地毯?我就喜欢在房间吃。"

服务员 A 再次向客人解释:"实在对不起,您不能在房间里吃西瓜。"

客人生气地说:"房间是我的。不用你教训。酒店多得是,我马上就退房。"说罢愤然而去。

服务员 B 对 609 房间的客人说:"先生,您好!在房间里吃瓜容易破坏您的居住环境,我们让餐厅为您切好瓜。请您在餐桌吃,好吗?"

客人答道:"去餐厅太麻烦了。我不会弄脏房间的。"

B 又建议道:"要不我们把西瓜切好,送到您房间?省得您自己动手。好吗?"客人点点头,说道:"那就谢谢你了。"

资料来源　薛群慧.旅游心理学:理论·案例[M].天津:南开大学出版社,2008.

据统计,旅游接待过程中有 60% 的工作是通过语言来实现的,服务语言已成为旅游接待工作的基本内容之一,而且占据着举足轻重的地位。作为旅游从业者,学习和了解相较于日常生活更专业的职场用语,是拓展自己职场发展,提升自己职业技能的必经之路。

Note

一、以宾客为中心

"以宾客为中心",即"交往以对方为中心",是现代交际的第一法则,也叫里尔法则,是由法国社会心理学家里尔较早提出的。里尔法则的实质是尊重别人的价值观和选择。里尔法则指导我们,说话做事勿忘考虑对方的感受。放在旅游接待工作中,就是"以宾客为中心",它不仅体现在接待服务的细节上,还体现在与客人言谈沟通中。

以宾客为中心,就是以宾客需求为导向,不断调整和改变自己的语言思维定式和表达习惯,以适应和满足不同宾客的不同需求,从而获得更好的服务效果,这是旅游接待用语区别于一般交际语言的重要标志,也是旅游企业强调"宾客至上"服务理念的体现。在言语表达当中,主要体现在:把对的留给宾客,给宾客留有颜面,体察宾客的真正需求。

需要注意的是,"宾客至上"理念并不是说要旅游接待人员委曲求全和退让,而是要求从业者有换位思考能力和高超的语言技巧。因为从里尔法则中我们可以知道,每个人都有自己的价值观、立场、角度和选择,如果我们从顾客的角度去看待同一个问题,我们就能很快理解顾客提出需求和看法的原因。此时,当我们通过职业的沟通技巧和服务技能,以及诚恳的态度,就让顾客既感受到我们在真心实意地满足他的需求,同时也维护了我们自己和企业的尊严,这才是"宾客至上"服务理念的核心所在。导入案例中,B服务员的用语技巧就完美地体现出了"以宾客为中心"的思想内涵。

知识链接

让顾客觉得自己很重要是你的职责

每一个人都强烈地渴望得到别人的重视,成为别人关注的焦点,在人际关系的舞台上扮演一个绝对的主角。这就是我们常说的"存在感"或"重要感"——只有当这两种感觉不断得到确认、得到维系、得到强化,我们才会感到安心、愉悦,感到有继续活下去的理由。

而最容易对存在感与重要感造成致命伤害的,非"无视"莫属。

一般来说,受到忽视的顾客虽然会感到不悦,但并不一定将这种不悦表现出来,这就让我们的销售顾问无法意识到自己的缺失,也无从弥补行为方面的不足。顾客将带着你给他的伤害以及他对你的不满离开,除非发生奇迹,他将不会再回来。

所以,就这个问题而言,"事后弥补"几乎是不可能的,唯一的办法是强化危机意识,尽量做到"防患于未然"。

那么,到底都有哪些场面容易引发对顾客的无视呢?

1. 与顾客对话注意力不集中

在接待顾客或与顾客对话时注意力分散,是最让对方头痛的事情。

2. 莫名其妙地消失

"莫名其妙地消失"主要分为两种情况。

其一,没有对顾客做任何说明,在对方完全不知情的情况下忽然消失不见。

其二,对顾客做了说明,却没有向顾客明示具体的等待时间;抑或即便明示了具体的等待时间,在实际操作中却发生了过长的延误,又没有针对这一延误向顾客进行任何解释与说明。

3. 无意识的"差别化待遇"

别人面前有杯茶,我面前却没有;别人桌子上有烟灰缸,我桌子上却没有;别人身边有销售顾问做讲解,我身边却没有……

没有什么比"感觉自己受到了歧视"更糟糕的事情了。尽管这种"歧视"并非出自店家的本心。

4. 自说自话,擅自行动

销售顾问侃侃而谈,一脸得意地向你展示他高超的专业知识和话术技巧时,却往往忽略了你的感受,甚至没有兴趣打探一下你的意向。也就是说,对方已经完全沉浸在一种强烈的自我表现中无法自拔,从而彻底忽视了你的存在。

5. 完全而彻底的"无视"

这种糟糕透顶的"终极无视"你是否经历过? 进入一家店十分钟之内一直没人搭理你? 这时你举目四望,却发现大厅里有许多工作人员,可他们并不想招呼你,而是兀自聚成一团肆无忌惮地聊天,好像你是隐形人。你会有什么感受?

相信除了"失望透顶"这四个字,你不可能找到一个更贴切的字眼来形容这家店。

小结:哪怕是下意识或无意识的"无视",都会给你的生意带来灭顶之灾。

所以,你需要掌握的心理学妙招就是:想方设法让自己"有意识"起来,以便防患于未然。要经常性地整理、总结有可能发生"无视"现象的细节,然后在日常工作中对这些细节予以高度关注。

资料来源 南勇著.销售这么说,顾客听你的[M].长沙:湖南人民出版社,2013.节选。

二、赞美与欣赏

赞美和欣赏,我们也常称作赞赏、赞誉,我们通过发自内心的称赞对方,让对方知道自己被认可,能使被称赞者朝着所认可的方向不断完善自己。

每个人都希望被赞美,在心理学意义上源自个体渴望被尊重、被认可的精神需求。一旦这种精神需求被满足,人就会充满自信和动力。人类行为学家约翰·杜威曾说:"人类本质里最深远的驱策力就是希望具有重要性,希望被赞美。"因此,即便嘴上不说,但如果能得到他人的欣赏,一定会打心眼里觉得满足,这是人类有别于动物的根本所在。当然,当我们在赞美他人时,不但对方快乐,同时也会使我们自己获得满足感。

在旅游接待工作中,要建立起良好的人际关系,让顾客能理解我们的工作,包容我们工作中的不完美,那么学会赞美和欣赏顾客就很重要。

(一)赞赏的原则

赞赏八字原则:真诚、具体、准确、及时。

1. 真诚

所谓真诚,就是发自内心。真诚地赞赏对方,往往会触动对方,并对双方进一步交流打好基础。

2. 具体

所谓具体,就是要善于从小处着眼,发现被赞赏者身上独有的特质。我们在赞美他人时,要注意根据被赞美者的特点进行个性化称赞,描述我们看到的具体细节、事例等,而不用"美""出色""聪明""睿智"等这些笼统的词汇来称赞对方。当描述的语言越具体翔实,说明我们对对方是因为了解而看重和欣赏,从而使对方与我们产生亲近之感。

3. 准确

所谓准确,就是要有根有据,不是凭空捏造。所有的称赞描述要言辞恰当,同时,尽量不要使用过多的华丽辞藻。

4. 及时

第一时间的称赞和赞美是最有效果的。这既是给予对方继续前进最好的动力,也是真诚的表现之一。

当然,称赞是基于良好的语言表达的基础上的。在旅游接待工作中,把我们对客人的赞美和欣赏说出来,才能真正获得客人的信赖,碰到问题时,才更容易获得客人的谅解与包容。

(二)赞赏的技巧

1. 因人而异

人的性别、年龄、地位、志趣、经历等各不相同,优秀之处自然相异。所以,要想取得赞美应有的效果,抓住重点、突出个性是关键。因此,要想让对方感受到我们真心实意的夸奖,考虑听者的文化水平、兴趣爱好、心理特点和情感需求等,有针对性地组织语言,赞赏才能达到真正的效果。

2. 借用他人

借用他人分为两种情况。一种是背后给予称赞,通过在第三者面前表扬对方,使被赞美者在得到第三者的转述后,感受到我们对其发自内心的赏识,往往效果会更好;另一种是转述他人的赞美之词,让被赞美者更容易接受我们的称赞,避免了直接赞美的逢迎之嫌。在旅游接待工作中,我们对一些稍有了解的客人不时地采用第二种赞美方式,客我关系往往会更轻松融洽。

3. 期待引领

此法借用皮格马利翁效应原理,即先对对方抱有好的期望,并及时用赞美的方式进行引领,对方就能朝着你的期待,越变越好。这在上级对下级、教师对学生、家长对孩子中具有明显的效果。

知识链接

皮格马利翁效应研究

美国心理学家罗森塔尔和雅克布森(Rosenthal,R.和Jacobson,L.)于1968年发表了研究成果《课堂中的皮格马利翁》一书。他们在奥克学校(Oak School)所做的一个实验中,先对小学1—6年级的学生进行了一次名为"预测未来发展的测验",实为智力测验。然后,在这些班级中随机抽取约20%的学生,并让教师认识到"这些儿童的能力今后会得到发展的",使教师产生对这一发展可能性的期望。8个月后又进行了第二次智力测验。结果发现,被期望的学生,特别是一、二年级被期望的学生,比其他学生在智商上有了明显的提高。这一倾向,在智商为中等的学生身上表现得较为显著。而且,从教师所做的行为和性格的鉴定中可知,被期望的学生表现出更有适应能力、更有魅力、求知欲更强、智力更活跃等倾向。

这一结果表明,教师的期望会传递给被期望的学生并产生鼓励效应,使其朝着教师期望的方向变化。罗森塔尔把这一现象称作皮格马利翁效应。

资料来源　杨治良.简明心理学辞典[M].上海:上海辞书出版社,2007.

三、谦虚、征询、委婉

谦虚、征询、委婉,主要指旅游接待人员在工作中应有的谦恭态度、说话语气和表达方式。因为旅游企业的根本属性就是服务,其主要产品也是服务。优质服务是旅游企业的立足之本,提供优质服务是对旅游接待人员的基础要求。要想使宾客满意,需要具备谦虚、征询和委婉的工作意识。

(一) 谦虚

前面说到,所谓"谦虚",在旅游接待工作中指的是接待人员应有的谦恭态度,主要包括说话时谦语、雅语、敬语的自然运用,以及得当的说话的姿态、语气等。

我们知道,为了表达对宾客的尊敬,我们应该对其使用敬语,同时,在自我称呼、自我判断、自我评价、自我要求时,用谦语进行表达最适宜。而请托语、回敬语、致歉语不仅是谦恭仪态的一种天然的表达方式,更是在接待工作中,获得宾客理解、配合的前提所在。

此外,对谦恭姿态有所影响的,还包括说话时的体态、面部表情、语音语调和语速等。谦恭的表现形式应该是:面带微笑、语调柔和、音量悦耳且适中,身体也向着客人略微前倾,这样才真正显得谦恭和诚恳。

(二) 征询

征询,由征求和询问两个词合成而来,意为在进行接待服务工作中,为了解客户的真实想法和需要,提供有针对性的服务。其语言技巧为使用征求的语气和询问的交流方式与客人沟通。征询是尊重客人的一种体现,它可以赢得客人的信任和好感,提升宾

Note

客满意度。因此,在跟客人沟通中,应养成使用征询方式的习惯,并对如何有效使用征询这一沟通技巧了解、掌握。

1. 察言观色,主动询问

当旅游接待人员观察到客人在环顾四周或从座位上站起来伸手示意时,或看到客人左右为难,迟迟无法决断时,应该立即走过去主动征求、询问客人,并提供相关服务。

2. 工作需要,会用询问

当按接待工作流程要进入下一个环节,而客人还停留在上一个环节中意犹未尽时,需要告知客人相关的安排和建议,旅游接待人员应仍用征询的方式为宾客提供选择。

具有销售特点的旅游接待岗位还应巧用、善用不同的询问方式,通过适当的试探性提问并仔细聆听客人言谈,充分了解客户信息,从而对客人的实际需求进行更准确的把握。

3. 语气温和,商量为主

所谓"征求"就是"商量为主的态度",因此,不管沟通的内容是什么,与客人沟通时都要语气温和,并注意自己的面部表情、身体姿态、表达内容等。而在征询过程中,更应以商量的口吻,把主动权、决定权留给客人,不宜使用通知式、命令式、指责式的口气与客人交流。

(三)委婉

委婉的表达方式是语言修炼的要素之一。而作为旅游接待人员,委婉的表达方式更应融入自身的血液里,成为一种自然的表达方式。这需要旅游接待人员长期训练方能达到。

同前面的旅游接待人员的语言技巧一样,委婉的表达方式不仅包括语气、语调、语速、表情和肢体语言等,还包括我们无法就某些事情与客人达成统一认识时所用的"揽过语"。

所谓"揽过语"其表达方式暗含着:出现这样的问题,原因在我,希望您可以再配合一次;或者我会再想办法尽量解决,希望您可以谅解等。

四、服务中的用语禁忌

俗话说"一句话使人笑,一句话使人跳"。旅游接待工作中,一句话使用不当,严重者甚至会使客人直接否定整个企业。所以,适当了解工作中的用语禁忌也很重要。

(一)称呼忌

旅游接待工作中,类似"先生""女士"这样的性别称呼,在初次相见中可以用,但之后的交往应尽量使用"姓+职业/职务/职称",如:张老师(职业)、李总(职务)、王教授(职称)等,这样不仅让对方感受被尊重,还可以减少相互之间的生疏感,是更符合中国传统文化语境下的接待方式。

(二)问候忌

问候语是日常生活和工作中营造良好沟通氛围的基础表达方式之一,具有鲜明的区域文化色彩。因此,在与不同文化背景的宾客表示问候时,需要按照他们的语言习惯

同步案例

《你见过自己的表情吗》

Note

使用相应的问候语,否则容易产生误会。

另外,在旅游接待工作中,问候语也不应一成不变,最好可以根据时间、节令、季节、气候、宾客情况等灵活运用,这样更容易获得客人的好感和好评。

(三) 问话忌

在旅游接待工作中,有效的沟通就应该有问有答,问话不当常会引起客人不快,造成沟通阻断,比如前文说到的关于年龄、收入、住址、婚姻状况等个人隐私方面的问题,初次相见就贸然询问,沟通与交流会失去应有的效果。

在前面的"征询"中,我们强调过"语气温和,商量为主",就是提醒旅游从业者,在工作中,无论受何种客观因素影响,都要学会管理好自己的情绪,绝不能通过反问、责问等形式向客人发泄自己的不满。

(四) 回答忌

在客人对我们的服务提出合理要求时,"没有""不知道""不归我管""自己去看"等带有否定语气,不能出现。如遇无法解答的问题,应耐心解释,并负责找到合适的解答者,帮助客人解决难题。

(五) 听话忌

听话忌,主要是指没有把对方的话听清楚而造成误解,严重者甚至会导致旅游企业的声誉和利益受损。引起听话禁忌的主要原因在于语言沟通上存在障碍。如要克服听话忌,旅游接待人员平时应该学会聆听,在语言上多下功夫,同时在接待工作中多开动脑筋,借助手姿等身体语言或文字表述来消除误解。

(六) 介绍忌

旅游接待人员在介绍产品或服务特色时,忌用不符合实际的华丽词语夸大其词。也不可用刺激的话语来对待客人,如用讥讽的口吻来刺激客人消费、用怀疑的口气来挑起客人的购买欲,这些都是违背职业道德的行为,必须严厉禁止。在介绍产品或服务时,要让客人感受到被尊重。

(七) 脏话忌

粗话、脏话与我们大力倡导的社会主义核心价值观不符,无论对旅游从业者还是普通人来说,都属于语言禁忌。而旅游接待人员不经意的一句脏话、粗话,不但会引起客人的不满,破坏企业形象,同时有损旅游从业人员的整体形象。因此,日常生活中应时刻注意文明用语。

五、投诉管理

投诉,是指顾客对企业产品质量或服务方面不满意,而提出的书面或口头上的异议、抗议、索赔的行为。任何一个企业在经营过程中都可能会遇到顾客投诉问题,当处理顾客投诉的时候,有些处理原则、程序和技巧需要掌握。

Note

（一）投诉处理原则

1. 实事求是

这是旅游接待从业者处理顾客投诉的基本态度。

2. 超然事外

在处理顾客投诉时，如果仅仅站在本组织立场说话，只会激化矛盾。要学会站在第三方的立场，以客观的态度接待来访者，才能获得客人的信赖。

3. 多听少说

听取意见阶段，在事实不清的情况下，如果贸然发言或轻易反驳，往往起反作用，因此要多听、多记、少说；而在交流意见阶段，主要是陈诉事实，以事实说话，同时也要听取客人的意见，才能真正地解决问题。

4. 积极行动

在纠纷发生、顾客投诉后，旅游接待人员应积极行动，及时赶到现场或联系相关人员，尽快查明事实真相。从而在投诉发生后给客人留下好印象，达到挽留客人的目的。

5. 取得谅解

要对客人主动致歉，并对自身做一些检讨。以严于律己的精神，适当妥协和让步，使矛盾得到缓解，进而重新赢得客人的青睐。

（二）投诉处理程序

1. 判断严重程度

当接到投诉时，需先了解顾客投诉问题的严重程度，尽量安抚客人情绪。

2. 不要质疑投诉的问题

接到客人投诉，不管是哪一方的问题，但是作为客服人员应该首先站在客人的角度，不要质疑客户，这样才能更好地解决问题。

3. 第一时间解决问题

对于宾客的投诉，最好能够在第一时间解决，不要因为回复和处理的不及时，而导致客人矛盾进一步激化。

4. 保持后续服务

解决问题之后，一定要定期做好后续的服务工作，让客人再次对产品及企业留下好的印象，挽回企业形象。

知识链接

对待抱怨，要有听出弦外之音的本事

大多数客户对于商品和服务的抱怨，通常都不仅仅是抱怨而已，如果不能了解客户的心理，不能读懂客户抱怨中的弦外之音，那么客户在抱怨得不到回应之后，往往会选择放弃，甚至已经成交的合约，也会提出退货或者终止合作等要求。

要有效地解决这一问题，如何回应客户的抱怨是一个关键点。

（1）要随时具备面对客户抱怨的心理准备，控制好自己的情绪。最忌讳的就是客户愤怒，接待人员比他还愤怒。通常人的潜意识中倾向于对外界所接受的信息做出相对应的反馈与举措，一旦双方陷入剑拔弩张的气氛，可以预见失败的结局。反之，以善意的态度耐心倾听，往往能使双方的交谈步入冷静与和谐的氛围中。

（2）思考和分析客户的抱怨究竟意味着什么。大体体现为五个方面。一是客户对商品的质量和性能不满意。认为接待销售人员的介绍或者先前的广告过分夸大了商品的价值，客户产生了被欺骗的感觉。对这类客户，以事实或案例展现品质，能收到比较好的效果。二是客户对销售人员的服务态度不满意。认为自己没有得到应有的尊重与礼遇。这类客户真正在意的并不是产品或者服务本身，他们需要的是一种消费的满足感。对这类客户，给足客户面子，既可使目的顺利达成，还能获得客户的夸赞和感激。三是客户对先前做出的选择产生反悔之意，因而会无中生有地找出一些毛病来借题发挥。对这类客户，销售人员需要引导其重新肯定自我判断，关键是要给他们一个合理的理由，以此再次坚定他们购买的决心。四是以抱怨作为促使卖家降价的手段。他们通过抱怨商品或服务的瑕疵，希望获取进一步的优惠。这时候，他们的抱怨事实上是暗示销售人员进一步降价或者提供一些额外的服务。五是"醉翁之意不在酒"，这些客户抱怨的真正目的是借抱怨达到敲山震虎的效果，让销售者在售后等环节上不敢对其怠慢。

最后，在读懂客户抱怨的基础上，一定要积极并且及时地做出回应，因为敷衍和拖延并不是解决问题之道。

资料来源 朱凌,常清.情商高,就是说话让人舒服[M].延吉:延边大学出版社,2017.节选。

（三）投诉处理技巧

1. 主动迎上

顾客对服务产生异议后，会通过各种渠道进行投诉，多半表现为脾气暴躁，并把所有的怒气往接待之人身上发泄。此时，如大大方方地迎面而上，反而会给投诉者留下好的印象，也可以为后面解决投诉做好铺垫。

2. 不厌其烦

对于投诉处理人员来说，不管对方采取什么批评方式，都要耐心倾听，这是解决问题的关键一步。此时，不能采取引诱、威胁的方法来消除投诉，否则效果会适得其反。

3. 适时记录

在倾听投诉者申诉的过程中，我们不仅要倾听，还需要快速敏捷地捕捉投诉者吐露的所有信息，包括事件的完整经过，投诉者的身份年龄职业、性格特点、爱好学历、婚姻状况等等，并进行记录。此外，这个方法还有助于降低投诉者的怒气和怨气，获得对方的好感。

4. 核对信息

当投诉者情绪平稳之后，把记录的信息跟投诉者进行核对，并理清投诉者投诉的真正意图和诉求,这将为后面给出解决方案提供思路。

5. 查清事实

对投诉者陈述问题的真实性、合理性要进行分析,并在最短时间内,与投诉涉及的相关人员进行调查核实,避免偏听偏信,为公平合理地处理事情奠定基础。查清事实也是妥善解决投诉的关键。

6. 赔礼道歉

在查清事实的基础上,进行正式的赔礼道歉。虽然在刚接到投诉时,或者是在听取投诉的过程中,投诉处理人员也会有道歉,但此次道歉更为正式。赔礼道歉时,应注意语气、姿态,让投诉者感受到接待人员诚恳的歉意。

7. 合理处理

结合投诉者的诉求,准备两个以上的解决方案,并与投诉者充分交流意见,求同存异,达到客人谅解的目的。

能力习得

（一）案例思考

案例1:如此"顾问"

顾客:"我想买一辆后备厢大一点儿的车。我们家的人都喜欢外出旅游,后备厢大一些可以多放行李。"

销售顾问:"您看这车怎么样?"

顾客:"这车后备厢太小了,看上去连个行李箱都放不下啊。"

销售顾问:"可是这车性价比高啊!又有天窗,又是无级变速,还有两个侧气囊,这种价位的车一般都不可能有这些配置,您买这车绝对值!"

顾客:"可是后备厢太小了。"

销售顾问:"可您不是说您家里的人都喜欢旅游吗?这车正适合您啊!您想啊,您在高速公路上开车,要是打开天窗换换气,小风一吹多惬意啊!"

顾客:"可是后备厢太小了。"

销售顾问:"不只是天窗,我们这车还是无级变速,您家里的女性成员开也没有任何问题。一家人外出旅游要是总一个人开车得多疲劳啊!大家轮着开,又能享受驾驶的乐趣,又能减少疲劳,降低交通事故的概率,一举两得啊!"

顾客:"可是后备厢太小了。"

销售顾问:"对了,说到交通事故,您更得买我们这车了。我们这车有两个侧气囊,一般的车很少有这种配置。可是据有关部门的调查数据显示,侧面撞击发生事故的概率一点不亚于正面撞击发生事故的概率。所以您买我们这车就等于降低了发生事故的风险。对于您这样喜欢携家出游的顾客而言,这样的配置绝对称得上贴心,简直就是为您和您的家人量身定做的车!"

顾客:"我不买了!"

资料来源 南勇.销售这么说,顾客听你的[M].长沙:湖南人民出版社,2013.

知识点
自测

▼

思考:以上案例中的销售顾问在与顾客对话的过程中犯了什么错误?你觉得应该怎么跟顾客沟通?

案例 2:陈处长的回答

陈处长任职于某银行人事处。一天,一个老同学来到她家,想让陈处长帮忙把他儿子安排进银行工作。可陈处长了解后得知,同学的儿子根本无法胜任银行的工作。但陈处长也清楚,如果直接拒绝,老同学说不定会翻脸。所以,她巧妙地说:"真是不巧,我们最近没有招人计划,不过你别担心,我认识一个朋友,他那里似乎招人。你让你儿子到他那里投一份简历试试看吧!"说完,她就把朋友的联系方式抄了一份给老同学。虽然事情没办成,但同学还是很感谢她。

资料来源 强月霞,唐淼芳,陈伟连.人际沟通概论[M].上海:华东师范大学出版社,2014.

思考:通过案例 2,你能判断出陈处长采用了怎样的沟通技巧吗?你得到什么启示?

案例 3:如何称呼?

朱小燕进入了一家新的单位,领导带她熟悉周围环境,并介绍其给部门的老同事认识。她非常恭敬地称对方为老师,大多同事都欣然地接受了。

当领导把她带到一位同事面前,并告诉小燕,以后就跟着这位同事学习,有什么不懂的就请教她时,小燕更加恭敬地称对方为老师。这位同事连忙摇头说:"大家都是同事,别那么客气,直接叫我名字就行了。"

小燕仔细想想,觉得叫老师显得太生疏了,但是直接叫名字又觉得不尊敬,不知道该怎么称呼对方比较合理。

资料来源 豆丁网.《称呼礼仪》。https://www.docin.com/p-429105499.html.

思考:小燕怎么称呼对方才合适?

(二) 案例讨论

案例 1:小王说错了什么?

小王是刚刚工作的秘书,一次奉命接待一名公司的客户。客户来到公司,小王看见了,上来就说:"陈先生,我们经理让你上去。"这位陈先生一听,心想:我又不是你的下属,凭什么让我上去我就上去。哪有这样做生意的?一气之下,就对小王说:"你们要想做生意,自己来找我,我回酒店了。"

资料来源 百度文库.《社交礼仪》。https://wenku.baidu.com/view/b56cf51a02d8ce2f0066f5335a8102d276a261ac.html.

讨论:陈先生生气的原因是什么?我们在与人见面交谈时应该注意哪些问题?

案例 2:她们应该怎么说?

1. 小昭应该怎么说?

一向性情温和的财务部主管刘晔已经向小鱼催了三遍报表了,小鱼每次都态度很好地说:"好的,好的,马上就交。"但离公司规定的最后期限都超过了两天了,小鱼还是没有交。

刘晔没办法,就跑到小鱼的同事小昭那里请求帮忙:"小昭呀,小鱼的报表你能不能帮她填一下呀,反正你对这项业务也很熟,很快就填好了。"

一向不喜欢填报表的小昭冷着脸拒绝:"你还是让小鱼自己填吧。"

这时忍无可忍的刘晔终于火山爆发了,在办公室当着所有人的面咆哮道:"哎!你们部门怎么这样呀,一个报表催了十多天,我还要不要干活呀? 耽误了发工资,你们乐意吗?"小昭这时也满心委屈和怒火:"你冲我发什么火,又不是我干的?"

资料来源　武洪明,许湘岳.职业沟通教程[M].北京:人民出版社,2011.

2. 宾客关系员的无语

在酒店大堂里有一位刚入职的前台宾客关系员,看到有客人在大堂内吸烟,这位员工走过去礼貌地说:"先生,不好意思打扰一下。"话还没说完,客人便说:"不能吸烟是吧?"然后他坐到大堂经理的位置上,员工走过去还没开口,他便说"不能坐是吧? 知道了。"听着语气语调很不情愿的样子。

资料来源　学生实习搜集案例。

讨论:以上案例我们如何应对,才得体恰当,既不会破坏同事关系(《小昭应该怎么说?》),也能让客人不再明知故犯(《宾客关系员的无语》)。

(三)案例模拟演练

案例1:赞美的训练方法

(1)学会观察。学会赞美要首先从改变心态开始,试着用乐观的心态观察周围的事物,也只有这样你才能发现对方所具有的优点。

(2)从赞美自己开始。每天早晨都记录下自己的优点,不记缺点,慢慢积攒自信。

(3)开始赞美家人,打下坚实的基础。

(4)记录下别人的优点,然后通过试着写赞美信的方式练习。

资料来源　武洪明,许湘岳.职业沟通教程[M].北京:人民出版社,2011.

案例2:有效提问技巧

潜能大师安东尼·罗宾说过:"对成功者与不成功者最主要的判断依据是什么呢? 一言以蔽之,那就是成功者善于提出好问题,从而得到好的答案。"只有了解顾客的需求后,我们才可以根据需求的类别和大小提供针对性的工作,不了解顾客的需求,好比在黑暗中走路,既白费力气又看不到结果。

要想做到有效提问,需要注意以下几点。

(1)先了解客户的需求层次,然后询问具体要求。了解客户需求层次以后,就可以将问题缩小到某个范围之内,从而易于了解客户的具体需求。

(2)提问应表述明确,避免使用含糊不清或模棱两可的问句,以免让客户误解。

(3)提出的问题应尽量具体,做到有的放矢,切不可漫无边际、泛泛而谈。要针对不同的客户提出不同的问题。

(4)提出的问题应突出重点。必须设计适当的问题,诱使客户谈论既定的需求,从中获取有价值的信息,把客户的注意力集中于他所希望解决的问题上,缩短成交距离。

(5)提出问题应全面考虑,迂回出击,切不可直言不讳,避免出语伤人。

(6)洽谈时用肯定句提问。在开始洽谈时,用肯定的语气提出一个令客户感到惊讶的问题,是引起客户注意和兴趣的可靠办法。

(7)询问客户时要从一般性的事情开始,然后慢慢地深入下去。

资料来源 朱凌,常清著.情商高,就是说话让人舒服[M].延吉:延边大学出版社,2017.节选。

案例3:人际交流中常见的称呼、赞美、征询方式

1. 常见的四类职场称呼

(1)职业性称呼。

①只称职业,如:老师、医生、律师等。

②姓氏+职业,如:张老师、李医生、刘律师等。

③姓名+职业,比较正式的场合,多用此介绍。如:刘××老师、王××会计等。

(2)职务性称呼。

①只称职务,如:董事长、总经理等。

②姓氏+职务,如:张总、李主任、刘校长等。

③姓名+职务,适合于极为正式的场合,多用此介绍。如:张××部长、李××总裁等。

(3)职称性称呼。

①只称职称,如:教授、工程师。

②姓氏+职称,如:张教授、李工程师或简称李工。

③姓名+职称,如:张××教授、李××工程师,适用于十分正式的场合介绍时使用。

(4)学衔性称呼。

①姓氏+学位,如:张博士,或简称李博。

②姓名+学位,如:张××博士,正式场合中介绍用。

2. 常见的三种赞美类型

(1)评价式:如"太好了""漂亮""非常棒"。

(2)认可式:"您的观点很正确""您很专业"。

(3)回应式:"承蒙夸奖,真是不敢当,不过得到您的肯定,的确让我开心。"

3. 常见的征询用语类型

征询应答用语要求:热情有礼,认真负责,解客之难。包括以下三种。

(1)开放式。当主动为客人提供服务时、当客人有求于己时,可采用这种方式进行问询,如"如果您不介意的话,我能……吗?""您有什么需要吗?""您想要哪一种?""我能为您做些什么吗?""先生/小姐,您有什么吩咐吗?"等。

(2)封闭式。需要客人自己决定是否采纳、接受的问询方法,如"我来帮您好吗?""我领您去房间,好吗?"等,或者只给对方一个选择方案,如"您不来一杯咖啡吗?""您是不是很喜欢这种颜色?"

(3)半开放式。问询时,为客人提供两种或两种以上的备选方案,这样可以给客人以更大的自主空间,如"符合您期待价位的产品有四款,您看更倾心哪一款?""您是要红茶还是要咖啡?"等。

案例 4：妙用称呼

任何一种商谈，都会涉及一个非常敏感，又往往容易被人们忽略的问题：如何称呼顾客的姓名。

如何称呼顾客的姓名包含三个方面的意思。

第一，用什么方式称呼顾客的姓名；

第二，在什么场合、什么情况下称呼顾客的姓名；

第三，如何拿捏称呼顾客姓名的分寸与频率。

关于称呼的使用，要点如下。

第一，称呼顾客的姓名不宜过于频繁；

第二，尽量把对顾客的称呼放在句子的中间，而不是句子的开头。

举个例子。

销售顾问 A："李先生，这是您要的资料。请喝水，咱边喝边看。李先生，您觉得我们这款车的数据如何，是否符合您的要求？"

很显然，如果你是那位顾客，虽然感觉不错。可是不知为什么，还是觉得有那么一点儿别扭，但也说不清到底是哪里别扭。

如果是这样，我们不妨再看看一个案例。

销售顾问 B："这是您要的资料。请喝水，咱边喝边看。怎么样，李先生，您觉得我们这款车的数据如何，是否符合您的要求？"

相信大多数人不会有任何的不适感。因为这位销售顾问的演示，是一次相当完美的演示。一切如行云流水一般，自然、亲切。

这里的奥秘在于两个方面。

第一，销售顾问 B 记住了顾客的姓名，但是没有频繁地称呼顾客的姓名；第二，销售顾问 B 把对顾客姓名的称呼放在了句子的中间，而不是句子的开头。

一般来说，把一个人的姓名放在句子的开头，往往意味着不友好、不亲近，容易使人产生一种距离感和咄咄逼人的压迫感。

小结：顾客的姓名一定要记住，也一定要使用，但千万不能用错。只要被顾客告知了姓名，就要尽量放弃"先生""女士"的代称，改称顾客的姓名。但是在称呼顾客姓名的时候，千万不要过于频繁，而且尤为重要的是，千万不要把对顾客的称呼随意放在句首。

资料来源　南勇.销售这么说，顾客听你的[M].长沙：湖南人民出版社，2013.节选。

案例 5：布莱恩·崔西的成功奥秘

有一次，布莱恩·崔西带着一个推销新手与一家帐篷制造厂的总经理谈生意。出于训练新人的考虑，布莱恩·崔西把所有的谈话重点都交给这位新推销员，也就是说，由他来主导这次谈话，推销产品。

但遗憾的是，直到他们快要离开时，这位新推销员仍然没有办法说服对方。此时，布莱恩·崔西一看谈话即将结束，于是忙接手插话："我在前两天的报纸上看到有很多年轻人喜欢野外活动,而且经常露宿荒野,用的就是贵厂生产的帐篷,不知道是不是真的?"

那位总经理对布莱恩·崔西的话表现出极大的兴趣,立刻转向他侃侃而谈:"没错,过去的两年里我们的产品非常畅销,而且都是被年轻人用来做野外游玩之用,因为我们的产品质量很好,结实耐用。"

他饶有兴致地讲了大概 20 分钟,而布莱恩·崔西则怀着极大的兴趣听着。当他的话暂告一段落时,布莱恩·崔西巧妙地将话题引入他们要推销的产品。这次,这位总经理向崔西询问了一些细节上的问题后,愉快地在合约上签下了自己的名字。

资料来源 朱凌,常清.情商高,就是说话让人舒服[M].延吉:延边大学出版社,2017.

模拟演练:这天你们公司来了一个老客户,可是原来接待他的同事此刻不在,而其他的同事都各自在忙着,领导有心要锻炼你的能力,便把这个客户的基本资料给了你,你将如何根据这些资料跟对方顺利地攀谈,并熟络起来?

请根据案例模拟演练里介绍的一些赞美训练方法,基本称呼、赞美、征询方式,称呼技巧等,结合本章节里的相关内容,参考案例 5 对布莱恩·崔西的故事介绍,2 人一组,进行如下综合练习。

(1)讨论:布莱恩·崔西成功的奥秘是什么?适当地提炼总结。

(2)请按提炼总结结果,假设你们是一家旅游策划咨询公司,主要从事旅游、庆典、会议活动等的策划咨询服务工作,模拟接待"老客户"的交流全过程。

具体步骤:

首先,两人先各自提供一些自己的信息资料给对方。除姓名、年龄外,包括性格、爱好、自己觉得引以为傲的事情举例 1 到 2 件。

其次,根据对方提供的资料信息,结合背景要求,进行接待咨询模拟。

再次,可互换角色,再完成一次。

最后,从他评、师评等角度,让自己最终掌握与陌生客户顺利且愉快地沟通交流的技巧,且能让对方快速对你产生好感,并填写表 5-2。

表 5-2 能力习得情况评价与建议

评 价 指 标		评价等级(A、B、C、D、E)		建 议
		他评	师评	
基础知识	称呼的礼仪			
	交谈的原则			
	交谈的主题			
	交谈的禁忌			

续表

评价指标		评价等级（A、B、C、D、E）		建 议
		他评	师评	
动手能力	称呼的方式			
	赞美的技巧			
	征询的技巧			
	提问的技巧			
职业能力	快速与客人顺利展开话题，并获得客人好感的能力			

需改进：

本章小结

　　言谈是人际交往中必不可少的重要工具和手段，本章在阐述如何学好言谈礼仪前，着重强调在言谈中思想上的认识和转变的重要作用，以此引出如何与人礼貌交流，包括正确的称呼、拒绝、赞美、聆听等；强调了对旅游接待人员来说，与客人交流必须具备的一些礼貌语言意识和习惯，以及如何有效地处理客人投诉等。

关键概念

　　语言的修炼　敬语、谦语和雅语　称呼的礼仪　交谈的原则　交谈的主题
交谈的禁忌　拒绝的妙招　聆听的艺术　以宾客为中心　赞美的技巧
委婉的方式　服务中的用语禁忌　投诉管理

复习思考

　　□ 复习题
　　1. 如何使我们的语言表达有礼、有理、又有趣？
　　2. 称呼他人时，有哪些礼仪要求？
　　3. 与人交谈时，应把握哪些原则？
　　4. 交谈时，有哪些话题禁忌和方式、方法的忌讳？
　　5. 拒绝他人有哪些实用技巧？
　　6. 与人沟通时，如何进行有效聆听？

7. 在对客服务过程中,要求"以宾客为中心"有什么实际意义?

8. 请简述有效赞美他人的方法。

9. 征询、委婉的表达技巧有哪些?

10. 处理投诉时的一般原则、程序和技巧有哪些?

□ 思考题

1. 如何运用语言技巧更好地推销一项旅游产品或服务?

2. 总台人员在办理入住手续时让同行的客人出示证件,而客人只愿出示其中一人的身份证,这时接待人员应怎样对客人解释?

3. 小刘是一位经验丰富的咨询员,这天她正在接待一个挑剔的客户,在业务办理中,老板打电话过来,说有一项紧急的事需要她马上去处理,小刘应该怎么办?

第六章
个人礼仪

学习目标　了解个人应具备哪些个人素养；了解在公共场合中必须具有的行为举止规范；掌握典型职场交往场合中的礼仪和规范，如宴请的组织规范、不同的餐饮文化和餐桌礼仪等。

素养目标　培养学生良好的人文素养，树立学生高尚的道德规范意识，以及对和谐、平等的职业环境、社会环境的追求。使学生在具备文化自信的同时，拥有求实务真、爱岗敬业的职业精神。

第一节　礼仪修为

案例引导

小处不可随便

"小处不可随便"是中国人自古以来的一条处世原则。古语道："战战栗栗，日谨一日。人不踬于山，或踬于垤。"告诫人们时时提防被小土绊倒，这或许是"小处不可随便"的最古老的典故。

不仅是中国，其他国家也有类似的观念。针眼大的窟窿斗大的风，小处随便的人往往不受欢迎，在某些特殊的场合甚至会造成致命的后果。这方面最典型的例子大概是18世纪的法国公爵奥古斯丁。某年，法国国王路易十六的王后玛丽·安东尼到巴黎戏剧院看戏，全场起立鼓掌。放荡不羁的奥古斯丁为了引起王后的注意，面向王后吹了两声很响的口哨。当时吹口哨被视为严重的调戏行为，国王大怒，把奥古斯丁投入监狱。而奥古斯丁入狱后似乎就被遗忘了，既不审讯也不判刑，就日复一日地关着。后因时局变化，他也曾有过出狱的机会，但阴差阳错，终究还是无人问津，直到奥古斯丁72岁时，老态龙钟的他才被释放。两声口哨换来几十年的牢狱之灾，实在是天大的代价。

资料来源　百度文库.《礼仪课程教学案例》节选。https://wenku.baidu.com/view/a8961b86bceb19e8b8f6ba45.html? fr＝search-1-aladdin-income1&fixfr＝k%2FyYV7UI1F1UGmwFmTob5Q%3D%3D.

从导入案例来看,"小处不可随便",不仅仅指个人在公开场合的自我行为约束,也包含有个人礼仪素养程度高低等问题。个人礼仪是对社会成员个人自身行为的种种规定。但由于每个群体都是由一定数量的个体组成,每一个社会组织也都由一定数量的组织成员构成,因此,个人行为直接影响着群体、社会组织乃至整个社会的发展。从此意义看,我们强调个人礼仪,规范个人行为,不仅是为了提高个人自身的内在涵养,更重要的是为了促进社会文明有序地发展。

一、举止规范

所谓规范,就是规则和标准。没有规矩不成方圆,没有规范就没有秩序。如果规范、标准缺失,不仅会冲击正常的社会秩序,使人们无所适从,乱了分寸,还会影响到社会的发展和人们的生活质量。

在社会活动中,个人与群体的关系、个人与个人之间的关系,实质上是一种利益关系。良好的社会秩序需要人们遵循一定的行为规范,从而达到调整利益关系的目的,最终建立正常的社会关系,在此过程中,规范发挥着协调作用。

(一) 人际距离

人际距离(Interpersonal Distance),在社会心理学中指关于人际交往中双方之间的距离及其意义。人类学家 E. 霍尔认为,由于人们之间的关系不同,距离也不同。这种距离是受到个体之间由相容关系不同而产生的情感距离。科学家在观察中发现,人与人在面对面的情境中,常因彼此间情感的亲疏不同,而不自觉地保持不同的距离:最亲密的人,彼此间可以接近到 0.5 米;朋友间彼此可以接近到 0.5 米到 1.2 米;一般公共场所,陌生人之间的距离,通常维持在 3.5 米及以上。因此,人际距离在认知他人之间的关系时,往往成为一种判断的依据。

一般来说,夫妇、恋人属于亲密区,朋友间交往属于个人区,熟人交往属于社会区,一般的公开交往属于公众区。女性间的交往距离小于男性,高阶层的人相互交往距离大于普通人之间的距离。在心理学家看来,人际距离与文化背景也有关。如拉丁美洲人和阿拉伯人在交谈时,通常保持很近的距离;亚洲人和北美人在交谈时,喜欢保持较大的距离;美国人、英国人和瑞典人的人际距离最远;意大利人、希腊人的人际距离比较近等。

霍尔认为"人际距离"可分为以下 4 种。

1. 亲密距离

距离 0 米到 0.5 米。通常适宜在父母与子女之间、恋人之间,在此距离上双方均可感受到对方的气味、呼吸、体温等私密性刺激。

亲密距离还细分为:近亲密型(0.15 米)和较紧密型(0.15 米到 0.5 米)。近亲密型,是双方关系最接近时所具有的距离,此时语言的作用很小。较亲密型,伸手能够触及对方,是关系比较密切的同伴之间的距离。

2. 个人距离

距离0.5米到1.2米。一般适合朋友、熟人之间。

3. 社会距离

距离1.2米到3.5米。适合于具有公开关系而不是私人关系的个体之间，如上下级关系、顾客与售货员之间、医生与病人之间等。

4. 公众距离

距离3.5米及以上。适合于进行正式交往的个体之间或陌生人之间，这时的沟通多为单向。

按距离给人的心理感受，公众距离也可细分为：近公众距离（3.5米到7.5米）和远公众距离（7.5米以上）。如果两人保持在4米左右的近公众距离，说明说话人与听话人之间有许多问题或思想待解决与交流。远公众距离，则是讲演时采用的一种距离，彼此互不相扰。

显然，人际距离的变化，是由双方当事人沟通时，在肢体语言上的一种情感性的表示；彼此熟悉者，就亲近一点，彼此陌生时，就保持距离。如一方企图向对方接近，对方将自觉地后退，仍然维持适当的距离。

理解和掌握以上4种距离，在人际交往中，就能根据双方的关系，采取适当的交往距离，从而体现较好的礼貌素养。

（二）行为举止

行为举止是指一个人在特定场合的各种活动中较稳定的姿态表现。它包括了生活的方方面面，比如在站姿、坐姿、走姿，以及人在交际往来的过程中所有的行为语言等。人们的行为举止能在很大程度上反映出其本身的基本素质、道德修养，所以在与他人的交往过程中，良好的举止礼仪能够帮助个人树立起良好的形象。

同步案例

《中西体触文化之差异》

知识链接

古人的坐与立

古代站姿的要求与坐姿一样，都是要保持体态的正直，不妄动，即所谓"站如松"。站立时，双手放在身前是比较恭敬的表现，也可以放在身体的两侧。一般来说，双手背着是傲慢不敬的表现，此外，站立的时候，身体不要左右倚靠，更不能背靠着墙，这些都是怠惰的表现。

这里需要特别提及的是坐者与立者的关系。一般的原则是，尊者坐，卑者立。按照中国的传统，尊长之间见面，陪同的年轻人应该站着，称为"侍立"。"侍"有侍奉的意思。"侍立"，一方面是表示不敢与尊长平起平坐，另一方面也含有恭候调遣、随时奔走效力的意思。如果得到尊长允许而坐下，则称为"侍坐"。

年轻人与尊长合影，要让尊长坐在正中，只要不是尊长的特许，是不能与之并排而坐的，一般应该站在尊长后面。

资料来源　彭林.中华传统礼仪概要[M].北京：商务印书馆，2017.

由此,无论在职场当中、还是在日常生活交际之中,旅游接待人员的举止必须合乎体统,优雅适度。其举止规范如下。

1. 稳重

举止稳重是由工作性质和工作特点决定的。它要求一个人待人接物沉着稳健、泰然自若,办事时有条不紊、热情干练。交谈时不能手舞足蹈、喜怒无常;办事时毛手毛脚、丢三落四。

2. 自然

行止自如是举止的首要要求。不矫揉造作,不局促呆板,不装腔作势,就是自然。孔子说:"质胜文则野,文胜质则史。文质彬彬,然后君子。"意为太过直率的表现易使人显得粗鲁,而太过于恭敬讲究就显得虚浮。旅游接待人员应有恰当的性情与礼仪,在一定规范要求下做到举止自如,才是真诚和朴实的体现。

3. 得体

举止符合身份、适应场合、顺应场景,就是得体。旅游接待人员的举止,代表旅游企业和地区的形象,有时甚至代表着国家和民族的形象,因此应具备很强的角色意识,一举一动,必须符合其职业身份。不同场合、不同的对象和环境,举止要求不一样,如庄严肃穆的场合要求举止庄重,轻松欢乐的场合则可以活泼一些。

4. 优雅

举止优雅是精神境界、文化品位、道德修养的综合体现。它要求旅游接待人员举止在符合一般规范的基础上,做到美观雅致。因此,除了掌握一般的举止礼仪外,旅游接待人员还需要加强自身修养和实践磨炼。

5. 文明

旅游接待人员是文明礼貌义务宣传员和形象大使。其一言一行无不潜移默化地影响着普通人对行业的评价,对社会的看法。因此旅游接待人员必须具备鲜明的文明礼貌意识,规范自己的行为,遵守公共秩序,讲究公共道德卫生,不做不雅的动作,注意公共场合禁忌,注意照顾他人感受等。

二、公共场所

公共场所是指人群经常聚集、供公众使用或服务于人民大众的活动场所,是人们生活中不可缺少的组成部分。公共场所礼仪体现的是社会公德,反映的是个人素质和修养。在社会交往中,具备良好的道德意识,可以使人际交往更加和谐,使人们的生活环境更加美好。公共场所礼仪总体原则是:保持安静、讲究文明、遵守秩序、仪表整洁、注意卫生、尊老爱幼。

(一) 办公室礼仪

与同事交往应注意使用礼貌用语,在称呼上要体现尊重和恭谦,并始终保持谦虚、合作的态度;注意个人仪表,主动打扫和维护办公室卫生;注意使办公桌面保持整洁有序状态,勿让自己的文件物品侵占他人办公区域;同事外出时如有客来访,要代为礼貌接待并将详情转告;代接电话时,也应在事后将具体细节告知同事;不传播未经证实的小道消息,不在他人背后议论他人长短,不经营小团体;非经他人同意,不随意动用他人办公桌上的物品;在办公室不做私活、不谈私事,非必要不打私人电话。

同步案例

《频繁致谢太见外》

（二）阅览室礼仪

到图书馆、阅览室学习，要衣着整洁，不能穿汗衫和拖鞋入内；进入图书馆应将通信工具关闭或调至震动，接听手机应悄然走出室外并轻声通话；就座时，不要为别人预占位置；阅读时要默读，不能出声或窃窃私语；不能在阅览室内交谈、聊天，更不能大声喧哗；在图书馆、阅览室走路要轻，物品要轻拿轻放，不能发出声响；要爱护图书，不能涂写、撕扯书页；有事需要帮助，不能大声呼喊，要走到工作人员身边轻声问询。

（三）影剧院礼仪

到影剧院观看演出，应提前15分钟左右进场，尽早入座；如果自己的座位在中间，应当有礼貌地向已就座者示意请其让自己通过；通过让座者时要与之正面相对，切勿让自己的臀部正对别人的脸。观看演出/影剧全过程，不戴帽子，不吃带皮和有声响的食物，不笑语喧哗也不能窃窃私语，不把脚踩在前排的座位上；手机应调整为静音状态，不拍摄照片、视频，接打电话或微信聊天、浏览网页等。观看剧场演出时，在演员谢幕前不能提前退席；如遇迟到，应在演出间隙悄悄进入；演出结束后要报以掌声；当演出结束灯亮后，再有秩序地离开。

知识链接

鼓掌与喝彩的讲究

在剧院里为演员精彩的表演鼓掌也很有讲究。譬如在我国，一般在正式场合下，真正的京剧票友会在演唱者表演到精彩处（特别是在即将唱完一句时）鼓掌；观看芭蕾舞时则可以在演出中间、一段独舞或双人舞表演之后鼓掌，可以在特别加演的舞蹈结束时鼓掌；听古典音乐会应在整部作品结束后（而不是在其间或任何一个乐章的间歇时）鼓掌，否则会影响特有的情绪的连贯性。在观看歌剧时，则要遵循不能乱鼓掌以及不能随意鼓掌的礼仪。例如在世界著名的维也纳奥地利国家歌剧院和意大利米兰斯卡拉歌剧院，经常有世界一流的歌剧团演出，因此剧院内特别重视观看礼节，凡是有观众鼓掌喝彩，音乐声就会戛然而止，演员往往会停止演出，站着不动，直到掌声停止后才恢复表演，以表谢意。所以观众一般不宜随意地鼓掌，最好等到演出结束后再鼓掌。演出结束后吝啬自己的掌声则是不礼貌的。

切忌演出时高声喧哗、跺脚甚至吹口哨，演出期间更不能喝倒彩，这是不尊重他人表演的不礼貌行为，与现代文明礼仪规范是格格不入的。

资料来源　高福进.由独享到共有：西方人的习俗礼仪及文化[M].上海：上海辞书出版社，2003.

（四）赛场礼仪

到体育馆或体育场观看体育比赛，应提前入场，对号入座；要遵守公共道德，自觉维护秩序,注意自己的言行举止,不踩踏座椅,所携带物品和食物外包装应在观赛结束后,一起带离观赛场地,并按要求投放到指定地点;有些比赛存在一定的危险性,所以一定要按照赛场的要求到指定地点就座,不要到禁区走动,以免发生危险;体育场内一般不许吸烟;拍照时不要使用闪光灯;运动员比赛时,观众要保持安静,不能任意走动;鼓掌和喝彩要选择合适的时机,一般应在选手完成了高难度动作之后;鼓掌的时间要适可而止;当观看的是对抗性比较激烈的竞赛时,如各类球赛,要注意理性看待比赛评判结果,不能借机寻衅闹事,发泄不满情绪等;主场观众应体现东道主的风度和公平精神,为双方鼓掌,表现出公道和友好。

(五)商场礼仪

在商场购物不要大呼小叫,要自觉维护公共卫生,爱护公共设施,爱护陈列商品;对男女销售人员可统称为"服务员",不要以"喂"来称呼;对挑选过的商品如果不中意,应物归原处,或尽量帮助销售人员把物品恢复原状,表示歉意后,再离开;千万不能随意丢弃就扬长而去;采购完毕离开柜台时,应对营业员的优质服务表示谢意。

(六)行路/行车

按照我国道路通行规范,行进时,应靠右侧;驾驶车辆,应注意观察左右行人和非机动车辆,做到礼貌让行;经过积水路段,应慢行和缓行,避免积水溅湿行人衣衫;行人经过狭窄通道,如无紧急事务,不能堵塞道路,应把左边一侧留出,方便赶时间的人快速通行;行人横穿马路时,应注意交通信号,等绿灯亮时,再从人行横道的斑马线上穿过;行人之间要互相礼让;不要闯红灯,不要翻越马路上的隔离栏。行路时不吃零食,不吸烟,不勾肩搭背,不乱扔杂物,不随地吐痰、不玩手机。

(七)进出门

从公共场合的各类门廊中进出,要有方便他人的意识:双面可开之门,以拉门为主;在自己身后还有他人一同进出时,或有手脚不便利之人同行时,都要礼貌地为他人扶门、关门。

(八)乘坐交通工具

乘车、乘船时,应等交通工具开到指定停放点后,再按先下后上的原则,依次排队上下,对老、幼、病、孕及腿脚不便者要照顾谦让;不携带易燃易爆危险品或有碍安全的物品上车;携带大件物品时应注意和他人保持距离,以免碰到他人;上车后不要抢占座位,更不要让所携带物品占座位;遇到老、弱、病、孕,腿脚不便及怀抱婴儿的乘客应主动让座;乘车时不要进食,特别是包子、螺蛳粉、火腿肠、方便面、榴莲等味道重的食物;不能大声喊叫或强行打开交通工具的门窗,更不能把头伸出窗外等;不随地吐痰、乱丢果皮纸屑,不要让小孩随地大小便,也不应在此类公共场合有脱鞋、伸腿、搭脚、蹬、踏等行为;自己的垃圾应自觉用塑料袋装起来,扔到垃圾箱里,而不能扔到车外;乘坐飞机时要自觉接受和配合安全检查,登机后不要乱摸乱动,未经乘务人员同意,不得使用手机、手提电脑、平板等可能干扰无线电信号的电子产品。购买的票据是有座位号的,应对号入座,如有需要可和颜悦色地与他人协商沟通,不能强行霸占他人位置。

三、旅行观光

(一) 购票

旅游时要自觉遵守公共秩序,遵守旅游地的购票要求,提前准备好相关证件按顺序购票入馆、入园;提前做好旅游攻略,做好游览计划,尊重当地景区限流管理规定,不要赶在景区关闭之前购票入园。

(二) 用餐

尊重服务员的劳动,对服务员谦和有礼;自助餐食,应按需取拿,严禁浪费或打包外带;食物残渣尽量吐放入骨碟内,同伴间谈吐交流注意音量;当服务员忙不过来时,应耐心等待,不可敲击桌碗或大声喊叫;对于服务员工作上的失误,要善意提出,不可冷言冷语地讽刺,或者直接斥骂不给他人颜面。

(三) 住宿

游客办理住宿登记时,应耐心地回答服务台工作人员的询问,按酒店的规章制度,配合办理登记手续;“己所不欲,勿施于人”,游客住进客房后要讲究卫生,爱护房内设备,共同营造舒适卫生的住宿环境;当酒店服务员进房间做清洁服务、送物品时,要待之以礼;游客离开酒店前,应保持客房内的整洁、物品完整,不做损人利己之事;及时到服务台结账,同酒店工作人员礼貌话别。

(四) 游览

1. 维护环境卫生
不随地吐痰或吐口香糖,不乱扔废弃物,不在禁烟场所吸烟。
2. 遵守公共秩序
不喧哗吵闹,排队遵守秩序,不并行挡道,不在公众场所高声交谈。
3. 保护生态环境
不踩踏绿地,不摘折花木和果实,不追捉、投打、乱喂动物。
4. 保护文物古迹
不在文物古迹上涂刻,不攀爬触摸文物,拍照摄像要遵守场馆规定。
5. 爱惜公共设施
不污损客用品,不损坏公用设施,不贪占小便宜,节约用水用电,用餐不浪费。
6. 尊重别人权利
不强行和服务人员合影,不对着别人打喷嚏,不长期占用公共设施,尊重服务人员的劳动,尊重各民族宗教习俗。
7. 讲究以礼待人
衣着整洁得体,不在公共场所袒胸赤膊;礼让老人、幼儿、病人,礼让女士,不讲粗话。

8. 提倡健康娱乐

抵制封建迷信活动,拒绝黄、赌、毒。

第二节　优　雅　餐　仪

案例引导

王女士的尴尬

王女士有一次去参加一个宴请,由于桌子上她是唯一一位女性,旁边那位男士怕冷落了王女士。席间,不住地用他的筷子给王女士夹菜,一筷子接一筷子,弄得王女士应接不暇。王女士顿感尴尬。

思考:什么原因让王女士感到尴尬? 应如何避免这种尴尬?

自古以来,中国人对饮食都很重视,古语说得好"民以食为天",可见饮食在中国人心目中的地位。现代社会礼仪无处不在,职场礼仪已经从公司延续到餐桌上,用餐作为日常生活中的重要场景,也是头等重要的社交场地。宴请中需要注意哪些礼仪,是本章讨论的重点。

一、宴请组织

餐饮礼仪因宴席的性质、目的和所处地区的不同而千差万别。旅游接待人员首先要知道的是如果我们面对一场以商业交往为目的的宴请时,作为普通的出席人我们需要注意什么? 作为组织者,我们又应该怎样举办一场宾主尽欢的宴会呢? 因此,餐饮礼仪知识是必备。

商务宴请分为自助宴会和正式宴会两种模式。无论哪种宴请形式,作为宴请方,熟知宴会前的沟通和准备工作的要求非常重要。

(一)确定宴请目的、对象与形式

1. 确定目的

宴请的目的是多种多样的,可以是为某一个人,也可以为某一事件。例如:为双方的第一次见面,为双方建立合作关系,为某项工程动工、竣工,为新同事加入,等等。

2. 确定人员

确定邀请名义和对象的主要根据是主、客双方的身份,也就是说主、客身份应该对等。例如,作为东道主宴请来访的客户,出面的主人职务或专业一般要同来访客户的主要人物对口、对等。

3. 确定范围

邀请范围是指需要确认受邀人的范围、级别和人数,以及邀请方陪同人员的组成。

Note

4. 宴请形式

宴请的形式在很大程度上取决于当地的习惯做法。正式的、规格高的、人数少的宴请一般以宴会为宜,人数多的则选用冷餐或酒会的形式更为合适。也可根据用餐的时间来确定,如工作日的午后,应选择商务便餐;下午时分,则选择茶话会更合适。

(二)确定宴请的时间、地点

1. 时间

宴请的时间应对主、客双方都合适。宴请前应首先征询主宾意见,可当面邀约,也可用电话联系。主宾同意后,时间即被确定,可以按此邀请其他宾客。

2. 地点

宴请地点的选择需要遵循的原则包括交通方便、环境幽雅、卫生整洁、菜品有特色。

(三)发出邀请

大型的正式宴请活动,应发请柬,这既是礼貌,亦是对客人做提醒。普通的简餐、工作餐则不必发送请柬。请柬上面的被邀请人的姓名、职务、称呼以至对方是否携带配偶、着装要求等信息都要准确。同时,要考虑到被邀请人之间是否有较为敏感的关系及处理方式。

请柬一般提前一至两周发出(受邀人距离举办地较远的话需要提前一个月发送请柬),以便受邀人能及早安排行程。

(四)确定菜单

应根据活动形式和规格,在规定的预算标准以内安排宴请的酒菜。

普通的商务宴请,其费用按当地平均可接受水平。菜品选订需考虑到受邀人的喜好和禁忌。如宴会上有个别人有特殊需要,也可以单独为其上菜。

一般宴请则可以等主要客人到场后,请客人先点。当自己代主人点菜且主人也在场时,若非主人主动表示,菜品仍由代理人来点。点菜时,首选当地美食或餐厅招牌菜。

大型宴请则应照顾到各个方面。菜肴的数量和分量都要适宜,菜肴数量与用餐人数之比最高不超过 1.2∶1。

正式宴请订好菜单后,需开列菜单并征求主管负责人的同意。正式大型宴会,可印制菜单,菜单可一桌 2—3 份,较正式的也可每人一份。

(五)席位安排

正式宴会均需排席位,也可只安排部分客人的席位,其他人只排桌次或自由入座。无论采用哪种做法,都要在入席前通知到每一个出席者,使大家心中有数。同时,现场还要安排专人引导。

席位安排妥当后,应着手写座位卡。字应尽量写得大些,以便于辨认,且不宜白底黑字。普通宴请可以不放座位卡,但主人对客人的座位也要有大致安排。

一切安排就绪后,作为主方应提前 15 分钟到用餐地恭候客人;也可携客人一同抵达,切忌迟到。

二、中餐礼仪

据有关史料记载,至少在周代,我国饮食礼仪就已经初步形成,千百年来,经过不断地文化融合,终于形成今天大家普遍接受的饮食进餐规则,这一方面是对古代饮食礼制的继承和发展,同时也对西方餐桌文化产生了一定的影响。

(一)应邀

作为受邀人,在接到赴宴邀请后,无论是否出席,均应尽快确认并及时予以答复,便于主人做下一步安排。越是正式的宴请越要尽早地明确答复对方。如主人在着装、伴侣上有相关要求,应尽量遵守。

抵达宴会的时间不宜过早,也不宜过晚,应按约定时间正点到达。作为陪客,则应稍早于主宾抵达宴会场地。

(二)入座

1. 入座规范

传统的中餐座位遵循"客齐后导客入席,以左为上,视为首席,相对首座为二座,首座之下为三座,二座之下为四座"的原则。

(1)长桌用餐。

一般的长桌,先请主宾上席入座,再请长者就座于客人旁,然后其他人依次入座,最后是主人方代理者坐在离门最近处的座位。

(2)圆桌用餐。

如是圆桌,则正对大门的为主位,其他位置,则以离主位的距离来具体分析,越靠近主人位置越尊,相同距离则左侧尊于右侧。

(3)八仙桌用餐。

如果有正对大门的座位,按目前中餐的通行规范,正对大门一侧的左侧位为主位,主宾居右。如果不正对大门,则面东的一侧的左席为主位,主宾在其右(见图6-1)。

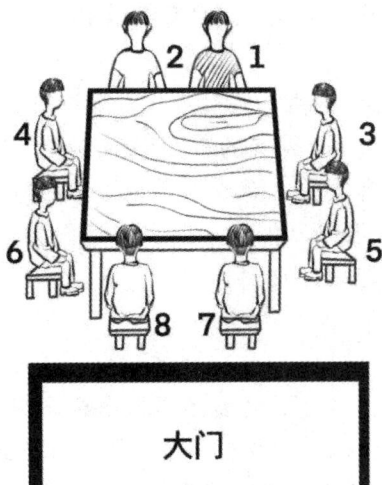

图6-1　中餐八仙桌座次

2. 中餐坐姿

入座时,要从椅子左边进入,坐下以后坐姿要端正,勿以手托腮或将双肘放于桌上,不要低头,应使餐桌与身体的距离保持在 10 厘米到 20 厘米。入座后,脚应放在自己座位附近,不可随意伸出,以免影响他人。

3. 注意事项

入席时如果有主人或招待人员在场,应遵从其安排;如果来客身份尊贵,主人要看情况将主人之位让出给对方,自己坐主宾位。此外,主人必须注意不可将客人安排在接近上菜的位置。入座后不要动筷子或起身走动,如果有事离席,要向主人打招呼。动筷子前,要向主人表示感谢。如果是大型宴会,一般都设主席,客人不可贸然入座,入座时应注意桌上座位卡是否与自己对应。

（三）进餐

1. 上菜

中餐上菜的顺序为开胃菜、热菜、炒菜、大菜、汤菜、炒饭、面点、水果。开胃菜通常是四种冷菜,有时种类可多达十种,上菜时,可将其先行上桌。有时冷菜之后,可接着上四种热菜,但热菜多数会被省略。

2. 用餐

出席正规的中餐宴请时,在开席前餐厅会为每一位顾客送上一条湿巾,这是用来擦手的。而后送上的第二条湿巾,可用来擦手或嘴,但不能用于擦汗或擦拭其他部位。用餐时须从容安静,不能急躁。按照传统应先请客人、长者动筷子,夹菜须少量,距离自己远的菜少吃一些。夹起的菜肴通常要先放在自己的饭碗中,直接把菜肴放入口中是不礼貌的。吃饭、喝汤时不宜发出声音。喝汤应用汤勺慢慢喝,不可直接端碗喝。吃饭时不要埋头吃,要适当注意周围的环境。进餐过程中可适时地说一些内容恰当的话,以调和气氛。如果用餐时要给客人或长辈布菜,一定要用公筷,也可把距离客人或长辈较远的菜送到他们面前。受疫情影响,大众在外用餐时也逐渐形成了以公筷取用菜肴的习惯。这是在社会环境不断变化中形成的新的用餐礼仪,值得发扬。

3. 注意事项

要将食物送入口中,不可伸出舌头去迎食物。嘴里有食物时切勿交谈,也不可只顾自己一个人夸夸其谈,或谈些荒诞离奇的事而引人不悦。用过的餐具、吃剩食物的残渣、牙签等应放在骨碟中,切勿放在桌上或丢在地上。民族宗教的饮食禁忌需要注意,切不可疏忽大意。切勿在使用筷子时一边交谈,一边挥舞筷子;筷子不可插入饭碗;不可用筷子在一盘菜里不停地翻动。

（四）离席

席间一般不可中途离席。当有要事不得不中途离席时,一定要向主人说明情况并致歉后方可离席,但切勿与其长聊,以免打扰主人用餐。正式宴会一般在水果拼盘上桌后即可结束。此时,一般先由主人示意宾客做好离席准备,这是宾客可离席的信号。告辞时应礼貌地向主人道谢,再与其他人告辞。

知识链接

中国饮食礼仪文化

作为中国传统的古代宴饮礼仪,一般的程序是:主人折柬相邀,到期迎客于门外;客至,致以问候,延入客厅小坐,敬以茶点。

导客入席,以左为上,是为首席。席中座次,以左为首座,相对者为二座,首座之下为三座,二座之下为四座。

客人坐定,由主人敬酒让菜,客人以礼相谢。

宴毕,导客入客厅小坐,上茶,直至辞别。

席间斟酒上菜,也有一定的规范。现代的标准规范是:斟酒由宾客右侧进行,先主宾,后主人;先女宾,后男宾。酒斟八分,不得过满。上菜先冷后热,热菜应从主宾对面席位的左侧上;上单份菜或配菜席点、小吃等先宾后主;上全鸡、全鸭、全鱼等整形菜,不能把头尾朝向正主位。

资料来源 职场范文网.《中餐礼仪中的注意事项》,节选。https://www.hunanhr.cn/gongzuozongjie/2018/0812/87109.html.

(五)服装礼仪

商务宴请中,男士最好穿西装或夹克外套,并打领带;女士要穿连衣裙或职业套装,不可以穿凉鞋。冬季如穿大衣或外套出席宴请时,进入餐厅后,应第一时间脱掉,并放在合适位置或交服务员统一放置。如戴帽子,则在进入餐厅后脱帽,并放在合适的位置。在参加宴会活动时,不应佩戴墨镜,若有特殊情况,应向主人或宾客解释并致歉。

三、中华茶礼

中国是茶的故乡,喝茶是很多中国人的日常生活习惯之一。尽管自古以来我国茶经、茶道论述颇多,可是现实生活中,各地饮茶规矩却大相径庭。

(一)喝茶的礼仪常识

1. 酒满敬人,茶满欺人

因为酒是冷的,客人接手不会被烫,而茶是热的,满了接手时茶杯很热,这就会让客人的手被烫到,有时还会因手被烫而导致茶杯掉落,给客人造成难堪。

2. 先尊后卑,先老后少

在第一次斟茶时,要先尊老后卑幼,把斟好的茶奉到客人面前并说声请喝茶。如果是较多人的场合,杯不便收回,可放在各人面前桌上,第二遍则按序斟茶。

在接受斟茶时,要有回敬反应。如是尊者、长辈给斟茶,表示感谢时,应用食指及中指的第二、第三关节在桌上轻敲两下;平辈间,则直接用食指、中指在桌面轻弹两次即可。也可以回以"谢谢"表示。

3. 先客后主,司炉最末

在敬茶时除了论资排辈,按部就班之外,还得先敬来宾然后敬自家人。在场的人全都喝过茶之后,"司炉",俗称柜长(煮茶冲茶者)才可以饮喝。否则就是对客人不敬。

4. 强宾压主,响杯擦盘

客人喝茶提盅时不能任意把盅脚在茶盘沿上擦,茶喝完放盅要轻手,不能让盅发出声响,否则是强宾压主或有意挑衅。

5. 喝茶皱眉,表示弃嫌

客人喝茶时不能皱眉,这是对主人示警的动作,主人发现客人皱眉,就会认为人家嫌弃自己茶不好,不合口味。

6. 头冲脚惜,二冲茶叶

主人冲茶时,头冲必须冲后倒掉不可喝。因为早时做茶用脚踩,怕茶叶脏不宜饮用。"头冲脚惜(闽南语),二冲茶叶"意思是让客人喝头冲茶就是欺侮人家。

7. 新客换茶,先敬新客

宾主喝茶时,中间有新客到来,主人要表示欢迎,应立即换茶,否则会被认为慢待客人,待之不恭。换茶叶之后的二冲茶要新客先饮。

8. 添茶及时,适时告辞

要时刻关注客人的杯子,需要添茶时,要及时添茶。添茶时,必须先给客人添茶,最后再给自己添。如果主人长时间冲泡却不换茶,这便有些下"逐客令"的意思了,客人这时最好起身告辞。

(二)饮茶注意事项

1. 饮茶要定量

虽然茶叶中含有多种维生素和氨基酸,而且对于清油解腻、增强神经兴奋以及消食利尿具有一定的作用,但并不是喝得越多越好。一般来说,每天喝 1 次到 2 次,每次 2 克到 3 克茶叶的饮量是比较合适的。

2. 浓茶不宜饮

过浓的茶会使人体"兴奋性"过度增高,对心血管系统、神经系统等造成不利影响。有心血管疾患的人在饮用浓茶后可能出现心率过速,甚至心律不齐等症状,进而引发疾病。因此,泡茶时要注意茶叶量的控制,避免饮用过浓的茶。

3. 酒后不饮茶

饮酒后,酒中乙醇通过胃肠道进入血液,在肝脏中转化为乙醛,乙醛再转化为乙酸,乙酸再分解成二氧化碳和水排出。酒后饮茶,茶中的茶碱可迅速对肾起利尿作用,从而促进尚未分解的乙醛过早地进入肾脏。乙醛对肾有较大的刺激作用,所以会影响肾功能,经常酒后喝浓茶的人易发生肾病。不仅如此,酒中的乙醇对心血管的刺激性很大,而茶同样具有兴奋心脏的作用,两者合而为一,更增强了对心脏的刺激,所以心脏病患者酒后喝茶危害更大。

4. 睡前不饮茶

茶中含有使人脑神经兴奋的物质,如果在临睡前饮茶,尤其是对于那些不经常喝茶的人来说,会造成入睡困难。而且有神经衰弱症或失眠症的患者更应注意,睡前一定不要饮茶。

5. 进餐少饮茶

进餐前或进餐中少量饮茶并无大碍,但若大量饮茶或饮用过浓的茶,会影响很多常量元素(如钙等)和微量元素(如铁、锌等)的吸收。需要特别注意的是,在喝牛奶或其他奶类制品时不要同时饮茶。茶叶中的茶碱和丹宁酸会和奶类制品中的钙元素结合成不溶解于水的钙盐,并排出体外,使奶类制品的营养价值大为降低。

6. 四季茶分类饮

四季饮茶有分别,春饮花茶,夏饮绿茶,秋饮青茶,冬饮红茶。这是因为在春季,饮花茶可以散发冬天积存在人体内的寒邪,浓郁的香茶,能促进人体阳气发生。夏季,绿茶性味苦寒,常饮可以清热、消暑、解毒、止渴、强心。秋季,饮青茶能消除体内的余热,恢复津液。红茶味甘性温,含有丰富的蛋白质,在寒冷的冬季饮用,能助消化,补身体,使人体强壮。

7. 新茶不宜常饮

所谓新茶是指采摘下来不足一个月的茶叶,这些茶叶因为没有经过一段时间的放置,有些对身体有不良影响的物质,如多酚类物质、醇类物质、醛类物质,还没有被完全氧化,如果长时间喝新茶,有可能出现腹泻、腹胀等不舒服的反应。太新鲜的茶叶对病人来说更不好,像一些胃酸缺乏的人,或者有慢性胃溃疡的病人,则不适合喝新茶。新茶会刺激他们的胃黏膜,产生肠胃不适,甚至会加重病情。

四、西餐礼仪

因为受民族习俗的影响,西餐的餐具、摆台、酒水菜点、用餐方式、礼仪等都与中餐有较大的差别。学习好西餐的一些基本礼仪可以帮助旅游接待人员在出席西餐宴请时从容自如、游刃有余。

(一)入座

进入西餐厅后,由服务生带领入座,不可贸然入位。男士或服务生可帮女士拉开椅子协助入座,一般由椅子左侧入座。座位的安排离出口最远的位置为上位。

(二)餐具的摆放

西餐餐具的摆放如图 6-2。

摆在中央的称为摆饰盘或展示盘(Show Plate),餐巾置于装饰盘的上面或左侧。盘子右边摆刀、汤匙,左边摆叉子。可依用餐顺序,或菜肴品种,由外至内使用。玻璃杯摆右上角,最大的杯子是装水用的高脚杯,次大的杯子是饮用红葡萄酒的,而细长的玻璃杯是白葡萄酒所用,视情况也会摆上香槟或雪莉酒所用的玻璃杯。面包盘和奶油刀置于左手边,装饰盘对面则放咖啡或吃点心所用的小汤匙、刀叉。

餐巾布通常是折叠好放在位子中间的装饰盘上,这是正式的晚宴上常见的餐巾摆法。除此之外,餐巾布也会放在盘子的边上。需要提醒的是,如果餐巾布不是放在盘子中间的位置,它就会在用餐人的左边,而右边的餐巾布是属于坐在你右边的客人的,注意不要拿错其他的餐巾布。另外,有时候餐巾布是放在杯子中的,此时餐巾布就在右边的杯子中。

微课视频

《西餐用餐禁忌与刀叉物语》

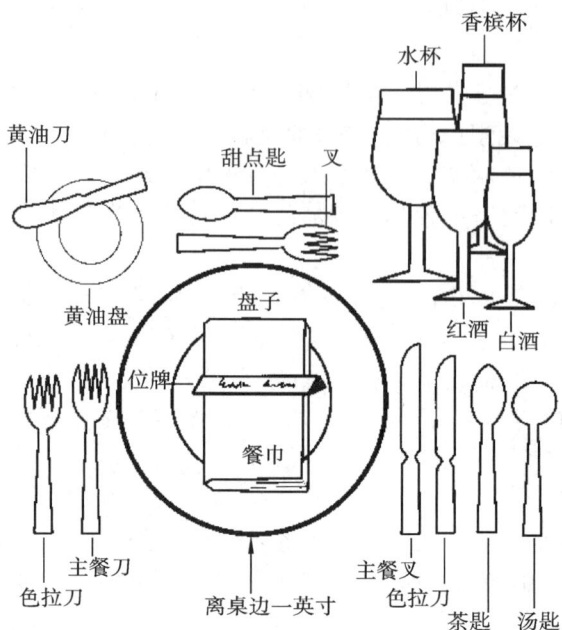

图 6-2　西餐餐具摆放

（三）餐巾布的使用方法

入座后，不要急于打开餐巾布，因为第一个打开餐巾布的人应该是女主人，她的这个动作是宣布晚宴正式开始的标志。

很多人认为吃西餐时应该把餐巾布挂在胸前以防止食物弄脏衣服，事实上这种做法并不优雅。餐巾布挂在胸前或围在脖子上只适用于小孩或用餐不方便的人。一般人用餐时应将餐巾布平铺在双腿上，较大的餐巾布可以对折后铺在腿上。

餐巾布也叫口布，是用来擦嘴的，所以不要用它来擦脸或擦餐具。如果需要擦汗，可以用纸巾。有些人习惯在用餐前先擦一下餐具，事实上这是很不礼貌的行为。有些女士会用餐巾布擦掉餐具上留下的口红痕迹，其实这种做法也是不对的。虽然口红留在餐具上很不雅观，但需要擦去口红印时，应该用纸巾。

在用餐过程中，饮用酒水之前，需要先用餐巾布擦拭嘴边的油迹。除了必要时用来擦嘴之外，在餐桌上用餐的整个过程中餐巾布应保持平铺于双腿上的状态。

用餐期间需要中途离席时，应该把餐巾布放在自己的椅子上。这表示用餐未完毕，还会再回来继续用餐。

用餐完毕后，将餐巾布从中间拿起，放在桌子上，具体位置是盘子左边的地方。只需要随意放好就可以了，不必特意折叠好，但也要注意不要把餐巾布弄得皱巴巴的。

正如打开餐巾布一样，把餐巾布放回桌上的动作也是由女主人先做的，这表示晚宴结束。

（四）西餐餐序

西餐看似复杂，但每道菜一般只有一种，其上菜顺序一般如下。

Note

1. 第一道菜：头盘（开胃品）

常见的有鱼子酱、鹅肝酱、熏鲑鱼、奶油鸡酥盒、焗蜗牛等。味道常以咸、酸为主且量少而精。

2. 第二道菜汤：汤

常见的有牛尾清汤、各式奶油汤、海鲜汤、蛤蜊汤、蔬菜汤、罗宋汤、葱头汤等。

3. 第三道菜：副菜

常见的包括各种水产类菜肴和蛋类、面包类、酥盒等。吃鱼会配调味汁，如鞑靼汁、荷兰汁、白奶油汁等。

4. 第四道菜：主菜

常见的包括各种肉、禽类菜肴。通常取牛、羊、猪的各个部位的肉，用烤、煎、铁扒等方法烹制成各式肉、排菜肴。配用的调味汁主要有黑胡椒汁、浓烧洋葱汁、蘑菇汁、西班牙汁等。

5. 第五道菜：配菜

这里的配菜指的是蔬菜类菜肴，也称为色拉、沙拉。与主菜同时摆上的生蔬菜沙拉，一般由生菜、番茄、黄瓜、芦笋等制作而成。

6. 第六道菜：甜品

甜品指所有主菜后的食物，如布丁、煎饼、冰淇淋、乳酪、水果等。

7. 最后品尝：饮料、咖啡、茶

享用西餐的最后，是品尝饮料、咖啡或茶。

西餐的餐具摆放和使用通常都按这个顺序来。

（五）刀叉的使用方法

西餐进餐时一般以右手拿刀，左手拿叉。如果用左手拿叉不方便，也可以使用右手，但不能频繁交替使用。用餐中，有事离席时，宜把刀叉摆成八字形放在餐盘上。用餐结束后，则是平行的斜放在盘上一侧。

（六）喝汤的礼仪

西餐的汤分为清汤和浓汤，较正式的餐厅在供应清汤时使用椭圆形汤匙及汤杯，供应浓汤时使用圆形汤匙及宽口汤盘。拿汤匙的姿势是由内经外侧舀食。西餐喝汤时，不能发出声音。用汤时，不可用嘴将汤吹凉。可轻轻摇动汤使其稍凉。食用完毕后把汤匙放在靠自己身前的底盘上，或是放在盘中。将汤匙的柄放在右边，而汤匙凹陷的部分向上，汤杯与汤盘都是如此。

（七）食用面包的礼仪

面包的位置在主菜的左侧。食用时可用左手拿面包，再用右手把面包撕成小块，然后用左手拿着撕成小块的面包，用右手涂抹奶油或黄油。在意大利餐厅中，有时会以橄榄油替代奶油，可将面包用手撕一小块蘸搭配有调味料及香料的橄榄油吃。面包切忌用刀子切。

同步案例

《西餐礼仪的变化——由繁到简》

知识点自测

（八）食用色拉

色拉盘放在主菜盘的左边。美国人通常将色拉供应于主菜前，而欧洲人如法国人，通常将色拉放于主菜后供应。色拉用叉子吃，如菜叶太大，可用刀在色拉盘中切割，然后再用叉子吃。

（九）食用鱼、虾、海鲜

食用半只龙虾时，应左手持叉，将虾尾叉起，右手持刀，插进尾端，压住虾壳，用叉将虾肉拖出再切食。龙虾脚可用手指撕去虾壳再食用。吃鱼片以吃一片切一片为原则，可用右手持叉进食，或用鱼刀。食用带头尾及骨头的全鱼时，宜先将头、尾切除，再去鳍，将切下的头尾鳍放在盘子一边，再吃鱼肉。去除鱼骨，要用刀叉，不能用手。若口中有鱼骨或其他骨刺，则可用手自合拢的唇间取出放在盘子上。全鱼吃完鱼的上层，切勿翻鱼身，应用刀叉剥除龙骨再吃下层鱼肉。附带的柠檬片，宜用刀叉挤汁。食用虾、蟹时，一般餐厅服务员都会端上一碗洗手水用于清洗手。

（十）食用肉类

认识牛排的熟度。牛排带血的是"Rare"，即三分熟。半生的是"Medium Rare"，五分熟。七分熟的是"Medium"。熟透的是"Well Done"。牛肉可依自己喜好熟度点餐，但猪肉及鸡肉均为全熟供应。

切牛排应由外侧向内。一次未切下，再切一次，不能用拉锯子的方式割，亦不要拉扯，勿发出声响，肉的大小以一口为宜。

嚼食肉时，双唇合拢，不要出声。嚼肉时勿说话或以刀叉比画。

吃肉时宜切一块吃一块，勿将肉全部一次性切小块，会导致肉汁流失及温度下降。在正式场合要用刀叉吃烤鸡或炸鸡。

（十一）食用水果和甜点

蛋糕及派、饼，用叉取食，较硬者用刀切割后，再用叉取食。冰淇淋、布丁等，用匙取食。小块硬饼干用手取食。粒状水果如葡萄，可用手抓来吃。如需吐籽，应吐于掌中再放在碟里。多汁的水果如西瓜、柚子等，应用匙取食。西餐在吃完水果时，常上洗手盂，所盛的水，供洗手用，只用来洗手指，勿将整个手伸进去。

（十二）其他礼仪

西餐礼仪以女士为尊，在西方正式西餐晚宴中，从开餐准备到餐会结束，从宾客到服务员，一切都要听从女主人的指令语。开餐前接待，女主人会迎宾，而迎接的都是最重要的宾客；即将开餐时，女主人会示意大家走向餐桌，女主人落座，各位宾客才能落座；女主人将餐巾布拿起摆在腿上，是暗示服务生可以开始上菜；女主人中间敬酒，每一位宾客都要举杯应和；当女主人用餐巾布擦嘴，并放回桌子上，带着主宾起身离开餐桌时，代表宴会结束，餐桌上无论吃完还是没吃完的宾客都要跟着起身离席，进入下一个咖啡环节。所以，参与西餐晚宴时，了解女主人的指令语是非常有必要的。用餐过程中,若需用手取食物,要在西餐桌上事先备好的水盂里洗手(沾湿双手拇指、食指和中指),然后用餐巾擦干;避免在用餐时剔牙,若非剔不可,必须用手挡住嘴;若不慎将餐具掉在地上,可由服务员更换;若将油水或汤菜溅到邻座身上,应表示歉意,并在征得邻座同意后,由服务员协助擦干。

五、咖啡与红酒

(一) 咖啡礼仪

咖啡(Coffee),是用经过烘焙磨粉的咖啡豆制作出来的饮料。其与可可、茶一起被称为世界三大饮料。咖啡,除了作为饮料有其自身的功能外,更是在人际交往中起着重要的作用,人们借以促进人与人之间的交际,展现个人自身的教养和素质。越是正式的场合,就越是如此。

1. 什么时候喝咖啡

在西方,很多人有晨起喝一杯咖啡的习惯,西风东渐,现在有类似习惯的中国人也不少,在很多高档酒店提供的自助早餐厅里就有咖啡。所以喝什么咖啡,什么时候喝,怎样喝,不仅仅是个人习惯,更是需要了解的礼仪常识。

首先,需要了解喝咖啡的地点。喝咖啡最常见的地点主要有客厅、餐厅、写字间、花园、咖啡厅、咖啡座等。在客厅里喝咖啡,主要适用于招待客人。在写字间里喝咖啡,主要是在工作间歇自己享用,为了放松和提神,这种情况下没有专门要求。如果在自家喝咖啡,适合和家人消闲休息,也适合招待客人。西方有一种专供女士社交的咖啡会,就是在主人家的花园或庭院中举行的。这种咖啡会不安排位次,时间不长,重在交际和沟通。

其次,需要了解的是喝咖啡的时间。在家里用咖啡待客,不论是会友还是纯粹作为饮料,不要超过下午4点钟。因为有很多人在这个时间过后不习惯再喝咖啡。如在咖啡馆会客时喝咖啡,最佳的时间是午后或傍晚。

在餐厅里用餐时,人们往往也会选用咖啡佐餐助兴。正式的西式宴会一般在晚上举行,咖啡往往是正餐中最后出现的一道"菜点"。所以在宴会上喝咖啡通常是在晚上。不过为照顾个人嗜好,在宴会上上咖啡的同时也会备上红茶,由来宾自己选择。

2. 喝咖啡时的得体表现

喝咖啡的时候,一定要注意个人举止。主要是在饮用的数量、配料的添加、入口等三个方面多加注意,同时还有其他注意事项,具体如下。

第一,杯数要少。在正式场合,咖啡只是一种休闲或交际的陪衬、手段,所以我们最多不要超过三杯咖啡。

第二,配料自添。有时需要根据情况,自己动手往咖啡里加一些像牛奶、糖块之类的配料。这时候,一定要牢记自主添加、文明添加这两项要求。不要越俎代庖,给别人添加配料。如果某种配料用完,需要补充时,更不要大呼大叫。加牛奶的时候,动作要稳,不要溢出。加糖的时候,要用专用糖夹或糖匙去取,不可以直接用手。

第三,入口应品。喝咖啡时举止应幽雅,沉稳,细细品味咖啡的醇香。

第四,咖啡匙的使用。在正式场合,咖啡匙的作用主要是加入牛奶或奶油后,用来轻轻搅动,使牛奶或奶油与咖啡相互融合的。加入小糖块后,可用咖啡匙略加搅拌,以促使糖块迅速溶化。如果咖啡太烫,也可以用咖啡匙稍稍搅动。使用咖啡匙,我们要特别注意不要用咖啡匙去舀咖啡来喝。不用的时候,应将咖啡匙平放在咖啡碟里,不要立在咖啡杯里。

第五,咖啡碟的使用。在正式场合,咖啡都是盛进杯子,然后放在碟子上一起端上桌的。碟子的作用,主要是用来放置咖啡匙,并接收溢出杯子的咖啡。握咖啡杯的得体方法是伸出右手,用拇指和食指握住杯耳后,再轻缓地端起杯子。不可以双手握杯或用手托着杯底,也不可以俯身就着杯子喝。洒落在碟子上面的咖啡用纸巾吸干。如果坐在桌子附近喝咖啡,通常只需端起杯子,而不必端碟子。如果离桌子比较远,或站立、走动时喝咖啡,应用左手把杯、碟一起端到齐胸高度,再用右手拿着杯子喝,这种方法既幽雅,又安全。

第六,其他礼仪。在喝咖啡时,为了不伤肠胃,往往会同时准备一些糕点、果仁、水果之类的小食品。需要用甜点时,首先要放下咖啡杯。在喝咖啡时,手中不要同时拿着甜点品尝。喝咖啡时,要适时地和交往对象进行交谈。这时候,务必要细声细语,不可大声喧哗,更不要和人动手动脚,追逐打闹。

知识链接

咖啡的起源

"咖啡"一词源自希腊语"Kaweh",意思是"力量与热情"。咖啡树是属茜草科多年生常绿灌木或小乔木,日常饮用的咖啡是用咖啡豆配合各种不同的烹煮器具制作出来的,而咖啡豆就是指咖啡树果实内之果仁,再用适当的烘焙方法烘焙而成。

有关咖啡起源的传说各式各样,不过大多因为其荒诞离奇而被人们淡忘了。但是,人们不会忘记,非洲是咖啡的故乡。咖啡树很可能就是在埃塞俄比亚的卡发省(KAFFA)被发现的。后来,一批批的奴隶从非洲被贩卖到也门和阿拉伯半岛,咖啡也就被带到了沿途的各地。可以肯定,也门在15世纪或是更早即已开始种植咖啡了。阿拉伯虽然有着当时世界上最繁华的港口城市摩卡,但却禁止任何种子出口。这道障碍最终被荷兰人突破了,1616年,他们终于将成活的咖啡树和种子偷运到了荷兰,开始在温室中培植。

咖啡的溯源充满传奇色彩。

说法之一:牧羊人的故事。有关于咖啡由来的传说有好几种,其中较为人熟知的是牧羊人的故事。根据罗马一位语言学家罗士德·奈洛伊的记载:大约公元6世纪,有位阿拉伯牧羊人卡尔代某日赶羊到伊索比亚草原放牧时,看到每只山羊都显得无比兴奋,雀跃不已,他觉得很奇怪,后来经过细心观察发现,这些羊群是吃了某种红色果实才会兴奋不已,卡尔代好奇地尝了一些,发觉这些果实非常香甜美味,食后自己也觉得精神非常爽快,从此他就时常赶着羊群一同去吃这种美味果实。后来,一位穆斯林经过这里,便顺手将这种不可思议的红色果实摘些带回家,并分给其他的教友们吃,所以其神奇效力也就因此流传开来了。

说法之二:雪克·欧玛的故事。另一个传说是关于阿拉伯半岛上(即指北叶门)的守护圣徒雪克·卡尔第之弟子雪克·欧玛的。他在摩卡是很受人民尊敬及爱戴的首长,但因犯罪而被族人驱逐。雪克·欧玛因此被流放到该国的俄萨姆,在这里偶然发现了咖啡的果实。一日,欧玛饥肠辘辘地在山林中走着,看见枝头上停着羽毛奇特的小鸟在啄食了树上的果实后,发出极为悦耳婉转的啼叫声。他将此果实带回并加水熬煮,不料竟发出浓郁诱人的香味,饮用后原本疲惫的感觉也随之消除,元气十足。欧玛便采集了许多这种神奇的果实,遇见有人生病时,就将果实做成汤汁给他们饮用,恢复其精神。由于他四处行善,受到信徒的喜爱,不久他的罪得以被赦,回到摩卡的他,因发现这种果实而受到礼赞,人们推崇他为圣者。而当时神奇的治病良药,据说就是咖啡。

资料来源 高福进.由独享到共有:西方人的习俗礼仪及文化[M].上海:上海辞书出版社,2003.节选。

(二)葡萄酒礼仪

葡萄酒按颜色分,通常分为3种:红葡萄酒、白葡萄酒和桃红葡萄酒(也称粉红葡萄酒)。喝葡萄酒的礼仪十分复杂,但其中也蕴含着乐趣。要想真正地体会到葡萄酒内在的品质和深刻的文化底蕴,就需要了解葡萄酒礼仪。

高级西餐厅里,葡萄酒是西方人常用的佐餐饮料,所以一般都是先点菜,再根据菜的需要点酒,在点酒时应该明确酒庄的名字或品牌、款型、年份等。

按照通常的惯例,在开瓶前,应让客人阅读酒标,确认该酒在种类、年份等方面与所点的是否一致,再看瓶盖封口处有无漏酒的痕迹,酒标是否是干净的,然后再开瓶。

开瓶取出软木塞,确认软木塞是否潮湿,若潮湿则证明该瓶酒采用了较合理的保存方式,还可以闻闻软木塞有无异味,或进行试喝,以进一步确认酒的品质,在确认无误后,才可以正式倒酒。

1. 招待礼仪

在招待客人时,上酒的品种应按先轻后重、先甜后干、先白后红的顺序安排;在品质上,则一般遵循越饮越高级的规律,先上普通酒,后上高级酒。

在更换酒的品种时要同时更换杯具,否则会被认为是服务上严重的缺陷。

请人斟酒时,客人将酒杯置于桌面即可,如果不想再续酒,只需用手轻摇杯沿或掩杯即可。侍酒师一般按顺序倒酒,这时,不要动手去拿酒杯,而应把酒杯放在桌上由其来倒。

2. 敬酒礼仪

西方国家的宴会敬酒一般选择在主菜吃完、甜菜未上之间。敬酒时将杯子高举齐目,并注视对方,且最少要喝一口酒,以示敬意。

敬酒应以年龄大小、职位高低、宾主身份为序,敬酒前一定要充分考虑好敬酒的顺序,主次分明。

在敬酒与人碰杯时,自己的杯身要比对方略低,以表尊敬。

3. 饮酒礼仪

盛红葡萄酒的酒杯的杯脚较短,杯身肥大,可以用食指和中指夹住杯脚,喝的时候拿近杯身的地方,手的温度有助于释放红酒的香味。

如要避免手的温度使酒温增高,可用三根手指轻握杯脚,即用大拇指、中指和食指握住杯脚,小指放在杯子的底台加以固定。轻轻摇动酒杯让酒与空气接触,以增加酒味的醇香,不要猛烈摇晃杯子。

站立着饮酒时,可一手拿着酒杯,一手环抱体前至于腰的上方,让重心上移,人会显得挺拔,显得很优雅。

知识链接

葡萄酒的发展历史

考古学家考证,人类在 10000 年前的新石器时代就开始了葡萄酒酿造。通常认为,葡萄酒起源于公元前 6000 年的古波斯,那时有了葡萄种植和葡萄酒酿造。古希腊人喜欢葡萄酒。《荷马史诗》中多次提到葡萄酒。古希腊的葡萄酒神是狄俄尼索斯(Dionysus)。

古罗马人喜欢葡萄酒,有历史学家将古罗马帝国的衰亡归咎于古罗马人饮酒过度而造成的人种退化。古罗马帝国的军队征服欧洲大陆的同时也推广了葡萄种植和葡萄酒酿造。公元 1 世纪时,古罗马军队征服高卢(今法国),法国葡萄酒就此起源,最初的葡萄种植在法国南部罗讷河谷,2 世纪时到达波尔多地区。

葡萄酒在中世纪的发展得益于基督教会,教会人员把葡萄种植和葡萄酒酿造作为工作。例如,法国勃艮第产区的葡萄酒酿造就归功于修道士们的精心栽培及从罗马迁居于阿维农的教皇们的喜好。

葡萄酒随传教士的足迹传播世界。西方葡萄酒在 17 世纪传入中国也是传教士所为。15 至 16 世纪,葡萄和葡萄酒酿造技术传入南非、澳大利亚、新西兰、日本、朝鲜和美洲等地。

资料来源 (荷)克里斯蒂亚·克莱克.葡萄酒百科全书[M].上海:上海科学技术出版社,2010.

4. 品酒礼仪

有人说:"品酒与喝酒的区别在于思考。"在西方,品酒被视为一种高雅而细致的情趣,鉴赏红葡萄酒更是一种风雅之举。品酒可区分成 5 个基本步骤:观、摇、闻、品、回。

(1)观,即观看。

品评红葡萄酒先从眼睛开始,因为红葡萄酒的外观是其健康程度、品质特性及藏酿程度的一个重要指标。首先应审视酒瓶包装,看酒瓶背面标签上的国际条形码是否以 3 字打头(法国国际码是 3)。看酒瓶背面标签上是否有中文标志。

打开酒瓶,看木头酒塞上的文字是否与酒瓶标签上的文字一样(在法国,酒瓶与酒塞都是专用的）。

红葡萄酒的酒标签相当于酒的身份证。酒标签上，通常包括了酒庄的名称、酒的名字、酒的品种、酒的容量、酒精度、出品国、葡萄生长的年份、在何处封装入瓶等信息。对于资深的顾客来说，这些资料十分重要，比如通过葡萄的生长年份，可知道其生长过程是否完美，还可决定其是即时饮用还是需要再多储存几年饮用更好。

葡萄酒的颜色深度与其成熟程度成正比，成熟度越高的葡萄，颜色越深，年份不好的或成熟度不足的葡萄，酒的颜色也会相应跟着变淡。

（2）摇，即摇晃。

手握酒杯底托，不停地摇晃杯中酒，使酒体挂于杯壁上。摇晃会使酒中的酯、醚和乙醛释放出来，使氧气与红葡萄酒充分融合，最大限度地释放出红葡萄酒的独特香气，从而使品酒者根据酒的香气来判断酒的优劣和特色。

从酒杯正侧方的水平方向看，摇动酒杯，观察酒从杯壁均匀流下时的速度，酒越黏稠，速度流得越慢，酒质越好。此时，可以同步细看红葡萄酒的颜色。

（3）闻，即闻香。

鼻子是我们试酒时最敏感的器官。实际上，鼻闻的气息和口尝的味道关系密切，口腔感觉会证实鼻闻的经历。

在没有摇动酒的情况下闻酒，所感知的气味为酒的"第一气味"，也叫"前香"。

闻酒前最好先呼吸一口室外的新鲜空气，然后紧握杯脚，把杯子倾斜45度，鼻尖探入杯内闻酒的原始气味，此刻细腻悦人、幽雅浓郁的香气会扑鼻而至。短促地轻闻几下，不可长长地深吸，因为嗅觉容易钝化。

将酒杯旋转摇动后，迅速闻酒中释放出的气味，此为酒的"第二气味"，也叫"后香"。红葡萄酒的气味如同颜色一样，能反映红葡萄酒品种及红葡萄酒本身的成熟程度，部分源于酿制方法。

新酒会释放出其酿制所用葡萄特有的"异香"。"异香"传统上是指人们从浅嫩红葡萄酒中闻到的气味，而"醇香"一词通常用于藏酿红葡萄酒。对于藏酿红葡萄酒，其香气是持久而丰富的，有花草香、果实香、泥土香、橡木香、毛皮香、烤肉香等诸多风味。

（4）品，即品尝。

品尝红葡萄酒前不要吃过甜的食物，否则会有酸、苦、涩之感。

大部分人认为品酒是啜一口酒并快速吞下去，但这不叫品酒，品酒是通过味蕾去做的事情。

舌头上的味蕾能分辨四种基本味道：甜、咸、酸、苦。舌尖尝甜味，舌两旁边沿尝咸味，舌上部两旁尝酸味，舌根尝苦味。应让酒布满口腔四周、舌头两侧、舌背、舌尖，并延伸到喉头底部。

将酒液啜入一小口放于口腔前部，让舌头及相关部分把酒液温热，使各种香味缓缓逸出，渐入佳境。通常会感到下列味道相互糅合：甜味，不甜的称为"干"，提前终止发酵的酒会留下一些天然糖分，舌头若明显感触到糖分，便属于微甜至十分甜的酒；酸味，可于舌头两侧和颈部感觉到；涩味，红葡萄酒丹宁酸含量最高，干涩的感觉也较强；酒精味，酒液流进喉咙里时，会弥漫一股暖气，酒精越多，温暖度越强。

简单而言，好的葡萄酒应该有以下特性：香味浓淡适中，与酒味一样，要够丰富、够复杂,回味要够长,同时,酒味及橡木味要平衡。以上是其基本条件,缺一不可。

(5)回,即回味。

此刻,品尝者可以安静地体会奇妙的酒香、滋味和特性:协调、醇和、甘洌、细腻、丰满、绵延、纯正。真正的好酒醇美无瑕,令人回味无穷。

品酒,是对一款酒优劣的最终评断。轻呷一口,使酒均匀地分布在舌头表面,当味觉感受入口舒顺、酸甜适中、口感醇和谐调、酒体完整、余味悠长,基本上就是一款好酒了。

注意:一款好的葡萄酒一般要提前醒酒 30 分钟到 60 分钟再饮用,口感会更佳。

能力习得

(一)案例思考

案例:王小杰匆匆赴宴时有何不妥?

王小杰忽然接到同学张忻的电话,问他什么时候来参加自己的生日聚会,这时王小杰才想起自己答应今晚参加他的生日聚会。于是匆匆忙忙赶到聚会地点,发现来的人很多,有一些相识的同学,但也有很多不认识的人。王小杰在外奔波一整天,衣服穿得很随便,加之连日来事情很多,脸上也满是疲惫之色。当王小杰拖着有些疲惫的步子走进聚会厅时,看到别人都衣着光鲜,神采飞扬,不觉心里有点不快,后悔自己勉强过来参加聚会,所以脸色更是难看,没有一点笑容。张忻过来招呼王小杰,王小杰勉强表达了祝福,便坐在一旁喝了几杯啤酒,也不想与人寒暄,坐了一会便又借故离开了。

资料来源 第一文档网.《商务礼仪经典案例》。https://www.dyhzdl.cn/k/doc/f9ce5e09a36925c52cc58bd63186bceb19e8edb7.html.

思考:从本案例描述中可知,王小杰在赴宴过程中有什么不妥之处? 如果是你应该如何应对?

(二)案例讨论

案例 1:地铁上的座位

生活中有这么一个有趣的现象:如果地铁车厢是空的,先上车的乘客大多先坐靠边的座位,没有人要求,但乘客们还是不约而同地这样做。接下来的乘客会坐在座椅正中间,后面的乘客才会一点点把座椅"填满",如果座椅空间比较大的话,乘客都会选择和别人保持一定的距离;只有人比较多的时候才会挤着坐。

资料来源 《心理学上的领地意识和心理距离》节选。https://www.sohu.com/a/259524802_100130547.

讨论:(1)这个现象反映了什么问题? 在其他的公共场合是否还有类似的情况出现? 请举例。

(2)在人际交往中,我们应该如何利用好这个现象,体现自身的礼仪素养?

案例 2:某次宴请活动素描

某天,小李接到一个电话,是关系不错的业务员小刘打来的,对方说邀请他出席第二天中午在某酒店举办的客户联谊会。考虑到刚好有工作上的事要跟小刘合作,小李就欣然答应了。由于对酒店具体位置不熟悉,第二天小李起了个大早,以防迟到。到达酒店后,竟没有人迎接,通过询问最终找到了宴请的包厢。进入包厢,发现已到了不少人,闹哄哄的。一个自称是小刘同事的人在拿着话筒说着什么,旁边背景音乐开得很大声,听不太明白。这时小刘走了过来,领着小李找了一个空位坐下后,借口还有几个客户没到就走开了。小李左右看了看,也离开了宴请会场,之后再也没跟小刘联系过。

讨论:造成小李离开之后再也没跟小刘联系的原因是什么?如果你是小刘,要组织客户参加联谊会,应该注意哪些事项?

案例3:一次偶遇

小王在大学时就出类拔萃,不仅成绩优秀,为人处世也让同学敬佩,也正因为他的出色,他在大学时多了个绰号——超人。大学毕业后,小王被美国一所大学录取攻读硕士学位,毕业后更是顺理成章地进入了美国知名企业工作。

今年过年,小王领着妻儿回国探亲。一天,去大剧院看音乐剧,刚要入座,突然发现对面走来的三人中有一位很是面熟,正在此刻,对方边走边大声叫:"喂!这不是超人吗?你不是在美国吗?啥时候回来的呀?也不通知老同学一声?"这时,小王才缓过神来,这位打招呼的正是高中同学小李。

很多年不见的两位老同学,在这样的场合偶遇,当然是激动不已。小李大声寒暄后,忽然想起小王身边的女士,于是主动问起,小王这才想起向小李介绍:这是自己的妻子。同样,也请小李向自己介绍身边的两位生意伙伴。大家互相介绍后,又寒暄了一阵,就各自回到座位开始观看音乐剧了。

资料来源 新浪博客.《礼仪案例:与久别的他(她)相逢公共场合,怎样应对才不失身份》。http://blog.sina.com.cn/s/blog_3f7ddd5901016fcd.html.

讨论:小王和小李在礼仪行为上有无不妥当之处?如果有,那么正确的做法是什么?

案例4:《红楼梦》中的餐序

在古代中国,就餐顺序比较复杂。《红楼梦》中有这样一幕:在大家嘻嘻哈哈都坐到饭桌前时,佣人们会端上一盆水来,盆上搭了一块毛巾。主人们在洗过手,把手擦干净以后,又有佣人端上一茶碗水,这是让主人们餐前漱口用的。在这一套程序履行完以后,还是不能动筷子吃饭。等贾老夫人一声令下:"来,来,来,大家快吃啊,坐在那儿愣着干吗?"大家依然没有动手。等到她老人家拿起筷子,动口吃的时候,大家才纷纷举筷吃饭。

资料来源 于兴兴,郝爱娟.中国人最易误解的西方礼仪[M].北京:中国书籍出版社,2008.

讨论:联系本章节中、西餐用餐礼仪,《红楼梦》中对开餐的描述与外国人的开餐要求是一样的吗?为什么?

(三)案例模拟演练

案例1:南茜的宴请工作

南茜在一家著名跨国公司的北京总部做总经理秘书工作,她接到通知,晚上公司要正式宴请国内最大的客户张总裁等一行人,答谢他们一年来给予的支持,她已经提前安排好了酒店和菜单。

回到办公室,南茜再次落实了酒店的宴会厅和菜单,为晚上的正式宴请做准备。核对了宾主双方共有8位后,南茜安排了桌卡,因为是熟人,又只有几个客人,所以没有送请柬。可是她还是不放心,就又拿起了电话,找到了对方公关部李经理,详细说明了晚宴的地点和时间,又认真地询问了他们老总的饮食习惯。李经理反馈他们的老总不太喜欢吃海鲜,非常爱吃面食。南茜听后,又给酒店打电话,重新调整了晚宴的菜单。最后,南茜还是决定提前半个小时到酒店,看看晚宴安排的情况并在现场做些准备工作。

到了酒店,南茜找到领班经理,再一次讲了重点事项,又和他共同检查了宴会的准备情况。宴会厅分内外两间,外边是会客室,是主人接待客人小坐的地方,已经准备好了鲜花和茶点,里边是宴会的房间,中餐式宴会的圆桌上已经摆放好各种餐具。

南茜知道对着门口桌子上方的位子是主人位,但为了慎重从事,还是征求了领班经理的意见,从带来的桌卡中先挑出写着自己老板名字的桌卡放在主人位上,再将对方老总的桌卡放在主人位子的右边。想到客户公司的第二把手也很重要,就将他的桌卡放在主人位子的左边。南茜又将自己的顶头上司市场总监的桌卡放在桌子的下首正位上,再将客户公司的两位业务主管的桌卡,分别放在市场总监位子的左右两边。为了便于沟通,南茜将自己的位子与公关部李经理放在了同一方向的位置。应该说晚宴的一切准备工作就绪了。

南茜看了看时间还差一刻钟就要开始了,就来到酒店的大堂内等候。离开始还有10分钟的时候,她看到总经理一行到了酒店门口,南茜就在送他们到宴会厅时简单地汇报了安排,随即又返身回了酒店大堂,等待着张总裁一行人的到来。几乎分秒不差,她迎接的客人准时到达。

晚宴按南茜的精心安排顺利进行着,宾主双方笑逐颜开,客户不断夸奖菜的味道正合他们的胃口。这时领班经理带领服务员像表演节目一样端上了山西刀削面。客人看到后立即哈哈大笑起来,高兴地说道:"你们的工作做得真细致。"南茜的顶头上司也很高兴地说:"这是南茜的功劳。"看到宾主满意,南茜心里暗自总结着经验,下午根据客人的口味调整菜单,去掉了海鲜等名贵菜,不仅省钱,还获得了客人的好感。

资料来源 徐辉.现代商务礼仪[M].北京:清华大学出版社,2014.

模拟演练:请结合案例模拟演练的内容,完成以下综合练习。

(1)男女搭配,4人至6人一组,讨论:南茜获得宾客和上司的表扬的缘由是什么?

(2)根据案例,分别扮演双方公司总裁、总经理、市场总监、业务主管、公关经理、秘书等不同角色,其中围绕着"总裁"扮演者的喜好、口味等因素,结合学校当地某一具体餐厅及出品菜肴为宴请背景依托,完成一次宴会组织工作。其中应包括但不限于:宴请的时间和地点、邀请函设计和发出、菜单和酒水的确定、席位的安排等,并模拟演练完整的宴请组织全工作流程。

(3)模拟演练结束之后,从他评(宴请"总裁"方)和第三方评(其他的参与者)、自评等不同角度,了解自己宴会组织工作的优点与不足,使自己最终熟练运用商务宴请组织的礼仪要求。

（4）男女搭配，4 人至 6 人一组，以学校当地某一具体西餐厅或可提供西式简餐的餐厅为场景，进行一次真实的西餐用餐体验，并从自评、他评等不同角度，规范自己的西餐礼仪。

两次模拟演练结束后，把练习情况评价与建议填入表 6-1，了解自己的进步与不足。

表 6-1　能力习得情况评价与建议

评价指标			评价等级（A、B、C、D、E）		建　议
			他评	第三方评	
基础知识		确定参与人员			
		宴请时间和地点选择			
		邀请函设计原则			
		菜单制定原则			
		席位安排原则			
动手能力		参与人员的邀请和邀请函的发出、应邀等			
		席位安排技巧			
		人际距离掌握西餐入席讲究			
	餐中仪态	坐姿			
		餐巾使用			
		刀叉使用			
		汤的食用			
		水果甜点等食用			
职业能力		宴请组织全工作流程的能力掌握			

需改进：

本章小结

　　本章主要介绍了作为社会公民必须具有的个人礼仪修为、举止规范与意识，及公共场合应该遵守的礼仪要求。重点说明了在旅游观光、观看比赛，以及乘坐交通工具时应遵守的公共礼仪；同时，也对在图书馆、购物场所、影剧院等一些其他的公共场合应该遵守的礼仪作了简单介绍。

　　本章第二个重要部分是学习了社交活动中常见的社交形式——宴请，从宴请的组织要求和出席不同宴请时必须注意的礼仪细节两方面做了比较详尽的介绍。希望同学们无论是中餐还是西餐，都要服从一定的规范，遵循餐桌上各种约定俗成的要求，避免在宴会场合失礼。

Note

关键概念

人际距离　举止规范　男士风范　公共场合　宴会组织　中餐餐仪
中国茶礼　西餐餐仪　咖啡礼仪　葡萄酒礼仪

复习思考

□ 复习题

1. 在旅游过程中,如何做到文明观光?

2. 观看比赛时应注意哪些问题?

3. 简述宴会组织原则。

4. 中式宴会上饮酒和祝酒要注意哪些问题?

5. 西餐上菜的次序是什么? 西餐进餐礼仪包括哪些?

6. 红酒品酒礼仪有哪些?

□ 思考题

刚到长城公司上班的小王接到张总的指示:准备在元旦前夕某日下午邀请有业务联系的各单位领导做客户答谢酒会。请问小王应该怎么做?

第七章
人 际 交 往

学习目标　了解人际交往礼仪的基本概念与规范,掌握在工作交往中的介绍、握手、递名片等礼仪知识;熟练借助柬帖文书、电话、电邮、传真和网络社交礼仪规范,塑造良好的旅游接待人员形象;最后能把人际交往基本礼仪规范灵活运用在商务拜访、求职面试等职场活动中,真正提高学生日常人际交往礼仪素养。

素养目标　启发学生的智力,完善学生的人格,创建和谐、平等的职业环境和社会环境,培养学生的人文素养和文化自信,同时使学生具备尊重他人、助人为乐、诚实守信的职业素养和社会责任感。

第一节　人 际 往 来

案例引导

列宁的礼让

有一次,列宁下楼,在楼梯狭窄的过道上,正碰见一个女工端着一盆水上楼。那女工一看是列宁,就要给列宁让路,准备自己退回去。列宁阻止她说:"不必这样,你端着东西走了半截,而我现在空着手,请你先过去吧!"他把"请"字说得很响亮,很亲切。然后自己紧靠着墙,让女工上楼了,他才下楼。列宁毫无疑问是一位伟人,但他对人的礼让更显出了他伟大的品质。

资料来源　《礼貌的名人故事》一文部分。https://www.ruiwen.com/zuowen/mingrengushi/837530.html.

一、问候与致意

问候,是人们在相逢之际互相表示友好的一种打招呼的方式。主要用于在人际交往中打破僵局,缩短人际距离,向交谈对象表示自己的敬意。在与他人见面之时,若能选用适当的问候礼仪,往往会为双方进一步的交谈,打下良好的基础。

(一)问候与致意的异同

问候与致意都是问候礼仪的一种外在表现形式,两者经常结合起来一起使用,区别在于侧重点不同。问候,是一种以语言为主、行为为辅的见面表现形式;致意则是以行为展示为主,语言表达为辅的一种姿态。

问候的语言形式一般短小精炼,可以作为旅游接待服务过程中的开场白,也是交谈的序幕。多用于公共场合近距离打招呼,目的是维系正常的社交关系或增进友谊,是一种友善的信号。

致意已随着生活节奏的加快而成为人际交往中使用频率较高的见面礼节之一,多用于已相识的友人在相距较远或不宜交谈的场合用无声的动作语言相互表示友好与尊重。具体表现形式有举手致意、点头致意、欠身致意、脱帽致意等。致意时应诚心诚意、表情和蔼可亲。

(二)问候的学问

问候仅有热情还不够,若想获得理想的问候效果,需要注意以下几点。

1. 争取主动

主动问候会给对方一个温暖的感受,也会在接下来的谈话中占据主动的位置。在工作场合中,旅游接待人员与客人见面应该主动招呼客户,表达尊重与欢迎之情。

2. 问候的声音要清澈明亮

一声响亮的问候,也许就能将气氛和心情调动起来。如果声音过小,对方尽管听到你说话了,但又没听清楚,原本诚恳的问候倒变成了一种解释,如此岂不尴尬? 因此,问候的声音要响亮明确,将发自内心的热忱传达给对方,才能起到良好的沟通作用。

3. 问候时要形神兼具

问候时要注视对方的眼睛,明确而又坦诚地表达对对方的欢迎。旅游接待人员在工作中通过眼神、微笑、点头和致意相结合,表达对客人的尊重与欢迎,起到传情达意的效果。

4. 问候要因人而异

问候不能一概而论,比如旅游服务过程中接待客户时,就要根据客人的年龄、性别、身份、场合等综合因素来进行问候表达。

(三)常见问候形式

每个国家问候的方式各有特色,比如中国人最常见的问候是"吃了吗?",体现了我们"民以食为天"的文化特征;英国人开口多半先谈天气"What a nice day!"因为英国的天气总是变化多端,谈天气是永远不会过时的话题,也是最不容易产生分歧的话题;日本人见面则多以"鞠躬"为礼,并说"请多多关照"。

1. 语言问候

在旅游接待礼仪中,常见的问候语有:"您好""早安""晚安""打搅了""好久不见"

"认识您，很高兴"，等等。这些问候语看似简单，却能反映出一个人的教养，问候语听起来平易近人，令人舒心，才能引起双方交谈的兴趣。随着时代的发展问候语变得越来越简洁，最稳妥的问候语是微笑着说一声"您好"。

2. 日常问候

日常问候包括按时间问候和按场合问候。按时间问候，比如早晨上班、上学，同学、同事相互见面说"你好"，下班、放学时说声"再见"等。也有按场合问候，如上班或上学离家时向父母家人打招呼道别，外出办事路遇客户问声好等。

3. 特殊问候

特殊问候一般有节日问候、恭贺问候、慰问安慰等。在民间遇到婚嫁、祝寿、店铺开张、事业有成、乔迁新居等喜事，一般都应向对方表示祝贺并致问候。对于丧葬、事业受挫、家庭变故、遭灾等不幸之事，要向对方表示同情、安慰或协助操办相关事宜并给予必要的帮助。

4. 互相问候

被人问候后，应及时回敬问候，而且眼睛应热情地注视对方。表明接收到对方的善意并予以反馈。

（四）问候的注意事项

在向他人问候时，需注意问候的内容、态度、次序三个方面。

1. 问候的内容

问候内容分为两种，分别适用于不同场合。

一是直接式。所谓直接式问候，就是直接以问好作为问候的主要内容。它适用于正式的交往场合，特别是在双方初次接触的商务及社交场合，致以"您好""大家好""早上好"等问候。

二是间接式。所谓间接式问候，就是以某些约定俗语成的问候语，或者在当时条件下可以引起话题的内容为问候语，主要适用于非正式、熟人之间的交往。比如："最近过得怎样""忙什么呢""您去哪里"等，来替代直接式问好。

2. 问候的态度

问候他人应面带微笑、和颜悦色、语调温和、充满诚意，问候时目光注视对方。态度上要遵循以下四点。

首先，主动。问候时要积极、主动。若别人先问候自己，要立即予以回应。

其次，热情。向他人问候时，要表现出热情、友好、真诚的态度。

再次，大方。向他人问候时，须表现大方。矫揉造作、表情夸张，或者扭扭捏捏，反而会给人留下虚情假意的印象。问候的时候，要面含笑意，与对方有正面的视觉交流，以做到眼到、口到、意到。不要在问候对方的时候，目光游离、东张西望，这样会让对方不知所措。

最后，周到。在问候时不要只顾熟悉者或较有身份的人，若遇对方是一群人，其中只有个别人熟悉，虽然一般情况下只与熟人打招呼，但目光也应顾及其余人，以表示对陌生人的尊重，这也是对熟人的尊重。

3. 问候的次序

在正式场合，问候一定要讲究次序。

一对一的问候。这种次序适用于两人之间的问候,通常是"位低者先问候"。即身份较低者先问候身份较高者,年轻者主动问候年长者,男士应主动问候女士。

一对多的问候。如果同时遇到多人,特别是在正式会面的时候。这时既可以笼统地加以问候,比如说"大家好",也可以逐个加以问候。当一个人逐一问候多人时,既可以由"尊"而"卑"、由"长"而"幼"地依次而行,也可以由"近"而"远"依次问候。

知识链接

见面问候三大礼仪禁忌

首先,张口莫问"还记得我吗"。见面时不可向仅有数面之缘的朋友提问"你还记得我吗",对方若真的不记得了,无论是实话实说还是假装记得却叫不出名字,彼此都会觉得非常尴尬。得体的方式应该自我介绍说:"我是某某,我们曾在某地见过面。"

其次,慎说"代问夫人好"。如果您遇到一位好久没有联系的朋友,又不太了解对方的近况,在问候时应注意不要轻易说"代问夫人好""代问先生好"这样的话。如果对方已经离婚,或者配偶已过世,那么您的好心问候就会让对方很尴尬。包括问起对方是否还在某处高就等问题。因此见面应该笼统问候,比如说"代问家人好""最近忙吗"等等,再确定下面的话题。

最后,少让小孩行"吻"礼。孩子行吻礼无论是用自己的小手"飞吻",还是直接亲在大人的脸上,这都是不礼貌、不卫生的。

资料来源 百度文库.《国际商务礼仪》。https://wenku.baidu.com/view/36282a8c05a1b0717fd5360cba1aa81145318f66.html.

二、介绍

介绍礼仪是人际交往中基本礼仪之一,是旅游接待人员与客人进行相互沟通的出发点。其最突出的作用是缩短人与人之间的距离。在旅游接待或社交场合中,若能正确地使用介绍礼仪,不仅可以打造企业服务文化,而且有助于进行必要的自我展示、自我宣传,替自己在人际交往中消除误会,减少麻烦。

(一)介绍类型

旅游接待人员在日常服务接待中常用的介绍主要有两大类型,分别是自我介绍、他人介绍。

1. 自我介绍

自我介绍,即将本人介绍给他人。这是向别人展示自己的一个重要手段。在旅游接待工作中,旅游从业者自我介绍的水平高低,直接关系到自身给别人第一印象的好坏,也对服务工作是否能顺利开展起到不可忽视的作用。同时,自我介绍也是认识自我的手段。作自我介绍时应注意4个方面的问题,分别是:选择自我介绍的时机、自我介

微课视频

《介绍礼仪》

Note

绍的顺序、展现形式及注意事项。

（1）自我介绍的时机。

在人际交往中，通常需要做自我介绍的情况有以下几种。

第一种情况，应试求学、应聘求职时，需要采取书面自我介绍与口头自我介绍相结合的形式，向用人单位或学校宣传自己、介绍自己。

第二种情况，在交往中与不相识者相处，有不相识者要求自己做介绍时；有求于人而对方对自己不甚了解时，可以在问候完对方后，以简明扼要的语言自报家门，向对方介绍自己。

第三种情况，在旅游接待工作中，为客人服务之前向对方进行自我介绍，以方便客人需要服务时能够及时找到自己，建立客人对旅游接待人员的信赖感。

第四种情况，如欲结识某些人或某个人，而又无人引荐，即可向对方自报家门，主动将自己介绍给对方。

（2）自我介绍的顺序。

自我介绍的顺序应遵循一个原则：地位低者先做介绍，让地位高者了解认识自己。具体表现为，年长者与年轻人见面时，年轻人应主动向年长者介绍自己；在服务场合中，服务人员应先向客人介绍自己，以便于沟通服务。

（3）自我介绍的展现形式。

第一种形式是工作式。适用于工作场合，它包括本人姓名、供职单位及其部门、职务或从事的具体工作等。如"您好，我叫××，是××旅行社的客户经理。"

第二种形式是应酬式。适用于某些公共场合和一般性的社交场合，这种自我介绍最为简洁，往往只介绍姓名即可。如"您好，我是××。"

第三种形式是交流式。适用于社交活动中，希望与交往对象进一步交流与沟通。它大体应包括介绍者的姓名、工作、籍贯、学历、兴趣及与交往对象熟知的某人关系。如"你好，我叫××，在××工作。我是××的同学，都是××人。"

第四种形式是问答式。适用于应试、应聘和公务交往。问答式的自我介绍就是有问必答，问什么答什么。

第五种形式是礼仪式。适用于讲座、报告、演出、庆典、仪式等一些正规而隆重的场合。内容涵盖姓名、单位、职务等，同时还应加入一些适当的谦辞、敬辞。如"各位来宾，大家好！我叫××，是××学校的学生。在此，我谨代表学校全体同学欢迎各位莅临我校。"

（4）自我介绍的注意事项。

一是讲究态度。态度一定要自然、友善、亲切、随和。在自我介绍时镇定自若，有助于给人以好感。相反，如果畏怯和紧张，结结巴巴，目光闪烁不定，面红耳赤，手忙脚乱，则会为他人所轻视，彼此间的沟通便有了阻隔。

二是注意时机与时间。自我介绍应选在对方有空闲且情绪较好时进行，抓住时机，进行 1 分钟以内的自我介绍。

三是注意方法。进行自我介绍，应先向对方点头致意，得到回应后再向对方介绍自己。如果有介绍人在场，自我介绍则被视为不礼貌的。应善于用眼神表达自己的友善，表达关心以及希望沟通的渴望。

四是注意内容。自我介绍的内容包括三项基本要素：本人的姓名、供职的单位以及具体部门、担任的职务和所从事的具体工作。以上内容在自我介绍时,应一气呵成,这样既有助于给人以完整的印象,又可以节省时间,不说废话。介绍时应真实诚恳,不可自吹自擂。

2. 他人介绍

他人介绍,又称第三方介绍,是经第三方为彼此不相识的两个人、两个集体或个人与集体之间引见、介绍的一种交际方式,可概括为他人介绍和集体介绍。介绍他人通常是双向的,即对被介绍者双方各自做一番介绍。有时,也可进行单向的他人介绍,即只将被介绍者中的某一方介绍给另一方,其前提是前者了解后者,而后者不了解前者。集体介绍作为他人介绍的一种特殊形式,多适用于正式的大型宴会、大型的公务活动等。介绍者一般由公关礼仪人员、东道主、长者、家庭聚会中的女主人或者被介绍双方都认识的人担任。

(1)他人介绍的顺序。

为他人介绍要遵照"尊者有优先了解权""尊者居后"之原则。

在介绍中,如果被介绍的两人职位相当,且年龄大小也不易辨析,可以采取"先温后火"或"先亲后疏"的办法。"先温后火"就是把脾气好的一方介绍给脾气欠佳的一方;"先亲后疏"就是把与自己关系密切的一方介绍给自己较为生疏的一方。

如需把其他众多在场者介绍给一个人,此刻最好的次序,多为从最尊者开始按照顺时针或逆时针方向进行,或由近及远、由远及近均可。

(2)他人介绍的内容。

为他人介绍可分为一般介绍和正式介绍。根据介绍的环境、对象、目的不同,介绍的内容也会随之发生改变。

一般介绍,也称为非正式介绍,多用于朋友之间,需介绍双方姓名、称呼。

正式介绍,多用于工作场合或较正式的商务会面场合。介绍时需明确双方姓名、称呼、工作单位、职务等信息,便于被介绍双方后续深入交流。

(二)仪态配合

为他人介绍时,应注重自身的仪态。一般来说介绍哪一方,手便指向哪一方。

三、握手

握手之礼,起源于西方,现已成为国际通用礼节。掌握正确的握手礼节,是一件非常有必要的事。

知识链接

握 手 起 源

握手最早发生在人类"刀耕火种"的年代。那时,在狩猎和战争时,人们手上经常拿着石块或棍棒等武器。他们遇见陌生人时,如果大家都无恶意,就要放下手中的东西,并伸开手掌,让对方抚摸手掌心,表示手中没有藏武器。这种习惯逐渐演变成今天的"握手"礼节。

另一种说法是在中世纪战争期间,骑士们都穿盔甲,除两只眼睛外,全身都包裹在铁甲里,随时准备冲向敌人。如果要表示友好,互相走近时就要脱去右手的甲胄,伸出右手,表示没有武器,互相握手言好。后来,这种友好的表示方式流传到民间,就成了握手礼。

当今行握手礼也都是不戴手套的,朋友或互不相识的人初识、再见时,先脱去手套,才能施握手礼,以示对对方的尊重。

资料来源 搜狐网.《握手起源于何时,你知道吗》。https://www.sohu.com/a/202858874_715916.

(一)握手的场合

握手是人们日常交际的基本礼仪,在人际交往中如果拒绝或忽视了别人伸过来的手,就意味着自己的失礼。一般来讲,握手礼主要应用于以下六种场合。

(1)遇到较长时间未曾谋面的熟人时;

(2)被介绍与他人认识,双方互致问候时;

(3)当对方取得巨大成绩或重大成果、获得奖赏、被授予荣誉称号或有其他喜事,向其表示祝贺时;

(4)从颁奖者手中接过奖品时;

(5)应邀参加较为正式的社交宴请活动时;

(6)参加追悼会,对家属表达哀思时。

(二)正确的握手方式

1.基本的姿态

伸手的动作要稳重、大方,态度要亲切、自然。右手与人相握时,左手应贴着大腿外侧自然下垂(见图7-1)。

图 7-1 握手姿态

同步案例

▼

《古代
中国的
握手礼》

Note

2. 握手的时间

握手时间的长短可因人、因地、因情而异。初次见面时握手时间以 3 秒左右为宜；在多人相聚的场合，除非握手对象是多年不见的老友，否则不宜只与某一人长时间握手，以免引起他人误会。总体来说，应控制在 3 秒至 5 秒。

3. 握手的力度

握手时力度要适度，以紧而不捏疼对方为宜。过重的"虎钳式"握手显得粗鲁无礼，过轻的抓指尖握手又显得妄自尊大或敷衍了事。

（三）握手的顺序

在交际场合，握手时伸手的先后顺序讲究颇多，一般的顺序是等女士、长辈、已婚者、职位高者先伸手，男士、晚辈、未婚者、职位低者才可伸出手去回握。

（四）握手的注意事项

第一，握手时要讲究先后顺序，不要抢先伸手，因为先伸手并不能表达自己的热情，反而让对方感觉不够被尊重。

第二，不能用左手和他人握手，特别是和阿拉伯人、印度人打交道时更要注意。这是因为在他们看来左手是专门用来清理个人卫生的，是不洁的，所以不宜用左手与他人相握，或交递物品等。

第三，与别人握手时，应摘掉帽子、手套和墨镜。

第四，一般不要交叉握手，因为交叉握手容易构成西方人忌讳的"十字架"形状。所以与国际友人握手要特别注意。

第五，当与他人握手时，忌将另一只手插在衣袋中或拿着东西，否则会传递给他人不尊重之感。

第六，与他人握手时应注意面部表情。若与他人握手时面无表情、不置一词，会让对方感觉你只是为了应付而与他握手。

第七，与人握手后，不要立即擦拭自己的手，这会让对方感觉受到侮辱。

第八，不能拒绝和别人握手，即使有手疾或手部汗湿、弄脏了，也要向对方解释原因，避免误会。

四、名片

有人说，名片像一个人的履历表，递送名片的同时，也是在告诉对方自己是谁，住在何处及如何联络等。由此可知，名片是人际交往中重要的书面介绍材料。精美的名片使人印象深刻，但名片的制作、发放时机与发放场合可是一门学问。

（一）名片的制作

纸质版名片的规格一般为 10 厘米长、6 厘米宽，或略小。世界各国名片规格也不统一，如我国名片规格通常为 9 厘米×5.5 厘米，而英国男女皆宜的名片规格为 7.62 厘米×5.08 厘米。制作名片的材料更是各种各样，有布纹纸、白卡纸、合成纸、皮纹纸等。

（二）名片分类

1. 应酬式名片

应酬式名片主要适用于一般性的应酬使用,用于拜会他人时说明身份,馈赠时替代礼单,以及用作便条或短信。其内容通常只有个人姓名一项,或加上本人的籍贯。若为后者,则籍贯单独一行,顶格写,姓名在中间,突出姓名,用大号字。

2. 社交式名片

社交式名片用于自我介绍,与他人保持联络之用。其内容有两项:姓名用大号字印于中央,联络方式用小号字印于右下方。根据需要,联络方式可包括家庭住址及电话、邮编等。

3. 公务式名片

公务式名片是目前常见的一种个人名片,是在政务、商务、学术、服务等正式的业务交往中使用的个人名片。标准的公务名片应该包括所在单位、个人称呼、联络方式三项。

（1）所在单位。

根据情况可由企业标识、供职单位、所在部门三部分构成。要注意的是,供职单位与所在部门最好为一个,并写全称。此项内容以小号字印在名片左上角。

（2）本人称呼。

由姓名、职务,以及学术头衔三部分构成。后两项可有可无,但不宜多,切不可列出很多头衔,最多不要超出两种为好。本人姓名应以大号字体印在名片中央,称呼以小号字列在姓名之后。

（3）联络方式。

多由单位地址、办公电话、邮政编码三部分内容组成。

知识链接

古代名片,2000年演化史

两千多年前的先人也有名片。

春秋战国时期,各诸侯国之间交往,或者为和朝廷有权势的官员拉近关系,发明了一种古代版的名片——"谒"。

《史记·郦食其传》记载:"使者惧而失谒,跑拾谒。"

"谒"由竹片、木片制成,上面写着求见者的姓名,以及介绍自己的简短文字。

《孔氏谈苑·名刺门状》记载:"古者未有纸,削竹木以书姓名,故谓之刺。后以纸书,故谓之名纸。"

东汉时期,出现了纸质版的谒,并改称为"刺",亦称"名纸"。

唐宋时期,经济、文化出现了前所未有的繁荣局面,科举制度逐渐成熟,平民百姓也可以凭借才华考取功名。一般情况下,科举考试的考生需要和一些位高权重的官员套近乎,拜在官员的门下,希望老师能多多提携。拜访老师需要递"门状",

即"刺"的新称呼。

宋朝时期,"门状"又称"参榜""参状"。"参状"的字数,比从前的"谒""刺"相对多一些。

到了明朝,"参状"又被改称为"名帖",当时的标准尺寸是长七寸,宽三寸。

清朝,出现了"名片"的称呼,由手写改为印刷,名片也变得越来越小。

资料来源 汉周读书.《古代名片,2000 年演化史》。https://baijiahao.baidu.com/s? id=16407631197771687619&wfr=spider&for=pc.

(三)交换名片的礼仪

1.递送名片

(1)递送要求。

递送名片前要分清对象,不能像发传单一样,见人就递,逢人就送。因为名片代表了一个人的身份,在未确定对方的来历之前就递出自己的名片,有失庄重,而且有日后被冒用的可能。递送名片时,要事先将准备递送的名片拿在手里,或准备好放在易于拿出的地方,不能临时东翻西找。

(2)递送顺序。

一般由晚辈、职位低者、男士主动先向长辈、职位高者、女士递送名片。当对方不止一个人时,应先将名片递给职务较高或年龄较大者;如分不清职务高低和年龄大小时,则先和自己对面之人交换名片。来访者应先向主人递出名片。如来访的人多,应先与主人或者地位高者交换名片。

(3)递送姿态。

递送名片时应有礼有节,动作规范,态度诚恳。

2.接受名片

(1)姿态。

接收他人递过来的名片时,应起立、礼貌接收,快速浏览名片内容并妥善存放。

(2)存放。

拿到名片后,应当着对方的面郑重其事地将名片放入名片夹内或者是西服左胸的内衣口袋内,女士可以放入随身携带的小包内。切不可在手中摆弄,也不要随意放在桌上,更不要在名片上压东西,这些都是不尊重对方的表现。

(3)应对。

当对方递给你名片后,如果自己没有名片或没有带名片,应先向对方表示歉意,再如实说明理由,如"很抱歉,我没有名片""对不起,今天我带的名片用完了,过几天我会亲自给您寄一张"等,以免对方怀疑你的诚意。

(四)索要和婉拒名片的礼仪

为了尊重别人的意愿,最好不要向他人索要名片。如果确信是他忽略了而并非不愿意,则可用婉转的方式提醒:"不知以后如何与您联系? 可否留下联系方式和家庭地址?"对方自然会想起并送给你名片。

当别人向你索要名片,你不想给对方时,应用委婉的方法表达此意。可以说:"对不起,我忘了带名片。"或者"抱歉,我的名片用完了。"

第二节　电信礼仪

案例引导

求职中的一次电话

李明自认为第一轮面试回答顺利,应该能进入复试,然而三天后他仍未接到电话。焦急的他按捺不住致电对方:"喂,我是李明,你们的复试开始了吗? 为什么我没有接到通知?""对不起,我们的复试即将开始,现正式通知您,您没有进入第二轮面试。"对方简单地回绝了李明。

分析提示:求职过程中该如何礼貌地拨打电话呢?

资料来源　道客巴巴.《面试沟通》。https://www.doc88.com/p-97738429134.html.

一、电话往来

电话往来礼仪指在日常生活中人们接打电话时所需要具备的礼仪。如今,科学技术的发展和人们生活水平的提高使电话的普及率越来越高,人离不开电话,每天要接打大量的电话,电话日益成为人们沟通的桥梁。看起来打电话很容易,对着话筒同对方交谈,觉得和当面交谈一样简单。其实不然,打电话大有讲究,可以说是一门学问、一门艺术。电话沟通中语言很关键,通常电话一端的人能通过电话粗略判断对方的人品、性格等,它可能直接影响着个人甚至团体的声誉。因而掌握正确、礼貌的打电话方法非常必要。

(一) 固定电话

在所有的通话工具中,固定电话是较早出现的通信器材,目前多应用于单位企业。因此,凡是重视维护自身形象的单位,无不对电话礼仪给予高度关注。

1. 拨打电话礼仪

(1) 准备工作。

拨打电话之前,应先了解对方的电话号码、单位名称及姓名。明确拨打电话的目的,罗列通话要点,组织语言。

（2）时间选择。

拨打电话的时机选择看似平常，实际上很重要。有的人只以自己的情况为判断标准，选择自己方便的时候拨打电话，实则是对通话对象不够重视、尊重的表现。设身处地地考虑对方的情况，是选择通话时机的基本原则。

一般情况下，拨打电话要选择通话效率高的时间。休息时间尽量不要给他人打电话，除非万不得已。严格地讲，晚上 10 点之后，早上 7 点之前，没有什么特别紧急的事不要打电话。如果有急事要打电话，电话接通时，先说一句"抱歉，事关紧急，打扰你了！"不然，对方很可能会很厌烦。

另外，就餐时不要打电话。现代人工作繁忙，通常中午只有一个小时的吃饭时间，此时打电话，会影响对方用餐。

此外，节假日不要打电话。如今，尽量不打扰他人的节假日休息成为常识。如果是拨打国际长途电话，还要考虑到时差问题。

（3）"三分钟"原则。

在日常生活中拨打电话，要遵守电话礼仪中的"3 分钟原则"，即每次通话的时间应该有效地控制在 3 分钟之内。如果通话需要较长时间，应先征询对方是否方便，若不方便可另约时间。

（4）通话礼节。

第一，使用文明礼貌用语。在拨打电话的过程中应使用文明礼貌用语，如："您好""请""麻烦""谢谢"等。在电话接通时应先确认对方是否是自己要找的单位或个人，并进行自我介绍，略事寒暄（询问对方时间是否合适，告知通话大约需要多久），进入正题。结束通话后，应与对方告别，轻轻地放下电话。

第二，控制语速语调。在拨打电话的过程中，应语调温和、音量适中、语言流利、吐字清晰，以保证通话质量。

2. 接听电话礼仪

（1）做好接听前准备。

接听电话前应停止一切不必要的动作，准备纸和笔，端正坐姿，调节好面部表情，及时接听电话。

（2）迅速准确地接听。

接听电话时应遵循"铃响不过三声"的原则。听到电话铃声，应准确迅速地拿起听筒，最好在三声之内接听。电话铃声间隔时间大概 3 秒，若长时间无人接电话，或让对方久等是很不礼貌的。如果电话铃响了超过三声才拿起话筒，应该先向对方道歉，避免给对方留下怠慢的第一印象。

（3）了解对方来电话的目的。

固定电话的来电几乎都与工作有关，公司的每个电话都十分重要，不可敷衍，即使对方要找的人不在，切忌只说"不在"就把电话挂了。接电话时也要尽可能问清事由，避免误事。应了解对方来电的目的，如自己无法处理，也应认真地记录下来，委婉地探求对方来电的目的，既不误事，又能赢得对方好感。

（4）控制语音语调。

使用亲切的语调打招呼，可使双方对话顺利展开。在接听电话时，还应保持良好的心情，使对方被欢快的语调感染，给对方留下好印象。

（5）认真清楚地记录。

在接听电话时，要遵循"5W1H"的原则记录重点要点。"5W1H"为：When 何时、Who 何人、Where 何地、What 何事、Why 为什么、How 如何进行。

（6）礼貌挂电话。

要结束电话交谈时，一般应当由打电话的一方提出，然后彼此客气道别，说一声"再见"，再轻轻地放下电话，不可只管自己讲完就挂断电话。

（二）手机使用礼仪

随着手机的日益普及，无论是在社交场所还是工作场合放肆地使用手机，已经成为礼仪的最大威胁之一，手机礼仪越来越受到关注。在国外，如澳大利亚电讯的各营业厅就采取了向顾客提供"手机礼节"宣传册的方式，宣传手机礼仪。在使用手机时，我们应遵循以下四点礼仪规范。

1. 置放有方

在公共场合，手机的摆放是非常讲究的。手机应被放在不易察觉之处，如随身携带的公文包、手袋中。不宜挂于胸前，或拿于手中。

2. 使用规范

在会议中，或和别人洽谈时，应将手机关机或调到震动状态。不合时宜的电话铃声不仅是对其他与会者的不尊重，同时也会干扰发言者的思路。

为保证自己及他人的安全，不可在开车中、飞机上接打电话，也不可在剧场里、图书馆中和病房里大声接打电话，以免打扰其他人。

同样不可在公共场合，如公交车、地铁、商场、咖啡厅、楼梯、电梯、路口等人多的地方大声地接打电话，以免干扰到他人。

在餐桌上，应关掉手机或调整到静音模式。不可一边与他人吃饭，一边使用手机。

3. 考虑对方

给对方打手机时，首先应想到的是，这个时间对方方便接听吗？并且要有对方不方便接听的准备。在给对方打手机时，注意通过听筒里听到的环境音来判断对方所处的环境。如果很静，应想到对方在会议中；当听到噪音时，对方就很可能在室外；开车时的隆隆声也是可以听出来的。有了初步的判断，对能否顺利通话就有了准备。但不论在什么情况下，是否通话还是由对方来定为好，所以"现在通话方便吗"通常是拨打手机的第一句问话。

4. 合理拍照

智能手机的拍照功能为我们的生活提供了便利，可对于旅游接待人员来说，不滥用手机的拍照功能，是一件十分重要的事情。在办公室自拍时，注意其他同事的被动出镜，是否易引起同事的反感。需要使用手机拍摄时，应先征得对方的同意，尤其注意不要在车厢、剧院、餐馆等地方用手机对着行人拍照，也不可未经对方同意将其照片转发给其他人或者在网上传播。

同步案例

《手机放哪有讲究》

二、电邮往来

虽然如今的即时通信工具，如 QQ、微信等社交软件使用非常便利，但在职场中，电子邮件的使用频率仍然很高。据统计，如今互联网每天传送的电子邮件已达数百亿封，但有一半是垃圾邮件或不必要的邮件。"在人际交往中要尊重一个人，首先就要懂得替他节省时间"，电邮往来的一个重要原则就是节省他人时间，应怀有"只把有价值的信息提供给需要的人"之理念。在旅游接待工作中，使用最频繁的工具便是电子邮件与传真。

（一）电子邮件礼仪

目前发邮件常出现的六大问题是：当邮件发给职位不同之人时，注意排序的问题；邮件只有正文没有主题，或有主题没正文；邮件最后没有落款，别人收到你的邮件，根本不知道你是谁；发邮件的附件不知道要用怎样的格式，让别人根本不知道附件是什么内容；发邮件不知道该抄送给哪些人；没有设置邮件答复功能。

针对这些问题，我们在收发邮件时应做到以下 8 点。

1. 主题简明扼要

邮件主题是对邮件内容的概括，是邮件的中心思想。一般一句话加以概括，务必简明扼要。

2. 收件人排序

发给不同级别的人，级别高的要放在前面，然后依次排序；发给同级别的人时，要按照人名第一字的汉语拼音的首字母进行排序。

3. 邮件抄送

抄送指除收件人以外将邮件发送给需要知晓该邮件的人。在抄送邮件时通常会遇到多个抄送对象的情况，原则上我们应遵循以下顺序和规则。

原则一，按抄送对象的单位排。一般按机关性质和隶属关系排列，依据国家、省、市级单位层次顺排，如确需抄送上级领导的，可先排个人，再排单位。

原则二，按抄送人职位排。抄送人为本单位或本部门领导，其默认顺序是按职位从高到低排列，同级别同事之间按照与邮件内容关联度从高到低添加。

原则三，跨部门及对外的邮件沟通。跨部门及对外的邮件沟通中更要注意：所有对外邮件均需抄送你的直属领导；跨部门沟通、跟客户的进一步沟通时需抄送邮件至双方的直属领导。

4. 邮件正文规范

（1）勿留白。

很多人认为发送邮件"只为传送一个附件文档，无其他事情可说，就可以把正文空着。"此做法十分失礼，这就像与人交流没有称呼一样。所以，在发送带有附件的邮件时，可在正文栏里写上"某某，内容详见附件，辛苦查收"等话语。

（2）勿长篇大论。

在撰写邮件正文中需注意条理清晰、要点明确。当表达要点较多时，可以采用金字塔原理中的"总＋分＋总"表达结构，即"开门见山＋分步表述＋归纳总结"；如果超过两件事，在分步表达时，尽量多用序号分段落，整体上有层次有顺序。必要时可结合图表、图片来帮助内容表达,直观有效。

撰写邮件前应事先打好腹稿,将所有信息一次性说完整,不要过两分钟之后再发"补充""更正"或"以此封为准"的邮件,会让人觉得做事马虎,无章法。

重要的信息可进行合理提示。重要信息可以用粗体斜体、颜色字体、加大等形式重点突出,但需注意过多的提示则会让人抓不住重点,影响阅览。

若是回复他人诸多问题的邮件,最好把相关的问题复制到正文中,然后针对每一个问题在下面附上答案,且问题与答案可采用不同颜色的字体,以便区分。

5. 使用文明礼貌用语

很多人写邮件会比较随意,但切记:随意不等于没礼貌。

(1)开头称谓。

发给领导就写"×经理",发给同事就写同事的姓名或大家熟悉的称谓,发给客户就写"×先生/女士""×总"等。如果是发给很多人,可以写"各位伙伴""大家"等。

(2)结尾的祝福不能少。

可以是简单的"祝您工作愉快",正式邮件可附上"此致,敬礼"。

(3)结尾签名。

邮件结尾加上签名档非常有必要。签名档可包括姓名、职务、公司、电话、传真、地址等信息,一般不超过4行。这样便于对方及时联系到你。

6. 规范添加附件

若在撰写邮件时添加了附件,则应在正文里提示收件人查看。另外,附件的命名,最好能够概括附件的内容,方便收件人下载后管理。如果附件数目较多,应打包压缩成一个文件,附件的数目最好不超过4个。若附件为特殊格式文件,应在正文中说明打开方式,以免影响对方使用。

7. 及时回复邮件

收到他人邮件,尤其是领导、客户的邮件,必须及时回复,紧急重要的邮件收到后应立即反馈,非重要紧急视情况在3小时内反馈,但反馈时间一般不要超过24小时。除了企业单位全员通知的公司公告、节日公告等邮件,其他邮件都需要回复,哪怕只是简单回答"邮件收到,非常感谢"或者"邮件收到,我们正在处理,一有结果马上告知您"等,不要让对方苦苦等待,这是对他人的尊重。如果实在不方便回复邮件或无法及时回复邮件,应该设定邮件自动回复功能。

8. 注意邮件安全

收发邮件时应遵守网络安全条例,要保守国家机密、商业机密,不可发送涉及机密内容的邮件。为保障网络安全,在发送邮件时不可发送涉黄、涉赌的邮件或利用邮件传播淫秽信息。不可发送垃圾邮件、广告邮件。

知识链接

邮件收发小知识

假如您给很多商务往来的客户一起发邮件,此时就不应当使用"并列收件人"和"抄送",否则原本不认识的客户之间,可能通过您的邮件,得到了其他不认识的

Note

客户的邮件地址,这样就泄露了客户的个人信息。此时,使用"密送"更为妥当。但是,即使是"密送",也要谨慎使用,因为对方的邮箱可能还有"全部回复"功能。注意,有的邮箱的"全部回复"功能,可以回复邮件给所有并列发件人和发件人在发送该封邮件时填写的所有"抄送"和"密送"中的全部邮件地址。如果对方邮箱具有密送"全部回复"功能,那么无论您是使用"并列收件人""抄送"还是"密送"方式,当对方点击"全部回复"时,您群发的所有邮箱地址都将出现在回复邮件页面的"收件人"输入框中。也就是说,无论您是否"密送",都无法真正保密。这样不但客户地址全部泄露,还会给今后的工作带来极大的麻烦。

资料来源 邵宇翎,施琳霞.商务礼仪[M].杭州:浙江工商大学出版社,2018.

(二)传真礼仪

传真机是远程通信方面的重要工具,因其操作简便,能直观、准确地再现真迹,并能传送不易用文字表达的图表和照片,曾在军事通信中和各类商务活动中广泛应用。随着互联网的不断发展,电子邮件以及网络文件传输正在逐步地取代传统传真机的功能。但是由于用户习惯以及网络限制等原因,目前在部分政府部门以及一些跨国商务活动上仍然在使用传真机进行文件传输。使用传真时,需遵守以下礼仪。

1. 发送传真前,应先打电话通知对方

有些公司的传真机设置了自动接收功能,某些推销商会利用这个设置,未和对方联系就直接发送本公司的广告宣传等。所以,如果发送传真前,不事先打电话通知对方,你的传真件就很可能被当作垃圾邮件处理掉了。

2. 书写传真件时,使用文明礼貌用语

语气和行文上应做到简洁、有礼貌,称呼、敬语等均不可缺少。信尾要有亲笔签字,以示发信者授权同意,也是礼貌的表现。

3. 发送传真时,保证传真内容清晰易辨

出于技术上原因,传真在传送过程中容易变得模糊不清,所以在准备传真稿时,一定要尽量使稿件字体、行距、图表等内容清晰易辨,避免因人为原因导致其失真。

4. 合理使用传真机

传真一般不适用于页数较多的文件,成本较高且占用传真机时间过长,会影响其他人员的使用。如果没有得到对方允许,不要将发送时间设定在下班后。发送传真大都属于需要急办之事。若非紧急的文件、信函,最好不要使用传真。个人私事亦不宜使用单位传真机对外传送。利用传真开展宣传、促销活动时,一定要把握好量与度。假使接收者对此不感兴趣,则有关的传真大可少发或不发。不要忘记,垃圾传真是不受欢迎的。

5. 确保传真完整性

在发送传真时,应检查是否注明了本公司的名称、发送人姓名、发送时间以及自己的联络电话。同样,应写明收传真人的姓名、所在公司、部门等信息。所有的注释均应写在传真内容的上方。在发送传真时即便已经给予了口头说明,也应该在传真上注明以上内容,这是良好的工作习惯,对双方的文件管理都非常有利。

6. 收到传真后,应及时回复

接收方在收到传真后,应告知发送者传真已收到,并对涉及事项及时办理,切不可拖延时间,耽误对方要事。如果传真机设定为自动接收状态,发送方应尽快通过其他方式与收件人取得联系,确认其是否收到传真。收到传真的一方也应给予及时回复,避免因疏漏造成传真丢失。在重要的沟通中,任何信息丢失都可能造成时间的延误甚至影响到合作业务的成败,这样的细节不可忽视。

知识链接

办公室里使用传真机的礼仪

1. 使用的先后问题。当你有一份很长的传真需要发出去,而排序在你之后的同事只需传真一两页时,应让他先用。

2. 在公司里一般不要发私人传真稿件。

3. 如果遇到传真纸用完时,应及时更换新传真纸。如果遇到传真机出故障,应及时找出原因,先处理好再离开,如不懂修理,就请别人帮忙。不要把问题留给下一个同事。

4. 使用完毕后,不要忘记将你的原件拿走,否则容易丢失原稿,或走漏信息,给你自己带来不便。

资料来源 百度文库.《秘书礼仪知识节选》. https://wenku. baidu. com/view/31e21a5c53e79b89680203d8ce2f0066f4336408. html.

三、社交网络礼仪

5G 网络逐渐普及的今天,人们的许多社交活动都与网络息息相关,网络已经成为人们日常交往中不可或缺的工具。由于网络虚拟性、可匿名性的特点,很多人会忽视社交网络礼仪,在网络上利用社交工具对他人造成骚扰,给他人的生活带来严重的影响。

社交网络礼仪是指在网上交往活动中形成的礼节和仪式。遵守良好的网络社交礼仪,不但能够帮我们更好地处理人际关系,更可为自己和企业加分。接下来我们看看在日常人际交往中,如何礼貌地使用常见的社交软件微信和 QQ。

(一) 不要轻易发语音

利用社交网络软件跟他人交流沟通时,尽量发文字,因为并不是所有人都有时间去听语音。如果事情很着急,需要打很多字,确需发语音信息时,也应事先与对方沟通,得到允许后再发语音信息。

(二) 慎用即时聊天工具

即时聊天工具分为语音通话和视频语音通话。在使用即时聊天工具前,应先征询他人是否愿意、是否有时间,以免影响他人正常工作生活。

(三)避免无意义的问题

现在的社会是一个讲究效率的时代。所以在社交网络上提问之前,不如自己先花些时间去搜索和研究答案,也许效率更高。

(四)及时回复

尽量第一时间回复他人信息,如果实在无法及时回复,事后也应及时道歉。

(五)耐心等待

如果对方未及时回复,也请尊重对方,耐心等待。

(六)合理使用表情包

恰到好处地使用表情、图片等可以使聊天图文并茂,但是不恰当地使用,很有可能会让对方觉得困惑,引起一些不必要的误会。

(七)正确对待朋友圈

朋友圈是抒发个人情感或树立品牌形象的个人空间。所以请不要在他人朋友圈下与其他人长篇大论聊天。

(八)尊重他人隐私

社交网络名片属于他人的个人隐私,在网络社交中,切记不可随意转发他人名片。如需要转发推荐前,应先征询对方意见,得到许可后方可转发。

(九)礼貌使用扫一扫好友添加功能

添加好友前应先征得对方同意,并按照礼仪长幼有序、主客适宜的原则,由晚辈、下属、主人一方主动打开社交软件扫一扫功能扫描长辈、上司、领导、客人的二维码。因为晚辈扫二维码,需要完成扫描、添加、发送信息、等待确认的动作;而长辈只需要做提供二维码、确认通过两个动作。从操作步骤上来说,晚辈要多于长辈,这也是社交场礼仪默认的原则:麻烦自己,方便他人。其次,长辈收到晚辈添加信息后,拥有是否通过好友申请的"特权",这符合长者尊的原则。同时,需要注意的是,添加好友后请先自报家门。简短的自我介绍不仅是对别人的尊重,更是一次自我展示的机会。

(十)群功能的使用

群主建群时,应取一个贴合主题或符合建群目的的群名,方便其他进群人知道入群的目的及群的性质。不要随意拉他人入群。需要拉群时,应先征求他人意愿,得到允许后才可邀请他人进群。普通成员进群后,应及时修改群昵称。群昵称最好注明所属单位、职务、姓名等个人信息,方便别人快速认识你。不要在群里未经群主同意发布无关信息,更不要发布违规信息、图片或者散布谣言。

知识链接

公安民警使用网络社交媒体"九不准"

一、不准制作、传播与党的理论、路线、方针、政策相违背的信息和言论；

二、不准制作、传播诋毁党、国家和公安机关形象的各种负面信息；

三、不准制作、传播低俗信息、不实信息和不当言论；

四、不准讨论、传播公安机关涉密或者内部敏感事项；

五、不准擅自发布涉及警务工作秘密的文字、图片、音视频；

六、未经本单位主管领导批准，不准以民警身份开设微博、微信公众号，个人微博、微信头像，不得使用公安标志与符号；

七、不准利用网络社交工具的支付、红包、转账等功能变相进行权钱交易；

八、不准利用网络社交媒体进行不正当交往，非工作需要不得加入有明显不良倾向的微信群、论坛等网络社交群体；

九、不准利用网络社交媒体从事其他与法律法规、党纪条规和党的优良传统相违背的活动。

违反以上规定的，给予批评教育或组织处理；构成违纪的，给予纪律处分；涉嫌犯罪的，移送司法机关依法处理。

资料来源 《公安民警使用网络社交媒体"九不准"》。https://new.qq.com/rain/a/20200908A0LRYF00.

第三节 柬帖文书

案例引导

曾国藩家书

孙国藩跪禀：

祖父母大人万福金安！

二月十四日，孙发第二号信，不知已收到否？孙身体平安，孙妇及曾孙男女皆好。

孙去年腊月十八曾寄信到家，言寄家银一千两，以六百为家中还债之用，以四百为馈赠亲族之用。其分赠数目，另载寄弟信中，以明不敢自专之义也。后接家信，知兑啸山百三十千，则此银已亏空一百矣。项闻曾受恬丁艰，其借银恐难遽完，则又亏空一百矣。所存仅八百，而家中旧债尚多，馈赠亲族之银，系孙一人愚见，不知祖父母、父亲、叔父以为可行否？伏乞裁夺。

孙所以汲汲馈赠者，盖有二故。一则我家气运太盛，不可不格外小心，以为持盈保泰之道。旧债尽清，则好处太全，恐盈极生亏；留债不清，则好中不足，亦处乐之法也。二则各亲戚家皆贫，而年老者，今不略为资助，则他日不知何如。孙自入都后，如彭满舅曾祖、彭王姑母、欧阳岳祖母、江通十舅，已死数人矣。再过数年，则意中所欲馈赠之人，正不知何若矣！家中之债，今虽不还，后尚可还。赠人之举，今若不为，后必悔之。此二者，孙之愚见如此。

然孙少不更事，未能远谋，一切求祖父、叔父做主，孙断不敢擅自专权。其银待欧阳小岑南归，孙寄一大箱衣物，银两概寄渠处，孙认一半车钱。彼时再有信回，孙谨禀。

道光二十四年三月初十日

资料来源　一封信作文网.《曾国藩家书·第四十六篇禀祖父母：持盈保泰之道》。http://www.yifengxin.org/yifengxin/38690.html.

一封家书，充分体现出中国传统文化中，字里行间对"敬""孝""仁""义"等思想的传递。特别是作为晚辈、下级该如何跟长辈、领导进行书面沟通时，其称呼、行文、落款当如何使用？开篇案例做了极佳的示范。随着社会的发展，书信往来日渐稀少，但这种散发着墨香的传统书信、礼仪文书却发挥着比之前更重要的作用。它让收信人更真切地感受到了发送者诚恳的用心和敬意，感受到自己被重视。因而，回归传统，传承文化，了解我们的礼仪文书的撰写很有必要。

当代社会礼仪文书较多地用于日常交际、应酬，既可以处理私务，也可以涉及公务。礼仪文书主要以实用为目的，如书信、请柬、聘书、启事等应用性强。在写作时应注重每一种礼仪文书的不同用处，即使同一类别，也应明确其中的细微差别。礼仪文书写作时要对象明确，要注意对收件者的性别、年龄、职业、身份、学识、辈分等详细情形进行针对性写作。一般说来，礼仪文书虽不如公文那样有严格的体式规定，但在漫长的写作实践中逐渐形成了一套基本的定式。

一、礼仪文书的格式规范

不论是传统的书信，还是礼仪文书，在书写规范上，还是有一定的规范可循。按通行的习惯，其格式主要包括五个部分：称呼、正文、结尾、署名和日期。不同的是，书信的字里行间更饱含着浓浓的情感，而正式的礼仪文书则言简意赅，以把事情说清楚为主。

（一）称呼

也称"起首语"，是对接收人的称呼。一般在第一行顶格写，后加冒号，冒号后不再写字。称呼和署名要对应，让接收者清楚和明白发送人是谁。根据不同的文书要求，还可以在名字前后加些形容词或职衔、职务称呼等。

（二）正文

通常以问候语开头。体现对接收人的关心。但正式的文书问候语通常会省略掉，而直接进入正题。正文写作应该主旨明晰、条理分明、有头有尾、详略得当。

（三）结尾

正文写完后，都要写上表示敬意、祝愿的话，这是对接收人的一种尊重。正式的文书这部分也会省略，而直接署名。

（四）署名和日期

在礼仪文书的最后一行，署上发送者的姓名。署名应写在正文结尾后的右方空半行的地方，视情况还应加上"恭呈""谨上"等，以示对收件人的尊敬。署名和开头的称呼记得要相互吻合。正式文书则只有自己或单位的全称落款。

日期一项，用以注明写完文书的时间，写在署名之后或下方。

二、书信礼仪

书信是人际交往中不可缺少的书面工具，它是我们日常生活、学习和工作中一种古老的沟通方式。在现代交往中，它虽然逐渐被电子邮件、微信、QQ等网络工具所替代，但是书信作为历史长河中传统、古老的沟通方式，仍是人类发展中不可或缺的一部分，承载着人与人之间的情感纽带，一封亲笔书写的信件往往比冰冷的电子信息更亲切、更温暖、更有意义。能写信不等于能写好信，掌握书信的格式和要求，有助于更好地发挥书信的情感沟通功能。

（一）遵循书信规格礼仪

书信除了阐述事件之外，与其他礼仪文书的最大不同之处是其情感交流属性。因而在书写中，格式应非常规范完整，从而呈现出对收信者的尊重与不同情感。无论写信者和收信人关系如何，需遵从一定的书写规范（见图7-2）。

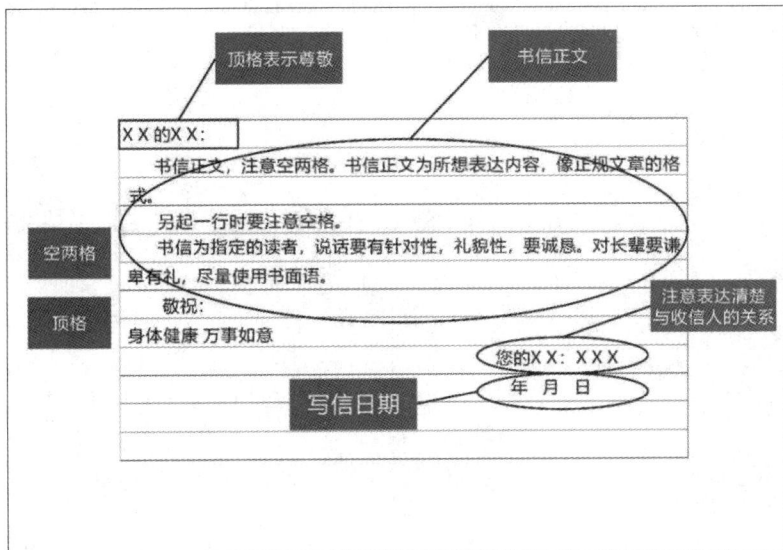

图 7-2 书信撰写规范

（二）信封书写规范

信封上应依次写上收信人的邮政编码、地址、姓名及寄信人的地址、姓名和邮政编码。

邮政编码要填写在信封左上方的方格内,收信人的地址要写得详细无误,字迹工整清晰。发给机关、团体或单位的信,要先写地址,再写单位名称。收信人的姓名应写在信封的中间,字体要略大一些。在姓名后空 2 至 3 个字处写上"同志""先生""女士"等称呼,后加"收""启""鉴"等字。寄信人地址、姓名要写在信封下方靠右的地方,并尽量写得详细周全一些。最后填写好寄信人的邮政编码(见图 7-3)。

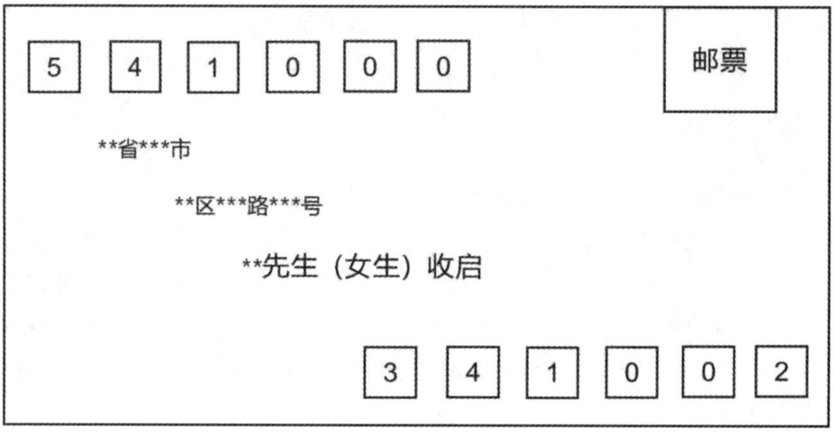

```
┌─────────────────────────────────────────────┐
│ ┌─┐┌─┐┌─┐┌─┐┌─┐            ┌──────┐ │
│ │5││4││1││0││0│            │ 邮票 │ │
│ └─┘└─┘└─┘└─┘└─┘            │      │ │
│                            └──────┘ │
│   **省***市                         │
│                                     │
│     **区***路***号                   │
│                                     │
│       **先生（女生）收启             │
│                                     │
│            ┌─┐┌─┐┌─┐┌─┐┌─┐┌─┐       │
│            │3││4││1││0││0││2│       │
│            └─┘└─┘└─┘└─┘└─┘└─┘       │
└─────────────────────────────────────────────┘
```

图 7-3　信封撰写规范

（三）书信禁忌

写信时忌用红笔或铅笔。私人信件最好不用打印文稿,如果是公函可以打印,但是末尾的签名必须手写。写信时不要中、英文相互掺杂。信不能开着口子发出去,如果是请人代信的话,就要开着口子当面交给代信人,以示信任。

➤ 知识链接

中国传统书信礼仪用语

一、启始
近屡奉笺,至感厚谊深情。接获信书,情意拳拳,至不欢愉。
二、思念
相距甚远,不能聚首,转寄文墨,时通消息。一别日余,殊深驰系。
三、钦佩
顷读诲语,如闻金玉良言,茅塞顿开。望莫遗愚友之驽,尚请随时见示为盼。
四、问病
闻君欠安,甚为悬念。顷闻您卧榻数日,心甚系念。

五、时令问候

春寒料峭,善自珍重。阳春三月,燕语莺歌,想必神采奕奕。

秋色宜人,望养志和神。盛暑之后,继以炎秋,务望尚自珍为盼。

六、祝贺

顷闻嘉讯,再祝鸿猷大展,万里鹏程。忽鸣燕贺,且祝新禧。

弄璋之喜,可庆可贺。(贺生子)

弄瓦之庆,遥以致贺。(贺生女)

七、致谢

大示诵悉,深感勤勤恳恳诲人不倦之意。厚情盛意,应接不遑,切谢切谢。

奉报先生殷殷之谊,当俟异日耳。感荷高情,非只语片言所能鸣谢。

八、致歉

惠信敬悉,甚感盛情,迟复为歉。奉读惠信,久未作复,罪甚罪甚。

所询之事,目前尚难奉复,敬请宽裕为怀。前事有负雅意,十分抱歉,尚希恕之。

九、拜托

冒昧唐突干请,惟望幸许。拜托之处,乞费神代办,不胜感荷。

十、致哀

惊闻作古,家失栋材,悲痛万分。希高年珍摄,免意哀思。谨函驰陈,藉申慰问。

十一、赠物

奉呈薄资,尚望笑纳为幸。微物奉上,聊祝吉安,幸祈笑纳。

十二、请教

倘承不吝赐教家,幸甚幸甚。苦有所得,祈随时赐示为盼。

十三、商讨

愚直之言,尚祈嘉纳。微开之言,幸无见阔,不胜大愿。

十四、结束

铁此布臆,余容续陈。临书仓促,不尽欲言。

资料来源 个人图书馆.《中国传统书信礼仪用语大全》,节选。http://www. 360doc.com/content/14/1119/07/7090_426302836.shtml.

三、柬帖礼仪

帖,又名柬,实际是一种装帧精美、文辞典雅的简短书信,现多用于结婚、寿庆、典礼、会议,或重要场合的邀请函。这类文书的制作、撰写、发送等环节需要遵循一定的规范。

(一)特点

柬帖一般装裱精美;正文内容简短,仅包括时间、地点、事由即可;行文礼貌、规范,体现对对方的尊重。

（二）递送

柬帖本身就是联谊性文书，递送时应特别注意送达的时间和地点。请柬写好后，可以放在信封里由专人递送，也可以邮寄给被邀请人。发送时间要恰当，一般至少提前3天，太早对方容易忘记，太晚对方来不及准备。同时请柬要在合适的场合发放。不可选择嘈杂的地点，以免显得不够正式。

（三）回柬

当收到柬帖后，可通过电话、书信或社交软件回复对方自己是否可以赴约。若谢绝邀请，应及时通知对方。

（四）常见柬帖格式

常见的柬帖格式如图7-4所示。

邀请函

尊敬的××××女士：
　　敝司定于×年×月×日周五晚七时，香格里拉酒店中餐厅举行十周年庆典暨客户答谢联谊舞会，敬备席宴，不胜感谢。
　　恭请光临！

××××经理：×××携全体同仁诚邀
×年×月×日

席设：香格里拉酒店鸿鹄厅
地址：××××××
（附舞会入场券2张）

图 7-4　柬帖撰写格式

知识链接

柬帖常见文言用词简介

一、一般用语

兹订于：现订于、今订于，兹，现在。

洗尘：同接风。

饯行：以酒席送别即将远行的朋友。

接风：以送礼或设宴接待远方出来的朋友。

莅临：亲临、来临。

赐训：说勉励、鼓励的话语。

光陪：请人做陪客之敬语。

二、常用敬词与谦语

令：令尊、令堂、令兄、令爱、令郎（敬辞）。

家：家父、家母、家兄、舍妹、犬子（谦辞）。

正：斧正（请人修改文章）、雅正（请求对方指正）、教正（请人指导改正）。

先：先贤（逝去的贤人）、先父（逝去的父亲）、先妣（逝去的母亲）。

台：台驾（旧称对方）、台鉴（书信套语，用在开头的称呼之后，表示请对方看信）。

垂：垂爱、垂问（多指长辈或上级对自己的爱护、关心、询问）。

资料来源　道客巴巴.《柬帖》。https://www.doc88.com/p-9953518393533.html.

四、聘书礼仪

聘书是将契约关系付诸书面形式加以确认的一种文书形式。

（一）聘书的作用

1. 加强协作

聘书起到了互通有无、调剂力量、加强协作、互相支援的重要作用，可以把需要方和援助方紧紧地联系起来。

2. 增强应聘者责任感、促进人才交流

聘书的授予，会加强应聘者的工作责任感，也表达出聘用方对应聘者的信任、尊重。

（二）聘书的生效条件

聘书一般是以单位名义发出的，所以应当严格按照聘书规范格式进行书写，当撰写聘书完毕后，一定要加盖公章方能生效。

（三）常见的聘书格式

例文一：岗位聘任书

聘任部门（单位）（甲方）：

受聘人（乙方）：

甲乙双方依据×××（200×）30号文件《××关于实施岗位聘任和岗位津贴制度的办法（试行）》，经公开聘任后达成一致意见，并签订聘任书。

一、聘任岗位：甲方聘任乙方在×××××岗位工作，享受××××岗位津贴。

二、聘任期限：自××××年××月×日起至××××年××月××日止。

三、乙方的岗位职责：（略）

四、乙方对岗位职责的承诺及工作计划：（略）

五、本聘任书经甲、乙双方签字盖章后正式生效。聘任书一式三份，甲、乙双方各执一份，人事处备案一份。

甲方：（签章）　　　　　　　　　　乙方：（签字）

××××年×月×日　　　　　　　　××××年××月×日

知识点
自测
▼

例文二：聘书

兹聘请李××同志为××电力集团设计部总工程师,聘期自××××年××月×日至××××年××月×日,聘任期间享受集团高级工程师全额工资待遇。

××电力集团（章）

××××年××月×日

第四节　拜　访　礼　仪

案例引导

一次失败的拜访

王先生是一家化妆品公司的经理,这个星期他要去日本一家知名公司拜访这家公司的社长。他直接给这位社长打了电话并说明了他明天要去其公司拜访的目的。然而拜访当天因王先生突然有事耽误,在过了约定时间以后他才想起来打电话致歉并又约了一个时间。在次日的拜访中王先生由于旅途疲劳便穿着便装去了公司。在一番谈论之后日本公司的社长拒绝与王先生合作,而王先生还不知道为什么他被拒绝并丧失了合作的机会。

资料来源　学习啦网.《日本商务拜访礼仪案例》。https://www.xuexila.com/liyi/shangwu/baifang/2878637.html.

思考：我们都需要注意哪些拜访礼节呢？

拜访是商务交往及日常生活中常见的交际形式,也是联络感情、增进友谊、展现自己的一种有效方法。

一、商务拜访礼仪规范

（一）拜访前准备

1. 事先有约

拜访前,应事先联系对方,待对方同意后按时赴约。未经约定,冒昧造访,可能会打乱对方的计划,造成不便。一般而言,当决定要进行商务拜访时,应提前三天给对方打电话预约,简单说明拜访的原因和目的,确定拜访时间,经过对方同意后才能前往。预约的语气应是友好的、请求式的,而非强求命令。

2. 明确目的

拜访必须明确目的,出发前应对此次拜访要解决的问题做到心中有数。并将相关资料准备好,以防万一。

3. 仪容修饰

拜访前一定要注意自身仪表的修饰。整洁的仪容仪表体现出对对方的尊重，要做到仪容整洁大方、服饰干净整齐。

（二）拜访过程中

1. 遵时守约

预约好时间后，作为访问者应履约守时如期而至。既不能随意变动时间，打乱受访者的安排，也不能迟到或早到，准时到达才最为得体。对一般约会来说，按国外习惯，应准时或略迟两三分钟到达，国内习惯是准时或提前五分钟到达。如果因故迟到或临时失约，要向对方详细说明原因，并郑重致歉。在对外交往中，更应严格遵守约定时间，有的国家安排拜访时间常以"分"为计算单位，如拜访迟到十分钟，对方就会谢绝拜会。准时赴约是国际交往的基本要求。

2. 先通报后进入

到达约会地点后，须经过通报再进入拜访地点，切勿擅自闯入。一般情况下，前往大型企业拜访，首先要向负责接待人员交代自己的基本情况，待对方安排好以后，再与受访者见面。

3. 规范举止

当受访者因故暂时无法抽空见面，需要在接待室等待时，要注意规范自己的行为举止，自己随身携带的物品不要随便乱放，接待室内其他的物品不得随意触碰使用。

4. 大方文雅

无论是否初次见面，拜访者都必须主动向对方致意。初次见面的话，拜访者需简单地做自我介绍，然后热情大方地与受访者行握手之礼。这样可显示诚意。在主人的引导之下，进入指定房间，待主人落座以后，自己再坐在指定的座位上。

5. 把握时间

在商务拜访过程中，时间为第一要素，拜访时间不宜拖得太长，否则会影响对方其他工作的安排。如果双方在拜访前已经设定了拜访时间，则必须把握好已规定的时间，如果没有对时间问题做具体要求，那么就要在最短的时间里讲清所有问题，谈话要开门见山，简单地寒暄后直接进入正题，然后起身离开，以免耽误受访者处理其他事务。

当对方发表自己的意见时，打断对方讲话是不礼貌的行为。应该仔细倾听，将不清楚的问题记录下来，待对方讲完以后再请求对方就自己不清楚问题予以解释。如果双方意见产生分歧，一定不能急躁，要时刻保持沉着冷静，避免破坏拜访气氛，影响拜访效果。

（三）适时告辞

不做难辞之客。若无要事相商，停留时间不要过长、过晚，拜访时间以不超过 30 分钟为宜。

拜访结束时，应起身告辞，向主人表示"打扰"的歉意。出门后，回身主动与主人握别，说"请留步"。待主人留步后，走几步再回首挥手致意"再见"。

知识链接

商务礼仪,正确的拜访时间和方式

在商务礼仪中,拜访礼仪是很重要的一项内容,正确的拜访时间是什么时候呢?

一般情况下,销售人员拜访客户,最佳时间是上午9点到11点,这段时间是黄金时间。但因各种情况不同,也有例外。拜访客户的最佳时间,应当是客户最空闲的时间。在这个时间里,双方才能达到充分交流与沟通的效果。下面以第一次拜访客户为例,列表说明各行业人士的最佳拜访时间。

1. 公司职员、公务员:如果到公司去拜访,最好在上午11点之前。

2. 企业负责人:最好在刚上班时拜访。因为上班时间拜访他们,见到的机会最高。

3. 产业工人:最好在中午吃饭时间拜访,或在晚上6点到8点之间拜访。

4. 医生:最好的拜访时间应当选在上午7点到8点左右。

5. 值班人员:最好在晚上7点到9点之间拜访。

6. 教师:最好在下午4点半左右拜访。

7. 夜市老板:最好在下午2点左右拜访。

8. 商店老板、摊主:最好在上午刚开门时拜访,这时商店刚开门,客流不大。

9. 其他:对于难以确定作息规律的行业,一般最好在晚饭后拜访,以晚上7点左右为宜。

不能瞄准拜访客户的最佳时间,就无法获得客户的好感,拜访也就无从谈起。

资料来源　百度文库.《商务礼仪正确拜访时间和方式》。https://wenku.baidu.com/view/b327521c1fb91a37f111f18583d049649b660e84.html.

二、求职面试礼仪

求职面试礼仪是指求职者在求职过程中与招聘单位、接待者、招聘者接触过程中所应具备的礼仪行为规范。它通过求职者的应聘材料、应聘语言、仪态举止、仪表服饰等方面体现出来,是求职者文化修养、道德水平、个性特征的体现。因此,求职面试礼仪对于求职者能否实现自身愿望,能否被理想的单位所聘用起着重要的作用。

(一) 面试前准备

就业是人生必经的成长过程,也是立足于社会的基础。所谓"工欲善其事,必先利其器",想要在面试中脱颖而出,就要有一个良好的心理素质,面对考官临危不乱。有很多求职者在接到面试通知后手忙脚乱,不知道该做些什么,其实这时我们最应该的就是要做好面试前的心理准备,调节好自己的心理状态,不要在面试中丧失主动,因为没有公司会招聘一个狼狈的应聘者。求职面试准备绝对不仅仅是背诵一些干巴巴的答案,还要掌握方方面面的信息。

1. 充分的自我认知

正确评价自我,才能充分地展现自己的才华。求职者对自身的评价应客观、诚实、全面,这有助于面试时给面试官留下好的印象。

2. 个人准备

（1）服饰。

面试前应遵循整洁大方、协调统一的原则准备面试服装。面试服装应同所申请的职位相符,如应聘银行、政府部门应准备传统正规的西装套装;应聘公关、时尚杂志编辑等时尚感强的职位时,则可以适当地在服装上加些流行元素。此外应聘时不宜佩戴太多的饰物,这容易分散面试官的注意力。

（2）个人形象。

男士头发应整齐清洁,将胡须刮干净;女士可盘发、化淡妆,提升气色,但不可浓妆艳抹、过分修饰。

（3）物品准备。

面试前,应根据招聘网站上的信息准备个人物品,如求职简历、身份证、报名照、钢笔、其他证明文件（包括所有的复印件）均应准备整齐,以备面试官核查。

3. 信息收集

（1）单位相关信息。

要想在那么多的求职者中脱颖而出,就需要在面试前,通过招聘网站或者企业门户网站尽可能多地收集和了解与面试职位相关的信息,如工作的职责任务,对求职者的能力、技术、性格的要求等;另外对面试公司的性质、规模,面试官的个人情况,面试职位的直属上司也要尽可能多加了解,最后千万别忘了核对面试的具体时间和地点,模拟可能采取的面试方式,做到心中有数。

（2）交通路线信息。

查找交通路线,避免迟到。接到面试通知后,应仔细阅读通知上是否标有交通路线,要搞清楚究竟在何处上下车、转换车。要留出充裕的时间去搭乘或转换车辆,以应对突发情况的发生。如果对交通不熟悉的话,最好把路线图带在身上,以便问询查找。

4. 心理准备

面试前做好心理建设是非常有必要的。面试者应克服紧张不安的心理以积极进取的良好心态面对面试。

5. 语言组织

面试前应根据自身情况准备一份简短的自我介绍,并加以自信的表情、适宜的语音语调进行反复练习。对经常出现的面试问题,有针对性地做一些应答准备,让自己在面试一开始就胸有成竹。

（二）面试过程中

对于面试官而言,面试的目的就是要准确地了解面试者的优势以及综合素质是否符合用人要求;而求职者在面试的过程中,就要完美地表现出面试官最想看到的职业素质。所以在面试时求职者需要注意以下细节。

首先,注意时间。面试时提前10分钟到达面试地点效果最佳。

其次,到了面试地点之后要再次检查个人形象。根据前台文员的指引在等候区耐心等待;等待中,不要四处张望、到处打听;应将手机设为静音或者关机。被允许进入面试场地后,要先轻敲门,征得面试官的同意后,方可进入。

此外,回答问询时,语调要肯定、正面,表现出自信。在讲错话之后,亦不要放弃,必须重新振作,继续回答其他问题。

(三)面试结束后

首先,无论过程和结果如何,都应主动向面试官致谢,并轻声起立,将座椅轻手推至原位置。之后,耐心等待面试结果。在面试结果未公布前,切勿随意评论和此次面试有关的问题。

知识点
自测
▼

能力习得

(一)案例思考

案例:毕业典礼上的握手

某大学的毕业典礼上,校长给学生颁发学位证书,与穿着学位服的学生握手后,还要拨学位帽上的流苏,然后授给证书,最后与之合影。但是,许多学生上台的时候,都是伸出一只手与校长相握。

有学者指出这样的做法非常不妥当。用一只手跟校长握手,对校长非常不尊重。这不仅是学生教养缺乏,也是教育的失败。

资料来源　彭林.中华传统礼仪概要[M].北京:商务印书馆,2017.有删减。

思考:你同意这个学者的观点吗? 你觉得在类似这样的场合里,怎样的握手方式是正确的? 用一只手跟对方相握,适合怎样的场合?

(二)案例讨论

案例1:会议请柬

请　　柬

××同志:

您好! 工作忙吗?

为广泛征集对我社一年来书籍出版发行工作的意见,定于5月9日在本社召开部分读者座谈会。届时请您务必准时参加。

××艺术出版社

2004年5月6日

资料来源　道客巴巴.《柬帖》. https://www.doc88.com/p-9953518393533.html.

讨论:(1) 上述会议请柬中,存在多处错误,请挑选出来并提出修改意见。

(2) 从这个案例中,关于会议请柬的撰写,你得到了什么启示?

案例 2:小王为何让领导不满

在一次接待外省考察团来访时,小王因与考察团团长熟识,被列为主要迎宾人员,陪同部门领导前往机场迎接贵宾。当考察团团长率领其他工作人员到达后,小王面带微笑,热情地走向前,先于领导与考察团团长握手致意,表示欢迎,然后转身向自己的领导介绍了这位考察团团长,接着又热情地向考察团团长介绍自己同来的部门领导。小王自认为此次接待任务完成得相当顺利,但他的某些举动却令其领导十分不满。

资料来源　文晓玲,李朋.社交礼仪[M].大连:大连理工大学出版社,2008.

讨论:(1) 小王的举动恰当吗?

(2) 联系自己,如果你也是一位迎宾接待人员,你该如何展现自己,让领导认识到你的能力?

(三) 案例模拟演练

案例 1:肖明的一次拜访经历

肖明是一位旅行社产品销售人员,这天按约定去拜访一位已电话联系过多次,但尚未见过面的客人。由于路途远、天气也热,为了不让自己大汗淋漓、湿透衣背的形象太尴尬,肖明穿着一件有速干功能的 T 恤就来到了客户的公司。当时没看见前台有工作人员,凭借询问,肖明很容易地找到了客户的办公室,恰好看见客户正在接电话。肖明径直走进去,找了一个空座位就坐了下来。待客户接完电话后,肖明首先拿出了名片,进行了一番自我介绍,并表达了自己的歉意:因为路上堵车迟到了 15 分钟,希望还可以按约定继续商谈购买旅行社产品的事宜。

接下来倒还进展顺利,客户同意再给肖明 15 分钟谈他的事情。但是 15 分钟很快过去了,肖明还没说完自己的东西,客户却下了逐客令。肖明只能掏出事先准备好的邀请函,匆匆地说了最后一句话:"本公司将于本周六在××酒店举办旅游产品推介会,敬请您抽空参加。"递给客户后,仓皇离去。

模拟演练:

(1) 3 人一组,请根据案例的介绍,结合本章所学相关知识讨论肖明在拜访客户过程中有无不符合礼仪规范的地方? 如果有,是哪些? 怎么做才是正确的?

(2) 小组成员分别扮演肖明、客户(吴总)和前台接待,基于上述练习结果,按照讨论出的正确商务拜访礼仪规范,模拟完成此次商务拜访活动。之后,角色轮换。最后,从自评、他评和教师点评等不同角度,使自己最终掌握人际交往规范和文书书写规范,提升人际交往能力,并填写表 7-1。

表 7-1　能力习得情况评价与建议

评价指标		评价等级（A、B、C、D、E）		建　议
		他评	师评	
基础知识	介绍规范			
	握手规范			
	名片使用规范			
	请柬书写规范			
	商务拜访知识			
动手能力	致意与打招呼			
	礼貌语言表现			
	表情运用			
	介绍、握手、名片运用			
	请柬的书写			
职业能力	商务拜访表现			

需改进：

案例 2:模拟面试

招聘方:某旅游集团有限公司

招聘职位:营销企划专员

面试官:人力资源总监张小姐

应聘方:××,22 岁,无工作经历,某大学旅游管理专业毕业生

面试提问:

(1) 从你的简历和求职信来看。你各方面的条件都不错,能不能谈一下你在大学期间有没有什么相关的社会活动经验?

(2) 为什么想到我们公司工作呢?

(3) 如果获得这个工作机会,你能试着想象五年后的自己吗? 你有没有考虑过自己的职业生涯规划?

(4) 你期望的待遇可能超过了我们公司的预期,我们无法满足你的要求,你能接受吗?

(5) 由于时间的关系,我们今天的面试就到此为止。我们将对所有参加面试的候选人中进行全面比较权衡后再决定合适人选。有进一步的消息,我们会及时通知你。谢谢!

模拟演练:请根据案例 2 的要求,进行模拟面试综合练习。

(1) 面试前自我准备。

(2) 面试仪态的掌握。

(3) 基于上述练习结果,2 人一组,相互诊断与帮助训练,从自评、他评和教师点评等不同角度,使自己最终掌握面试礼仪技巧,提升面试能力,并填写表 7-2。

表 7-2 能力习得情况评价与建议

评价指标		评价等级（A、B、C、D、E）		建　议
		他评	师评	
个人形象	着装选择			
	仪容塑造			
	面部表情			
面试风采	仪态展现			
	个人修养			
	稳重自信			
	细节把控			
应变能力	回答问询能力			
	反应速度			

本章小结

　　本章对人际交往中常用礼仪进行了较为详细的介绍。包括：问候与致意、介绍、握手、名片、电话通信礼仪等；同时，跟随时代的进步，较为细致地对电子邮件、社交网络礼仪要求进行了梳理；对具有中国传统文化特色的柬帖文书进行了回顾。本章也强调了如何把这些礼仪知识应用在商务拜访、求职面试等场合。

　　为了帮助同学巩固这些礼仪知识获得相关职业能力。本章节设计了不同的练习以期让同学们有所启示和收获。

关键概念

　　5W1H　问候与致意的关系　握手姿态　名片递送要点　递送名片的顺序　他人介绍的顺序　"三分钟"原则　电话拨打时机　接听电话礼仪　手机礼仪　邮件收发要求　书信撰写规范　社交网络礼仪　柬帖的撰写规范　求职面试要求

复习思考

□ 复习题

1. 社团成员在一起聚会，你作为本次聚会的发起人，如何介绍与会同学？

2. 在人际交往中，如何向他人索要名片？

3. 5W1H 原则是什么？

4. 简述使用手机的礼仪。

5. 简述电子邮件的礼仪。

6. 面试前我们要准备什么？

7. 什么时候拜访他人最为合适？

□ 思考题

王女士与李先生一直都是通过电话进行交流的，恰巧有个机会，两人见面了。李先生主动递出自己的名片，并伸手欲与王女士握手。王女士见状也打开自己的手提包，准备拿出名片与之交换。可是一摸，首先摸出了一张健身卡，再一摸是一张名片，递给李先生后才发现原来是别人的名片。场面一度十分尴尬。

结合本章所学内容，请你指出两人尴尬的原因。如果是你，该如何避免尴尬，优雅自如地进行人际交往呢？

第八章
岗 位 接 待

学习目标　　熟悉各类主要旅游接待岗位工作的基本流程和工作内容异同点；掌握主要接待岗位的服务礼仪规范，并能够把接待礼仪规范灵活地应用在不同的旅游接待岗位中；能够在深入学习本章内容的基础上，根据客人的不同背景、情况和岗位的接待条件制定最佳接待礼仪方案。

素养目标　　培养学生团结协作的精神和积极向上的精神风貌。

第一节　旅游接待岗位介绍

案例引导

孙教授的接待工作

　　某大学孙教授打长途电话给某市高星级酒店，同意答应前来为酒店员工培训，同时希望酒店派人到机场接机。该酒店秘书小齐接了电话，满口答应。但当孙教授走出机场时，左右环顾，无人接机，静等了十几分钟，仍无人前来，孙教授只能叫出租车去酒店。孙教授前往总台登记，问起总台是否知道他来店，前厅经理说知道，已安排好了。孙教授奇怪地问，怎么没有来接机。前厅经理连忙道歉说：事情是这样的，齐秘书打电话给他让他安排孙教授食宿，又叫他转告车队安排车去接机。但由于当时总台客人很多，前厅经理匆匆安排了孙教授的客房后，忘记了订车的事。

　　资料来源　豆丁网.《旅游服务礼仪案例 40 例》，节选。https://www.docin.com/p-704004763.html.

一、旅游接待岗位工作特点

旅游行业具有典型的服务特点，而服务正是其最重要的产品。因此，满足消费者物质和精神需求是旅游接待工作的主要内容,旅游各接待岗位需围绕此工作展开,但不管哪种旅游接待工作岗位,其工作特点应当具有"三性"。

(一)综合性

旅游活动是一项包含食、住、行、游、购、娱等项目的综合性活动,因而旅游产品也体现为满足游客物质与精神需求,尤其以满足精神需求为主的综合性产品。这也决定了旅游服务是一种综合性的工作。

(二)协作性

从旅游接待工作的综合性特点可知,这是一项需要多部门团结协作的工作。其中,既需要各部门和企业相互协调,也需要各岗位共同配合,更需要各工作人员默契搭档。因此,旅游接待服务各部门、各岗位团结紧密协作尤为重要,一旦某个环节出了问题,客人的体验值即刻降为零,这也是接待服务行业公式"100-1=0"的核心所在。本章导入案例可谓是旅游接待工作"协作性"特点的精准反映。

(三)主观性

所谓主观性,是指旅游接待服务质量评价结果具有主观性特点。当消费者主要从精神享受角度进行产品质量评价时,其强烈的主观色彩已呼之欲出。此时,旅游接待人员若能既提供符合社会伦理道德规范和公序良俗的服务产品,又能让客人获得愉悦的精神享受,将收获良好的顾客反馈。

二、旅游接待岗位从业者素质要求

(一)要有较强的服务意识

首先,要求从业者能立足本岗位,踏实工作,安心做好每件小事。

其次,较强的服务意识还要求从业者具有补位意识或第一责任人意识。因为旅游接待工作是一项协作性很强的工作,这里的协作性,既含有主动与其他企业、部门或员工协调,配合完成接待任务之意,也含有为其他企业、部门或员工补充工作短板之意。因而,当从业者具有较强的补位意识或第一责任人意识之后,客人会感受到始终如一的服务和礼待,其良好的精神感受会一直维持在一个较高的水平,而这就是旅游接待服务工作的最基本要求。

其三,要求从业者要有一双善于观察的眼睛。只有善于观察,才能真正地了解客人需求,从而在客人开口提出要求之前,就能满足客人需求。

其四,要求从业者能想人之所想,具备换位思考能力。这是超越客人的期待,获得客人真心好评的必备素质。它要求从业者能从客人的角度去体会和感受接待工作中的优势和不足,进而完善工作方式和内容,使接待礼仪中的"优质服务"和"个性化服务"得以体现。

(二)要有较强的心理素质

旅游接待服务中的心理素质既包括从业者自身必备的心理承受能力,也包括从业

同步案例

▼

《如何树立服务意识》

Note

者应具备的一些心理学知识。当从业者具备了相应的心理学知识后，能够基于对客人的观察，为其提供周到的服务，同时也能在面对高强度工作的时候，自我疏解降压。因此，重视从业者的心理素质能力培养，不仅是对内解决员工心理承受能力和提高情商的手段，也是对外提供优质接待礼仪服务的基础。

（三）要有较强的专业素养

较强的专业素养是一切接待工作开展的基础，当专业能力欠缺时，任何的接待工作都将是一场空。

三、各旅游接待岗位介绍

（一）酒店

酒店是旅游活动六要素中，不可或缺的重要环节。随着现代酒店功能建设的日趋完善，其综合性和复合性功能越发凸显。同样伴随着人们收入的增长、物质水平的提高，人们对酒店的要求也越来越高。酒店，早已不再单纯地为客人提供食宿，而是越来越多地承担起了包括食宿在内的游、购、娱等功能。因此，现代酒店也对各部门接待礼仪规范提出了更高的要求。

知识链接

酒店综合体与传统酒店有什么不同？

酒店突破原有的住宿接待设施概念，在此基础上延伸出餐饮、会议、商务、游乐、运动、观光、体验、康养等休闲娱乐功能，并结合产权客房、酒店公寓、商务别墅等销售物业，实现了最大规模的整合聚集，形成了多种业态"复合共生型"的酒店社区，这一模式即称为"酒店综合体"。酒店综合体的模型为酒店住宿＋休闲功能＋度假物业。

酒店综合体是现阶段较有成效的酒店地产开发模式，一方面可以较好地配套休闲设施，增强酒店的吸引力，若与主题文化相结合，形成主题型酒店综合体，还可以引入主题游乐、主题娱乐、主题餐饮等，从而放大主题功能，提升酒店吸引力，最终有效地延长游客停留时间，扩大游客消费。另一方面可以以酒店管理及酒店休闲功能，支撑酒店式销售物业，包括产权客房、产权公寓、产权别墅、产权四合院、产权独栋会所等，通过酒店物业管理，延展出快速收益的销售物业，达到快速回收资本、扩大酒店接待能力等多种效果。

资料来源　旅游运营问答.《什么是酒店综合体，与传统酒店有什么不同？》一文。
http://www.lwcj.com/ask/w/14296123148712.html.

1. 前厅部

前厅部又称客务部、房务部，是整个酒店服务工作的核心。当每一位客人抵达或离开酒店时,前厅是客人感受酒店对客服务的开始和最终完成酒店接待服务的场所,也是客人形成对酒店的第一印象和最后印象之处。

按前厅部接待工作内容不同,前厅部负责接待的岗位有礼宾(包括门童和行李员)、前台接待、大堂副理与楼层服务等。

礼宾的工作内容包括行李服务、机场接送、物品寄存、酒店及市内信息咨询与服务、为客人提供安全和快捷的交通服务、保障酒店内部用车安排等。

前台接待则负责办理客人入住登记和离店手续、外币兑换、房间预订及留言服务等。

大堂副理负责处理客人投诉、反馈客人意见及建议、协调与酒店各部门之间关系、维持大堂各区域工作秩序、处理酒店突发事件、VIP 接待等。

楼层服务需要负责客人入住迎接、住客的访客接待、物品租借、送餐、维修、退房等。

2. 餐饮部

民以食为天,餐厅作为住店顾客补充能量的主要场所,是酒店的主要部门之一,餐厅能撑起酒店的半壁江山,是酒店服务水平展现的窗口之一。有的酒店的餐厅甚至可以作为独立餐饮服务场所运营,并通过自身特色赢得客人的口碑,从而走上良性发展之路。

从接待工作内容方面看,餐饮部主要由迎宾员、值台员、走菜员、收银员、餐厅经理等岗位人员直接给客人提供服务。有的餐厅也提供后厨人员直接在客人面前展示厨艺的服务。

迎宾员,也叫引位员,主要接待工作包括日常客人接待、现场与电话的订餐处理、办理顾客与餐厅的相关用餐协议、代表餐厅对客人发送各类短信等。由此可见,迎宾员可算是餐厅的门面担当,类似酒店的前台接待,是餐厅给客人留下的第一印象和最后印象之处。

值台员,负责迎接客人、接受点菜、提供就餐服务、送别客人、处理投诉。

走菜员,负责配合值台员提供就餐服务。

收银员,负责接待、结算与收款等工作。

餐厅经理,负责解决问题、征求客人意见、处理投诉。

后厨人员,可在烹饪后直接提供就餐服务,承担走菜员的工作。

(二) 游览

游览接待岗位主要是组织接待客人参观游览的单位和个人。与接待工作直接相关的岗位有旅行社的门市接待人员、线上客服人员、导游、售票员、检票员、景区讲解员,以及接待单位中负责组织参观游览的工作人员等。

旅行社的门市接待人员、线上客服人员的主要工作内容有咨询接待(现场、电话、网络、信函)、产品推荐、手续办理、投诉处理等。

导游与景区讲解员,主要进行游览接待、协调和保证游览行程的顺利实施、维护游客安全、处理突发事件、解答游客问题等。

售票员,负责解答游客咨询、提供票务需求服务等。

检票员,负责游客信息核对、安全检查等。

微课视频

▼

《前台接待员接待礼仪》

Note

参观游览的组织接待人员,与导游工作内容类似,侧重在征询客人意见、协调和保证游览全过程顺利实施、保障客人安全等。

(三) 交通

旅游交通接待岗位可分为两大类,一是游览交通司机,以景区内交通工具驾驶人员、出租车驾驶人员和旅游大巴司机为主;二是大型交通工具内的乘务人员,包括长途大巴、火车(高铁)、飞机、邮轮等长途交通工具上的工作人员。前者驾驶与乘务接待工作合二为一,后者则由专职的乘务人员负责接待服务。

司乘,负责检验票证、通报站点、组织客人上下车、维持厢体内秩序、保障客人安全等。

乘务,负责检验票证、通报站点、组织客人上下车、办理补票和旅行变更工作,以及整理厢体内行李、维持厢体内秩序、为乘客提供饮食、商品、娱乐服务,维护交通途中卫生状况和客人安全等。

(四) 商场

我们把售卖各种零售商品的具有一定面积和规模的商店称之为商场。从旅游接待岗位来看,旅游商场主要位于大型酒店或旅游综合体内部,平时我们接触到更多的是独立运营的个体。不论哪种商场,其接待礼仪要求并无二致。

商场内与接待工作直接相关的岗位有导购(销售)员、收银员等。

导购(销售)员,负责帮助顾客选购、收集顾客意见、处理投诉。

收银员,负责接待顾客、处理结算与收款、给商品打包等工作。

(五) 会展与节事

会展是会议、展览等集体性的商业或非商业活动的简称。因会展活动的本质是通过展示和交流,使企业及品牌得到宣传和推广,提升其知名度和影响力。因此,在会展和节事活动的正式场合,接待岗位需要展现职业素养,其着装和言行都要得体。

(六) 休闲与娱乐健康

游客参与旅游活动的主要目的就是娱乐和休闲放松。娱乐休闲项目大概可以分为以下 4 种类型。

1. 观赏体验型

观赏体验型是以影视播映、歌舞文艺表演及其他表演等视听欣赏为主的休闲娱乐项目,如环幕电影、动感电影、水幕电影、音乐厅、演艺节目等。

2. 运动保健型

运动保健型是以健身为目的,活动项目主要包括各种球类(以小球为主,如高尔夫、乒乓球、保龄球、台球、羽毛球)、游泳池、健身房、水疗 SPA 等。

3. 文化休闲型

文化休闲型项目主要包括书吧、茶馆、水吧、咖啡厅、陶吧、工艺自助吧、玩具吧内的休闲活动等。

4. 游乐刺激型

游乐刺激型项目的主要特点是刺激并富有挑战性,能够满足人们释放情绪的需要,主要包括酒吧等各类室内外的游乐项目。

休闲与娱乐健康类接待岗位的工作内容在共性上包括核对客人信息、为客人提供需求服务、安全检查与保障、项目设备介绍、秩序维护、解答咨询等。

另有收银(票务)员等接待服务岗位,主要工作内容包括接待、结算与收款等。

第二节　旅游接待岗位礼仪

案例引导

一次看似普通的聊天

一天,我看到酒店大堂经理在礼宾部与一位 80 多岁的老人聊天,经理用很慢的语速说着英语,并加上手势,但由于老人年纪太大,我也距离较远,听不清他说的是什么,不过看起来老人聊得很开心。待老人走后,我才从经理的口中了解到老人来自日本,虽然相互沟通有一些障碍,但因为经理态度诚恳,老人感受到了关心。

感悟:酒店软件的提升,体现在方方面面。从接待工作来说,礼仪表现不能仅仅停留在某个具体的接待岗位和接待环节上,而是要保有一颗对客人的尊重之心。案例中即使两人沟通存在障碍,但因为经理的耐心倾听和有效反馈,使老人从中感受到了温暖。

资料来源　学生实习所收集案例。

旅游接待岗位礼仪首先要求的是从业人员应具有良好的服务意识,本案例就是良好服务意识的真实写照。

一、常规接待

当客人第一次走进旅游消费场所时,接待人员给客人留下良好的第一印象非常重要。因此,在具体工作中需注意以下方面。

(一)抵达前接待

抵达前的接待工作内容主要为准备服务工作,包括仪容仪表、精神状态、工作环境等方面的准备,同时要熟悉工作内容。

1. 仪容仪表的准备

上岗前应认真检查自己的着装、妆容和发型等是否符合接待岗位礼仪规范。需从仪容仪表中体现自身严谨、认真、训练有素的状态。应避免麻痹大意而造成准备不足，最终导致顾客不满。

2. 精神状态的准备

一是要求接待岗位员工不可带负面情绪上岗；二是应始终如一地保持饱满的精神状态；三是要培养员工耐心诚恳的积极心态和互帮互助的合作精神。这就要求企业日常工作中要培养员工具有一定的心理学知识，让他们可以根据所学及时调整自己的心理和精神状态。

良好的精神状态一般表现为以下 4 点：采用挺拔的站姿迎接客人；积极主动地迎接客人，如面带微笑、目视对方、问候对方等；先向客人致以不小于 15° 的鞠躬礼；和客人沟通交流时的语气语调应亲切温和、积极向上，不能拖腔拉调，也不能过于急促。

3. 工作环境的准备

工作环境的准备包括设施、设备、工具和接待空间等方面的准备，良好的工作环境会给客人留下整洁、有序的印象。某些游乐设施、机械设备、健身器具、配套物资的清点、检查和维护等要严格按照要求一丝不苟地完成，以防止出现突发的安全事故，造成不可挽回的损失。

4. 熟悉工作内容

熟知接待工作中涉及的人、事、物等相关信息。对已有预订的客人的背景资料，如个人或团体、相关要求、基本情况等要做到心中有数，并能从容应对接待中出现的各种突发状况。

（二）店外迎接

所谓店外迎接，指的是接待人员专程到机场、码头、车站等地开展迎送工作。

1. 店外迎接工作的礼仪

首先，要求服饰鲜明、整洁、挺括，迎接牌设计特色明显，且符合人们的日常审美认知和客人的要求。其次，客人抵达时，应主动上前并做自我介绍，在征得客人同意的前提下协助客人提取行李。再次，礼貌周到地引导客人上车入座或到指定地点，协助客人清点行李并妥善安置。最后，根据工作安排或客人情况，送客人到目的地，途中在恰当的时机将本次接待活动中涉及的相关事项和安排告知客人。

2. 店外送别工作的礼仪

提前了解客人离店或离港信息，事先预订合适车辆。送客路上，礼貌地征询客人旅游体验和感受，欢迎他们再次光临，并祝其旅途愉快。

（三）门口迎接

门口迎接是大多数旅游接待的第一个工作环节。在门口专程负责迎接的人员多由前厅部、餐饮部专人负责；在重要会议、典礼等场合，一般也会设专职迎接人员负责引导和协助客人。门口迎接人员服务质量的高低反映了接待方员工的整体接待水平。

1. 门口迎接礼仪

第一步，在门厅两侧或接待台前，迎接人员需按站立服务规范要求，身体朝外，等待客人到来。第二步，当客人乘车抵达门口时，迎接人员应立刻微笑上前，为客人打开车

同步案例 ▼

《星级酒店暗访员的经历》

门,在客人下车之前,还可为客人遮住车门框,防止客人碰头(如图8-1)。第三步,问候客人并表示欢迎。第四步,询问客人有无行李,在征得客人同意之后帮助客人装卸行李,引领客人至相应位置。第五步,当客人步行至门口时,迎接人员应立即并脚鞠躬,微笑问候,轻声询问客人的基本信息,也可根据工作安排和流程要求,进行信息登记与核实,然后引领和安排客人抵达相应位置。需要注意的是,如大门属于合拢状态,要提前为客人拉门与压门,目视客人,并通过手姿请客人通过,待客人全部通过后再松开门(见图8-2)。

图 8-1　下车服务　　　　　　　　　　图 8-2　开门迎请

2. 门口送客礼仪

首先,当客人要离开酒店时,接待人员应面向客人主动与客人道别,并欢迎客人再次光临。其次,当客人有叫车需求时,应帮客人叫车。待车停稳,为客人打开车门;待客人坐好,轻关车门;站在车的侧方,向客人举手示意,微笑告别,目送车辆走远。需要注意的是,如果客人随身携带多件行李物品,接待人员应帮助客人将行李放好,检查行李数,并提醒客人不要遗漏。

（四）行李服务

行李服务,主要是指当客人携带多件行李时应及时给予帮助。行李服务既包括客人进、出店时的装卸、搬运、清点等服务工作,也包括接待陪同时协助客人提行李。

提供行李服务时,有5个注意事项。

一是应事先征得客人的意见,再施以助力,否则就是失礼。

二是帮助客人装卸或搬运行李时,无论团队还是个人行李,均应轻拿轻放、集中放置和清点,并主动询问客人行李中是否装有易碎物品,以免被其他物品挤压和碰撞。

三是在放置客人携带的小型箱包、提包、物品等时,也要先征求客人的意见,不能随意置于地上。

四是提供行李服务时,要养成记下客人所乘车的车牌号、所属单位及其他特征的习惯,便于日后如有差错,帮助客人追索行李。

五是当获得客人信任后,协助搬运或看管行李时,接待人员要有责任心,不可随意走动,需随时注意听从客人吩咐。

如果客人的多件行李、物品为本酒店售出的,接待人员还应为客人提供包装服务,同时提醒物品的使用方法及注意事项,并适当帮忙运送。

(五)登记办理

在接待登记办理和离去手续过程中,接待人员有如下7项礼仪服务内容。

1. 站立

除特殊情况外,当客人走近自己的工作岗位时,接待人员均应以站立姿势迎接客人。

2. 微笑

面带微笑,同时应保持与客人的眼神的交流。

3. 问候

主动问候客人,并询问客人的相关信息或具体需求。

4. 尊称

在获知客人身份信息后,应第一时间对客人使用尊称,以表示对客人的尊重。

5. 解答

熟知业务范畴相关内容,能为客人答疑解惑;或能运用相关资源帮客人快速解决实际困难。

6. 手姿

当涉及与客人交递物品、填写表格、指示、引导等服务手姿时,手姿动作应规范大方、态度温和亲切、意思表达准确。不得出现单手递接、手指指点、面无表情、手眼不协调等无礼的肢体语言行为。

7. 致谢

当为客人办理完相关的登记手续后,在客人离开前,无论是否按客人的需求提供服务,均应微笑地向客人致以感谢或歉意,并表达祝愿。

对待初次抵达的客人,无论属于哪类接待,都要牢记以上登记办理时的7个礼仪服务内容,并结合具体业务范畴一一落实,与此同时,还要及时将客人的有关信息传递给各个相关部门,以保证待客服务的延续性。

(六)问询服务

要提升客人的满意度,提高接待单位的美誉度,每个服务岗位都应该了解和掌握各自岗位涉及的相关知识和信息,以便能够热情、百问不厌、有问必答地解答客人的问题。

1. 热情

热情表现在站立服务、主动问候、面带微笑、注视客人、认真倾听等细节,服务期间应多使用"您""请""谢谢""对不起""再见"等礼貌用语。

面对任何客人的咨询时,接待人员的表情和态度都应自信而亲切。如遇棘手问题,更应注意服务态度,以诚相待,以优质的服务打动客人,从而获得客人的理解与支持。

2. 百问不厌

对待客人提出的问题,应耐心地予以解答,不能推托、怠慢、不理睬客人或简单地回答"不行",忌用"也许""可能""大概"等模糊性语言应付客人。

3．有问必答

旅游接待人员首先要保证自身信息储备齐全,同时要保持各种咨询渠道的畅通。对不知道的事情,不要不懂装懂,也不能轻率地说"我不知道",可请客人稍等,然后向有关人员请教,或者运用不同渠道进行查询。如果经过努力还是无法明确答复,应向客人耐心解释,表示歉意,获取谅解。

如果是客人来电询问,也应件件有结果、事事有回音。如不能马上回答,应对来电客人讲明回复时间,且应在约定时间内主动回复对方,以免对方久等而引起误会。

（七）收银结账

客人对接待工作是否满意,可从收银结账环节窥知一二。当客人对接待人员递送过来的账单表情轻松,结算顺利,说明我们的工作没有出现明显的纰漏;如有不满,客人多半会直接提出建议或意见,甚至可能拒绝支付。基于此,当需要跟客人进行账单核对和结算时,规范、清晰、细心、耐心和高效的礼仪服务是接待人员不可忽视的。

1．规范

应遵守着装、仪容、仪态、手姿、称呼、问候等对客的礼貌礼仪;消费项目的单据书写、签章要求、发票开具等均应符合财务规范。

2．清晰

客人的每一笔消费的项目、金额及消费的起止时间等,都应非常清晰、无涂改痕迹;收款时应在尊重客人隐私的情况下告知对方金额,找回的零钱可要求客人当面点清,避免引发误会。

3．细心

收银结账是一项细致的工作,要在维护企业利益前提下,获得客人的认可,就需要在费用核算时,注意细节,一丝不苟,不得出现纰漏。

4．耐心

当客人对账单有疑问时,无论客人情绪如何,接待人员都应耐心地为客人答疑解惑,梳理消费流程,共同解决问题。

5．高效

专职收银员要具备高效处理账单的能力。否则如遇多个客人同时结账,让客人长时间等待,是非常失礼的表现。

在高效核算客人账单的同时,收银员要礼貌地示意客人排队等候,依次进行,避免因客人一拥而上,造成收银处混乱。如引起结算的差错,造成不良影响,更是得不偿失。

（八）接待中的其他礼仪

1．引领

引领客人时,应具备安全意识。包括以下 4 点注意事项。

一是注意跟随客人的行走频率,行走在客人侧前方 2—3 步处,使客人处于走道的内侧(见图 8-3)。

图 8-3 引领

二是根据道路状况，随时提醒客人需注意的事项，如凸起、坑洼、湿滑的地面，以及转弯、限高、施工等情况。

三是经过狭小的地方时，要先确认环境安全再让客人通行。

四是引领客人上下楼梯时，安全意识要先行。接待人员应在充分保证客人安全的前提下选择行走的方位。此时也要考虑到自身对来客的熟悉程度，包括来客人数、客人的性别及着装情况等。这要求接待人员具有灵活应变的能力，以便根据现场情况变化及时调整自己的行走方位。

2. 进出电梯

（1）有专人值守的电梯。

当接待人员陪同客人走入有专人值守的电梯时，作为陪同人员，其礼仪规范如下。

首先，等电梯停稳，电梯门打开后，请客人先进电梯，客人全部进入后，自己再进入；其次，如电梯厢体狭小，容量有限，接待人员应等待下一班电梯，但要跟客人说明原因，并委托电梯值守人员代为照顾客人；再次，目送客人乘电梯离开时，在电梯门关闭的刹那，应立正、向客人微笑致意（见图 8-4）；最后，当电梯到达指定楼层，门开后，如电梯厢体内人员不多，接待人员可以礼让客人先出电梯，如人员较满时，接待人员需先出电梯等候。

此外，作为电梯值守人员，其礼仪为：站立并主动向客人微笑、问候，询问所到楼层；压住"开门"按钮保证所有客人进出时不用担心被电梯门挤压；清晰明确地报出楼层数；适当调整和维护乘坐电梯人员秩序。

（2）无人看守的电梯。

电梯门开后，接待人员应用手挡住电梯门框，礼让客人先进电梯，等客人全部进入后，自己再进入（见图 8-5）；进电梯后，应站在电梯厢体前部的控制按钮附近，方便及时为客人提供服务；如电梯内有其他客人，应礼貌地询问其所到楼层，一并帮其按下相应楼层按钮；到达指定楼层后，按住电梯的开门按钮，请客人先出电梯；如同时提供行李服务，要把行李整齐地放置在电梯厢体的一侧，不能妨碍客人或占据客人的通道；到达楼层后，接待人员应携带行李最后出电梯。

图 8-4　电梯送别

图 8-5　陪同进电梯

需要注意的是，出于礼貌，接待人员如携带大件物品时，应搭乘员工专用电梯，不能与客人抢用客用电梯；如若条件不允许，应保证客人优先。

3．进出门

当接待人员陪同客人进出各类不同类型的门廊时，良好的礼仪素养还体现在"推己及人，方便他人"。

（1）进门。

当遇到内外双向门的情况时，接待人员不能向外推门，只能朝内拉；如遇旋转门，则应适当用手帮助客人控制旋转速度，引导客人全部通过后，再松手；在门开后，应养成习惯先压住门，再侧身请客人通过。

图 8-6　退出房间

除通过公共区域的门，如客人要进入任何房间，无论门是否开着，接待人员均应礼貌地先轻敲门，意为提醒屋内的人注意，得到允许之后才能进入。需要强调的是，进入酒店的客房时更应如此，这是保护客人隐私、尊重他人的礼貌做法，无论客房内是否有人，均应养成良好的职业习惯。

（2）出门。

当接待人员要离开房间时，应向客人道别，脚先后撤一步再转身离开；最后离开房间时，要面朝屋内，随手把门轻轻带上（见图 8-6），关门时避免用力过猛。

需要注意的是，接待人员无论进门或出门，都应将门恢复成进入房间时的状态。

知识链接

进出门的传统礼仪要求

进门之后,应该将门保持原来的状态。《礼记》说:"户开亦开,户阖亦阖。"意思是说,如果门原先是关上的,那么进门后就把它关上;原先是开着的,就还让它开着。如果后面还有人要来,就"阖而勿遂",意思是把门略微合上,不要关紧。

资料来源　彭林.中华传统礼仪概要[M].北京:商务印书馆,2017.

4. 等待

当负责接待工作的人手不够时,要想做到安顿好客人,并保证客人获得持续良好的接待服务体验,就必须考虑客人等待时的接待礼仪细节。

(1)入座服务。

当迎接人员引领客人在休息区或指定地方就座时,应注意引导时的姿态、表情,适当轻声解释原因以得到客人的理解和支持。对尊贵的客人,引领其到专门休息区或座位之后,可先进行接衣挂帽服务,或接下客人手里拿的物品,并在征求客人意愿的前提下,协助妥善安置和保管物品。

(2)茶点服务。

为安抚等待客人的焦虑情绪,应尽量提供可供客人打发时间的书刊、流畅的网络、小零食、茶饮等,并向客人做适当介绍让客人放心使用;当有多种茶品和饮品可供客人选择时,要及时询问客人,按客人的意愿用托盘送上,注意不得滴洒;用肢体语言示意客人"请慢用"并后退离开;接待团队客人时,上茶点顺序应注意先贵宾再陪同,先客人再主人;作为主方接待人员不能陪同客人一起等待时,离开前应先向客人说明原因,并礼貌退离。

二、预订接待

客人提前进行旅游休闲活动预约,可以方便旅游接待企业更合理地整合资源,做好计划和准备工作,并为客人提供更好的旅游消费服务。因此,做好预订接待工作,对留住客源非常重要。

预订工作一般可通过现场、电话、网络(预订平台、即时通信渠道)等形式完成。预订工作需注意以下接待礼仪。

(1)客人到现场预订时,接待人员要热情接待,主动询问客人的需求、细节和相关信息,包括预订人姓名、消费人数、喜好、禁忌、时间、联系方式等,并及时予以答复。

(2)在处理预订时,应做到报价准确、记录清楚、手续完善、处理快速、信息资料准确。

(3)客人电话预订时,接待人员要及时礼貌地接听,主动询问客人需求,帮助落实预订信息。预订内容必须认真记录,并向客人复述一遍,请客人确认,以免出差错。

(4)客人通过各类网络平台预订,接待人员在收到订单时应及时回应和处理,最后再和客人确认一遍预订信息，以确保无误。

（5）无论客人通过什么渠道预订，当客观原因无法接受客人预订时，应第一时间表达歉意，耐心与客人协商并推荐其他旅游产品。在接受预订后，应信守承诺，切实做好客人来店前的核对工作，如有意外状况导致被迫取消客人预订，应及时跟客人取得联系，在表达歉意、说明原因、取得客人谅解后，再与客人协商其他可能性。

三、接待熟客

当客人多次莅临某旅游休闲消费场所时，充分表明客人对该场所的认可和喜爱，只要客人能为企业带来效益，提升企业的美誉度，企业是非常欢迎此类客人的。

对待这样的回头客甚至是熟客，除了按常规接待流程把礼貌礼仪贯彻到位外，还应注意其他礼仪规范。比如，建立客人档案，熟知客人特征，尽量掌握客人的基本情况和禁忌、喜好，争取在客人第二次光临时，做到一见客人就能准确地称呼对方，并能针对客人习惯进行项目活动的初步安排，征得客人意见后，再安排实施。

此外，针对多次光临的熟客，接待人员还应注意以下三个问题。

（一）尊重之心不可松

不能因为客人是熟客，彼此间已非常熟悉，而缺乏对客人应有的尊重之心。特别是当客人主动以比较熟络的姿态向接待人员表示不需要帮助时，缺乏经验的接待人员常常会"窃喜"，误以为可以偷懒，从而真的对客人放而不管，最后惹得客人不满。出现这种情况就是接待人员缺少尊重之心，没有拿捏好对待熟客的接待之道造成的。

正确做法是：可以适当地把工作重心转移到其他客人身上，但对熟客必须保持应有的关注。可根据熟客的消费体验习惯，在消费之初、消费中途和消费结束前，主动出现并询问客人消费体验情况，及时解决相关问题。

（二）随意之举不可有

举动随意同样是由对客人缺乏尊重所造成的。典型的问题有：说话内容不得体，语气较为随意，不用敬语和尊称；在行为举止上，也不太注意，与客人缺乏应有的边界感。当出现以上情况且没有做好善后处理时，会彻底惹恼客人，导致熟客流失。

（三）拘泥之为暂可放

与随意之举相对应的是接待人员僵化、刻板的接待模式。这种情况常在新入职的员工身上体现。此时，熟客对旅游休闲场所的接待、运营工作比新员工更为熟悉，反衬之下，更显得接待人员专业性不够、工作内容不熟悉，从而造成恶性循环，导致接待人员的行为举止更僵化和紧张。其实，不论哪类客人，都希望所处的环境和氛围是相对轻松的，接待人员拘泥、刻板的行为会放大周围紧张和不适的气氛。因此，新入职员工在发现接待的客人为熟客时，只需按工作流程和礼仪要求做好接待工作即可，如不清楚情况，应主动向熟客请教，反倒更能获得客人的认可。

四、不见面的接待

好的服务不仅会面对面传递给顾客宾至如归的感受，也包括通过网络平台、电话等不见面的方式，快速解决客人提出的各种问题。名为不见面的接待，实质是接待人员在幕后协调沟通，努力让客人获得好的服务感受。这类接待工作包括预订、查询、结算、转接、留言等。在对话语气、态度、言语措辞、问题处理速度等方面，同常规的接待工作礼仪要求一致，但也有需要特别注意的地方。

（一）转接

转接服务一般发生在企业固定电话的接听或企业网络平台公用账户反馈客户时。这种情况下，客户更关注的是受理人员的态度，以及问题处理的方式和效率。当客人指定寻找某位接待人员时，按电话礼仪要求，接听人员应积极转接；如被找之人不在，则要礼貌地询问客人是否能代为解决其问题。

（二）留言

当收到客人的留言信息，留言对象为接待人员本人时，一旦看到留言应及时回复和处理；如是代为转接或代为留言，承诺的事要做到，事情解决后要第一时间向留言客人反馈；如因某些原因无法处理，也要尽快反馈给留言客人。

五、各岗位接待中的礼仪细节

在了解旅游接待岗位礼仪的共性要求之后，我们再来了解一下，不同的旅游接待岗位接待礼仪的个性要求。本部分将从住、食、游、行、娱等方面进行简要介绍。

（一）入住客房

1. 迎接

接到迎接通知，接待人员可在电梯口迎接，主动前迎，微笑问候客人，称呼对方时加上姓氏和尊称，在征得客人同意后帮助其搬运行李。

2. 进出房

按进房间规范，敲门、开门、压门、侧身一旁，请客人进房，征询客人意见帮客人放置行李物品。在问清客人没有其他需求后，礼貌地向客人告别，离开房间时按进出门的规范轻手将门关上。

3. 适度介绍

根据酒店及房间设备设施、客人实际情况，适当礼貌地简要介绍酒店的特色及其他信息，如早餐时间、Wi-Fi密码等。

4. 房务服务

客人一旦入住，客房即成为其私人空间，接待人员不能随意进出。最好在客人外出时整理房间，可避免打扰到客人的休息与工作。整理房间时，房间内的任何一样东西，都不可翻动和挪动。

当接待人员因送餐等需要进入客房时,首先要严格按照规范操作,轻敲三下门或按门铃,然后自报家门,在得到客人允许后才可进入;进入客房后,眼睛不可乱看,按照客人的要求和指示,高效快速地完成工作,并向客人进行相关提醒和说明,并在征得客人同意后,退出房间,轻关房门。

5．叫醒

接受客人叫醒服务后,要做好提醒设置,要有高度的责任心,可适当多设置一到两次叫醒服务,确保能完成客人交代的任务。

（二）用餐全程

1．安排座位

（1）客人进入餐厅后,接待人员应仔细观察并适当询问客人意见,按照客人的具体情况给客人安排座位。

（2）如遇用餐高峰期,没有餐桌可以安排时,要向客人致歉,并征询客人等待意愿;对不愿等待的客人,表示感谢;对愿意等待的客人安排其至休息区等待,也可适当为客人准备一点小吃消遣;每隔一段时间后,要主动告知客人餐厅用餐动态,便于其了解情况后,决定自己是否继续等待。

2．协助入座

（1）客人到达座位前,接待人员可以提供拉椅和存放衣物等服务。需注意遵循尊者、长辈、女士优先的原则。

（2）对携幼儿用餐的客人,要主动为客人安排儿童专用椅,以解决客人的用餐之忧。

（3）客人坐定后,接待人员要及时为客人提供香巾、斟茶等服务,并根据客人的数量补撤餐具、桌椅等;西餐厅接待人员还可帮客人取出餐巾并放于客人腿上。

3．恭请点餐

（1）客人就座后,接待人员应在1分钟内主动走到餐桌旁,向客人问候,并双手递上菜单,可以向客人说明点餐方式,并询问客人口味要求,适当向客人介绍本餐厅招牌菜品和推荐菜品等。

（2）如果是人工点餐方式,需要接待人员耐心等候客人选餐,在客人结束点单之后,进行复述,并根据客人数量提供合理化用餐建议,主动征询客人对酒水饮料的需要。

（3）烹饪时间较长的菜品,要向客人说明需等候的时间;对已售罄的菜品,要致歉解释,并适当推荐类似菜品;对客人所点的菜单上没有列出的菜品,应尽量设法满足,确有困难也需致歉说明。

（4）下单之后,跟客人说明上菜的大概时间,并在承诺的时间内把菜上齐。

4．席间服务

（1）上菜。

接待人员上菜一律使用干净的托盘,尽量提前安排好上菜位,所有菜品应从上菜位上桌;菜品不可从尊者、老人、孩子身边上桌;更不可从客人头上越过;需要报菜名时,应把菜品放置好后,后退一步再清晰地报出菜名;当桌上菜盘太多,需要进行整理才能继续上菜时,需要事先知会客人;如客人协助上菜,要表示感谢;上菜过程中,主人发表宴请贺词时,应暂停上菜,等发言结束再继续;客人所点菜品全部上齐后,要告诉客人,以示尊重。

西餐上菜顺序应按照西餐餐序,即头盘(也叫开胃菜或前菜,多为小分量的咸味、酸味冷菜)—汤(蔬菜汤、奶油汤等)—副菜(海产品、面包等)—主菜(鸡肉、牛肉、猪肉等)—配菜(蔬菜等)—甜品(蛋糕、布丁、冰淇淋等)—饮料、咖啡或茶,要有条不紊,一一上桌。

（2）酒水。

客人所点酒、茶、饮料为餐厅提供时,应先向客人示意,得到客人认可后,再到服务餐桌旁代为开启;如果是客人自带酒水开瓶,应先征求客人的意见,再到服务餐桌旁代为开启,并提供相关服务与器具等;可按照客人需求盛汤、派菜和斟酒,遵循尊者、长辈、女士优先原则,依次进行。西餐的酒水应与客人所点主菜相匹配,一般鸡、鸭和鱼类等,应配白葡萄酒;而猪、牛、羊等,应配红葡萄酒。

（3）撤盘。

当盘中剩下菜品不多,需大盘换小盘时,或桌上菜多摆不下需撤走(合并)某些菜品时,需征得客人的同意后方可进行;要注意观察,及时整理台面,适时撤换客人的脏骨碟,保持烟缸内的烟头不超过3个。

西餐撤盘服务是在每一道新的餐食上桌之前进行的。进行撤盘服务时,同中餐一样,先跟客人说明情况,再根据客人的意愿撤掉相应的餐盘和刀叉等。

在撤台、摆台时,动作要轻而稳,尽量不发出声音,以免影响到其他客人用餐。

（4）其他。

如客人不慎将餐具掉到地上,接待人员应及时为其更换干净餐具。如发现客人的物品掉落在地时,应立即拾起,双手奉上,不可视而不见。

服务全程注意汤汁、酒水等不要溅洒在桌面或地上,更不可溅洒在客人身上。如发生以上情况,除表示歉意外,对同性客人在征得对方同意后可亲自为其擦拭;对异性客人,可递上毛巾。

客人如果无意间损坏了餐具,需要客人赔偿时,应婉转告知客人。

即使营业时间已过,客人用完餐,也绝不能出现逐客行为。

如遇醉酒客人不听劝阻,举止粗鲁,应首先以礼相待,如无法处理,可寻求餐厅经理协助。

客人要求打包剩菜,接待人员可协助装盒,还可向客人介绍一些菜品再加工的技巧,如能为客人添加一点调料之类的额外服务,则会让客人倍感温暖。

（三）陪同参观游览

对接待参观游览的工作人员的总体要求:保持饱满的精神状态,言谈举止有风度,根据参观游览情况适当地调动客人的情绪,使客人获得良好的游览体验。

1. 游览前

（1）提前检查准备工作是否已经做好,按时到达约定位置,等候和迎接客人。

（2）如是第一次与客人相见,可借助彩底黑字或白底彩字的迎接牌以便客人识别。

（3）确认接到自己的客人后,应面带微笑,真诚地向客人问候。

（4）如有同事共同陪同游览参观，要向客人做简要介绍。

（5）确认清楚客人人数后，礼貌地引导大家到达乘车地点。

（6）协助客人登车并帮助客人放置行李物品，做好安全提示，确认客人都坐稳之后，再让司机发车。

知识链接

礼仪服务中的内外有别

　　小赵是旅游专业刚毕业的学生，跟着老导游老冯上了两个团，一个北京团，一个美国团。两个团都是老人居多，小赵发现了一个有意思的现象，老冯在带北京团时挺热情，上下车时帮老人提行李，有时还搀扶一把。但是在带外宾团时，上下车时他就微笑着站在车门边，不主动帮外国老人提行李，看到有的老人行李实在太大，他会小声地问一句然后再帮他托一下行李。下团后小赵笑着问老冯原因，老冯回答："小赵，我们带团虽然有规范的程序，但是要根据客人的情况灵活掌握，区别对待。你先回去想一想，明天你来揭晓答案。"

　　分析：老冯会"内外有别"，主要原因是不同国家习俗不同。在中国，我们提倡"尊老爱幼"，老冯在客人上下车时帮老人提行李，搀扶一把，会让老人有受尊重之感。但在西方，人们很重视自己的隐私，尤其是年龄，接待人员如果过于热情去帮助他们，反而会引起误会，产生不必要的麻烦。

　　资料来源　道客巴巴.《交通服务案例分析》，节选。http://www.doc88.com/p-5953014154992.html.

2．车程上

（1）致欢迎辞。

欢迎辞内容包括自我介绍，代表接待单位表示欢迎，介绍司机及出面接待人员等，同时，简要介绍行程安排、目的地情况，最后表达良好的祝愿与期待。

（2）行车途中。

前往目的地途中，如车程较长，客人的精神状态不错，可做好沿途导游，让客人了解更多的风土人情、背景情况等；也可适当组织活动持续调动客人的积极情绪；当客人疲态明显时，可让客人稍事休息，对重要景点或事项，以及后续安排做简单说明。

3．游览中

（1）游览安排。

接待人员要熟悉参观游览路线情况，同时注意观察参观游览地周边环境设施，在客人有需求时，提供有用的信息；提前做好各环节工作的安排，方便客人每到一处都能按行程计划顺利推进，圆满完成参观游览活动；做好安全提醒，保证客人游览全程的安全。

（2）讲解工作。

接待人员应亲自或请专业人员为客人讲解相关知识，答疑解惑。

讲解中，在确保讲解姿态符合礼仪要求的前提下，可以配合讲解内容采用不同的肢体语言,用手姿、体态及表情来表达感情,强化所要讲解的内容。

接待人员可以从吸引客人入手,设计讲解词。同时注意讲解音量适宜、语速适中、快慢有度、用语得体、语言生动,会给客人留下深刻印象。

此外,应掌握一定的沟通技巧,使用赞赏和鼓励的语言,使客人满意;如果无法达到客人要求,也能真诚地说明原因从而获得客人的谅解;还可通过委婉的拒绝方式,回绝客人的某些不恰当的要求,从而使客人和自己都不会难堪。最终使客人高兴而来满意而归,感受到真正的"旅途愉快"。

4. 回程时

在回程时,接待人员应注意以下 5 点。

(1) 回顾参观游览活动,感谢客人的配合和支持。

(2) 征求客人的意见和建议。

(3) 如果参观游览活动发生了不愉快的事情,应再次请客人谅解。

(4) 最后送别客人时,要致欢送辞,并期待客人再次光临。

(5) 把客人送至目的地时,应等客人完全离开视线范围后,方可离开;如果自己有事要先行离开,应向客人说明情况,并请客人谅解。

(四) 交通工具上的司乘工作

1. 乘务员

不管采用何种旅游交通工具,乘务员都应具备良好的职业礼仪素养和语言沟通能力,并熟练掌握处理危机的应急技巧,注意着装规范,保持仪表整洁、仪态大方、举止文明。此外,还应具备主动的服务意识、诚恳的服务态度,与乘客沟通时应使用文明服务用语,执行规范的工作流程。

(1) 恭迎嘉宾。

恭迎嘉宾时,乘务人员应站在指定的工作区域,面向客人,微笑问候、鞠躬行礼、迎接客人。为表尊重,核验客票时,需用双手或右手接递票据;指示方位时,应按仪态要求动作规范明确为客人指明方向。

(2) 疏导入座。

乘务人员应礼貌地疏导过道滞留客人,并协助靠窗客人先行落座;为找不到座位的客人礼貌指引车厢和座位大概方位,引导其对号入座;如遇行动不便的特殊客人时,应在征得对方同意的情况下,搀扶其登车入座。

发车前,应提醒乘客落座,并帮助有需要的乘客系好安全带,检查行李是否安置妥当,清点人数是否到齐(注意不能采用手指点的方式清点人数)。

(3) 途中服务。

首先,乘务人员应致欢迎辞,按乘务工作要求进行安全检查,介绍安全救护用品的放置方位和使用方法;长途旅行中,如提供免费餐食时,应文明用语,声音柔和,面带微笑,举止大方;当客人需要点餐时,要按照餐饮接待人员点餐礼仪要求,为客人提供点餐、送餐服务。途中应保持每半小时一次的安全卫生巡视工作,在不打扰客人的前提下,维护好所负责车厢内的清洁卫生,预防安全事故发生。

Note

全程应关注行动不便的客人或特殊客人的动态，及时为其提供帮助。

（4）抵达目的地。

即将到达目的地时，乘务员应做好提醒工作，防止客人遗落物品；等交通工具停稳，车门打开后，乘务员应先下车，再侧身恭送客人，并致道别语和祝愿语；应为行动不便的客人和行李较多的客人提供帮助。

2. 司机

（1）形象。

司机在出车前应避免食用有异味的食物，衣着应符合旅游接待人员的着装规范。为了保证安全，并尊重客人，在夏季，男性司机严禁穿着圆领 T 恤或背心、短裤、拖鞋；女性则应避免穿拖鞋，如穿高跟鞋，则鞋跟不可超过 3 厘米。

（2）车况。

应保持车容车貌整洁，车厢温度适宜、无异味；确保各种服务设施（播放器、饮水机等）及服务用品（矿泉水、晕车药、垃圾袋、针线包、纸杯等）齐全。

（3）迎客。

司机应主动为客人打开车门，或站在车旁，微笑迎接客人上车，不可独坐驾驶座或擅离职守；应主动帮助携带较多、较重行李的客人搬运物品，整理行李仓，并询问行李放置要求；不能按照自己的想法，随便堆置行李。

关闭车门前，应确认车内客人已安全就座，观察车辆周围安全情况之后，再提示客人启动车辆发车。

（4）行车。

行车过程应严格遵守道路交通法规和安全操作规程，不酒后驾驶，不超速驾驶，不疲劳驾驶，不强行超车等，保证车辆行驶平稳安全。

司机驾驶姿态应保持端正，当行李架上行李较多时，若遇转弯较多或地面不平地段，应适当关注行李情况；但不得反复通过后视镜"窥视"客人。

驾驶途中禁止接打手机、微信聊天、吸烟、吃东西；不急刹急转、闪灯催促、摇窗吐痰、抛撒垃圾；应严禁非工作人员进入驾驶室，司机不可与他人闲聊。

未经乘客同意，不招揽其他客人同乘。行至复杂路段，要及时对乘客进行安全提示；行驶中车辆如果出现异常状况时，应及时停车检查，排查异常状况后，方可继续行驶。

（5）途中休息。

途中休息时，应将车辆停放在安全地点或指定停车场；应提示游客注意随身携带物品，并告知客人上下车时间；提醒客人注意观察前后的来往车辆再下车。

司机离开车辆前，要做好车辆安全检查，再关闭车门、车窗，确保客人行李、物品安全。

如果在车上等候客人，司机应继续保持良好的仪态形象和态度，不在车内卧躺，不脱袜、脱鞋、赤膊，不将脚伸向仪表盘、方向盘等处，不用喇叭催促客人等。

（6）抵达目的地。

车到终点时，司机应唱报站名，提醒客人车停稳后再下车，不要遗漏个人物品；在征得客人同意后，为客人提供行李服务，并与客人礼貌道别，再开车离去。

（五）娱乐休闲运动中的礼仪细节

娱乐休闲运动各项目中,其常规接待工作中的基本接待礼仪规范,与其他旅游接待岗位相同。但需要注意的是,在具有一定挑战性和刺激性的娱乐休闲项目中,接待人员安全意识的警钟必须长鸣。根据各自的工作礼仪特点,可将娱乐休闲健康项目概括为观赏体验型、运动保健型、文化休闲型、游乐刺激型。

1. 观赏体验型

该类项目以视听欣赏为主。在欣赏的过程中,接待人员的礼仪需注意以下6点。

（1）除了在着装、语言、仪态等方面要注意礼仪规范外,还需做好观众行走路线和脚下路况的提示和引导工作。

（2）对晚到的客人简单说明演出已进行的时长,根据票面座位号,协助客人在昏暗的环境下找到座位,可用手电筒照射在客人脚前一步的位置来引领客人,并轻声提醒。

（3）如用手电筒指引客人入座时,手电筒的光不应高于客人的膝关节,更不能晃到其他客人的眼睛。

（4）如节目有需要观众参与的环节,场间服务人员需要提前提示客人,并询问客人是否有参与互动的意愿。

（5）如果演出舞台有专门设计的机关,或者是有特殊的声效处理,要注意观察客人的身体状态和年龄状况,适当地做好提醒工作;特别是在黑暗的环境下,场间服务员更应时刻提醒客人注意安全,以免客人出现意外状况。

（6）演出结束后,需分流客人,此时服务员应站在各主要出口处或显眼位置进行指引,可借助扩音器提醒观众不要遗漏物品。

2. 运动保健型

（1）运动类。

对初次参与运动体验的客人,可根据其兴趣爱好,在征询客人意见后,简要介绍所开设的运动项目,还可适当地示范,并给予指导。注意观察客人开展运动的情况,如果其在运动过程中出现不适,或发生受伤等事故,应及时为客人提供急救药品和看护。

对着装不符合运动要求的客人,服务人员应予以提醒,并给予建议。当客人使用运动器械变换运动姿势或加大运动量时,接待人员应先检查运动器械的状况,从而保证客人安全。

（2）保健类。

对新来的客人,要主动询问其身体状况,针对客人身体情况,介绍和示范保健产品的使用方法,并告知注意事项。如发现客人出现紧急情况,要立即通知救生员或医护人员,也可根据自己的能力情况实施科学的救助,并通知领班、值班经理等迅速赶到现场。

提醒存有物品的客人,记住其物品保管箱号和钥匙;对年老体弱者及有特殊情况的客人应多加提醒和关注。注意观察客人身体有无异常状况,是否符合保健产品的使用要求,当发现异常,要主动上前进行询问,并礼貌地劝其离开。

3. 文化休闲型

文化休闲类项目中"慢与静"的特点非常明显,接待人员无论声音还是动作,都应以轻柔为主,以保持环境内部的"静"。

对新来的客人,应善意地提醒其保持安静。对沉浸于某项文化活动中的客人,如需与其沟通时,应尽量不要打断对方,可注意观察,寻找恰当时机,再与对方沟通。

4．游乐刺激型

此类项目以释放人们情绪为目的,具有一定刺激性和挑战性。这里以各类游乐场所为例,概括其接待礼仪的核心有两点。

(1)核实。

接待人员应核实乘坐游乐项目的客人身体条件、年龄等是否符合游乐设施要求,如发现客人情况不符合乘坐要求的,应礼貌且坚决地劝其离开。

为保护客人人身和财产安全,应对进入游乐设施内的每个客人,核实其眼镜、相机、提包、钥匙、手机等小件物品是否已得到妥善保管。

年老体弱、行动不便者及未成年人在乘坐游乐设施时,需要核实是否有人陪同。

以上3条必须核实清楚后才能开启游乐设施。

(2)提醒。

服务人员在设备运行之前,应提醒游客不要将身体任何部位伸出游乐设施外,不得擅自解开安全带,不得打开安全压杠;再次提醒有心脏病、高血压、恐高症患者及精神疾病患者,不可乘坐游乐设施;对于不听劝阻的客人,接待人员要及时阻止其参与项目,并善意沟通,劝其离开。

(六) 各旅游接待岗位中的票务工作

1．售票人员

(1)有客人到售票窗口时,应起立或欠身迎接,礼貌问候,耐心询问。

(2)细心询问客人所购票据张数、时间、具体需求等,并加以确认。

(3)对客人表达不清楚的地方,要耐心仔细地询问清楚,以免出错。

(4)可向客人讲解目前的优惠政策,如需客人出示相关证件时,应礼貌地说明原因并请客人配合。

(5)如客人所购门票售罄,应礼貌地告知客人,并在询问客人相关需求的基础上,给出合适的建议。

(6)迅速查询票额情况,告知客人票价,并再次确认相关信息,做到稳妥出票,准确无误。

(7)将票和找零、证件等双手递给客人,向客人微笑道别。

2．检票人员

(1)应面向客人站立,微笑问候,礼貌请客人出示票证。

(2)双手接过票证,或用右手指引客人接受检测仪器扫描;需要检查客人携带的挎包时,要先致歉并说明原因,之后感谢客人的配合。

(3)当客人太多,发生拥挤时,应维护秩序,耐心地用礼貌用语安抚客人,表示歉意,并尽量加快核验速度。

(4)当客人所带小孩持票证与购票标准不符时,可礼貌地请小孩测量身高,避免与客人发生冲突,有理有据地说服对方配合工作。

（5）客人顺利通过检验票后,应向客人微笑表示感谢。

能力习得

（一）案例思考

案例1:谢先生的一次用餐感受

谢先生带着朋友来到一家酒店用餐。

在一楼的迎宾人员招呼他们:"欢迎光临,几位先生中午好,请问有预订吗?"

谢先生说:"是的,我预订了一个雅间,我姓谢。"

迎宾人员在记录本上查找到预订信息后面带微笑地说:"谢先生,您好,您预订的是216房间,请上二楼,在楼梯口会有人迎接您。"

谢先生和朋友一起上二楼,由于又有客户进来,楼下的迎宾员并没有送他们上去,只是礼貌地与他们道别。说实话,他们还是有点茫然,这个餐厅是谢先生第一次来,考虑到离朋友所在地点比较近,就选了这个餐厅,但因为之前没有来过,所以对服务和菜品质量都没什么底。

一上二楼,谢先生就看到一个服务员在楼梯口迎接,服务员看到他们,向前一步鞠躬问候:"谢先生,欢迎您,几位先生中午好,216房间在左侧,您这边请。"

当时,谢先生有些惊讶,一家看上去普普通通的餐厅,信息传递竟如此迅速,他看过太多的餐厅一人带一个对讲机,但做起事来效率却很低。可是这家餐厅,居然自己刚上楼便已经开始享受带有姓氏的称呼服务,并且服务信息传达得及时准确。他开始有些欣慰,并且对接下来的服务和菜肴有了一些期待。

资料来源 纪亚飞.服务礼仪标准培训[M].北京:中国纺织出版社,2012.

思考:通过此案例,请将自己去过的一些餐厅与谢先生去的这家餐厅进行对比,说说有什么不同。如果要达到谢先生去的这家餐厅的服务效率,你觉得在细节上还应如何做?

案例2:一次交通事故

一个旅游团参加某旅行社组织的旅游,游客们乘坐汽车公司的大客车行驶在崎岖不平的山路上,驶至一个急转弯时,司机并未放慢速度,致使转弯时车身碰到了岩崖,靠车窗坐的一位游客头部受到冲撞,其右脸面部神经麻痹。事后,该游客提出了索赔。

资料来源 道客巴巴.《交通服务案例分析》,节选。http://www.doc88.com/p-5953014154992.html.

思考:按照交通工具上司乘工作的礼仪规范,请思考并分析司机、导游、乘务员应如何避免类似事故的发生?

（二）案例讨论

案例1:有损光辉形象

游客沈女士写投诉信给某市一家颇有名气的四星级酒店。信中说她是该酒店的老顾客,不论是出差、开会或旅游都喜欢住这家酒店。但这一次酒店却给她留下了极坏的印象。事情的经过是这样的:沈女士在离开酒店去机场之前,在酒店商场替她先生买了一套名牌西装。她先生穿着这套西装到公司上班,周围的同事们横看竖看觉得不对劲,于是拿到有关部门去鉴定,这才知道除了款式有点相似之外,其余的如商标、衣料、纽扣等都是冒牌货。沈女士在信中最后写道:真没想到,你们是一家颇有名气的酒店,居然能卖出如此假冒伪劣的商品,你们这是在往自己脸上抹黑,也有损于自己的光辉形象。

资料来源 蒋炳辉.旅游案例分析与启示[M].北京:中国旅游出版社,2003.

讨论:(1)案例中沈女士说"酒店商场"的所作所为是在抹黑酒店的"光辉形象"有道理吗? 一家旅游企业该如何提高自身整体的旅游接待质量?

(2)从这个案例中,结合旅游岗位接待礼仪内容,你得到了什么启示?

案例2:酒店有责任吗?

旅游旺季前夕,某酒店为了迎接旅游高峰的到来,特意对走廊地板进行打蜡处理,同时,又在走廊两端竖起了"地板打蜡,请走边道"的警示牌。这时,从楼上走下一批追逐嬉闹的年轻人,其中一人在走廊里意外摔倒。经医生诊断,其右手骨折。为此,伤者向酒店索赔。

资料来源 蒋炳辉.旅游案例分析与启示[M].北京:中国旅游出版社,2003.

讨论:(1)酒店方对年轻人的受伤是否负有责任?

(2)结合旅游接待岗位礼仪要求,酒店本身在哪些方面的工作还需加强?

(3)本案例让你得到了什么启示?

(三)案例模拟演练

案例1:小张的黄金周旅游梦的破灭

"十一"黄金周马上要到了,忙碌了几个月的小张,想找个景区放松下。按照网友的推荐,他拨打了集休闲、度假、娱乐为一体的A景区的咨询电话。电话铃响过五六声以后,传来了服务人员急促而又低沉的声音:"您好,这里是A景区。"

小张问道:"您好,我是上海的一名游客,想在黄金周期间到你们景区游玩,可否咨询一下你们黄金周期间有没有优惠活动?"

对方回答:"对不起,我们黄金周期间没有优惠活动。"

小张有些失望,但还是继续问道:"那有没有增加一些特色的旅游活动?"

对方有些不耐烦地问道:"请问您是一日游还是度假游?"

"什么意思?"小张有些疑惑。

"如果是度假游,晚上我们景区会有大型篝火晚会,但是我们接待中心客房非常紧张;如果是一日游,没有增添旅游活动。"对方答道。

小张有些生气,确认道:"那就是说我要度假的话也不一定有地方住,是吗?"

对方低沉地回应道:"是的,我不敢保证。"

小张无奈地说:"噢,谢谢。"

"再见。"服务人员急不可待地挂了电话。

小张失望至极,他对 A 景区的旅游计划彻底放弃了。

资料来源　原创力文档.《景区接待服务案例》,节选。https://max.book118.com/html/2017/0701/119533545.shtm.

模拟演练:请结合模拟案例情景内容,完成以下综合练习。

(1)2 人一组,根据模拟案例的背景介绍,讨论以下问题:造成小张黄金周旅游梦破灭的原因是什么? 跟 A 景区的电话接线员的电话预订咨询方式有关吗? 如果你是 A 景区的电话接线员,如何避免案例中的情况发生?

(2)参照模拟案例的背景介绍,按问询服务、预订接待和不见面的接待礼仪要求,分别扮演 A 景区的电话接线员和小张,模拟演练完整的不见面预订接待工作,帮小张圆黄金周旅游之梦。

(3)模拟演练结束之后,通过他评和教师点评等,完善相关知识内容,掌握不见面预订接待工作岗位礼仪,提升接待能力,并填写表 8-1。

表 8-1　能力习得情况评价与建议

评价指标		评价等级(A、B、C、D、E)		建　议
		他评	师评	
基础知识	仪容仪表、精神状态、工作环境和内容的准备			
	问询服务礼仪要求			
	预订接待礼仪要求			
	不见面的接待礼仪要求			
动手能力	电话接听方式			
	电话声音塑造			
	接受咨询时的热情状态			
	接受咨询时的百问不厌			
	接受咨询时的有问必答			
职业能力	电话预订咨询中全流程的良好的礼仪体现			

需改进:

本章小结

　　本章对旅游活动中常见的各类接待岗位进行了总结和梳理。同时,对各旅游接待岗位所需礼仪,分别从共性和特性上进行了阐述。最后,通过不同形式的思维训练、行为训练与典型的旅游接待岗位流程介绍等方式,帮助学生在掌握基础知识的前提下,获得相关职业能力。

关键概念

旅游接待岗位工作特点　　常规接待要点
抵达前接待 4 要素
各岗位接待(酒店前台、餐饮、游览参观、交通司乘、运动休闲娱乐)中的礼仪

复习思考

□ 复习题

1. 旅游接待岗位工作特点是什么?
2. 抵达前的接待 4 要素是哪些?
3. 登记办理的 7 个礼仪服务内容分别是什么?
4. 问询服务的 4 个注意事项是什么?
5. 接待熟客有什么讲究?
6. 收银结账时需注意的问题有哪些?
7. 引领客人进出门、上下楼梯、进出电梯有哪些需要注意的细节?
8. 完成不见面的接待工作有哪些讲究?
9. 运动休闲娱乐岗位接待工作中,有哪些特别需要注意的礼貌礼仪?

□ 思考题

图 8-7 是某景区 VIP 客人接待流程图,结合本章的旅游接待岗位礼仪学习内容,尝试和同学一起设计出与该接待流程相符合的全流程礼仪,其间注意客人 VIP 的身份。

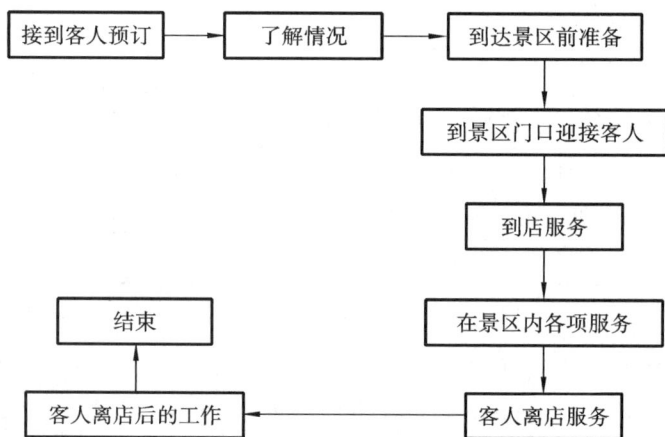

图 8-7　某景区 VIP 客人接待流程图

第九章
礼宾仪式

学习目标
理解并掌握礼宾仪式的基本原则和位次安排;掌握国旗悬挂、迎送、乘车、行进、会见、签字、宴请、合影、庆典安排等相关位次礼仪。能够根据不同工作场景,灵活、得体地运用礼宾次序安排好相应的位次;能够在各项礼宾活动中,周到地做好礼仪接待与服务工作。掌握并能熟练应用各种仪式礼仪规范,提升礼宾接待活动的服务品质。

素养目标
使学生具备一定的政治素养,在培养他们严谨、求实的科学精神,团结协作、爱岗敬业的职业情怀的过程中,增强学生的爱党爱国情感,树立民族自信心和文化自信心。

第一节　迎来送往

案例引导

鸿门宴中的接待座次安排

《项羽本纪》中记载鸿门宴的一段,短短千余字,太多细节值得发现。其中记座上诸人位次仅一句,曰:"项王、项伯东乡(向)坐,亚父南乡(向)坐。沛公北乡(向)坐,张良西乡(向)侍。"余英时先生就此句写成《说鸿门宴的座次》(收入《史学、史家与时代》.桂林:广西师范大学出版社,2004.),提出项羽面东,乃自居尊位,刘邦面北,居臣位。

由此,他指出项羽不以宾主礼招待刘邦,而将他当成自己的臣属,还推测这是项伯的安排。鸿门宴的座次如何解释,或犹有可商之处。余先生发现这一问题,由此探究司马迁记录位次的用意,诚为巨眼。

资料来源　时代.从《史记》《红楼梦》看古人座次安排,节选。http://www.360doc.com/content/20/0518/18/68447681_913127239.shtml.

思考:余英时先生的点评,说明什么问题?

　　我们在迎来送往,特别是涉外接待活动中,应该如何确定礼宾规格?还要注意什么礼节问题呢?

　　迎来送往是社会交往、旅游接待和外事接待等工作最基本的形式和重要环节,是表达东道主尊重与热情,体现礼貌涵养的重要方面。它既体现东道主的礼宾规格,也展现出东道主的接待水平,同时也会影响来宾对东道主产生的首因效应与近因效应。因此,不管是在旅游接待还是涉外交往中,都应根据来宾的身份、来访性质、目的以及双方之间的关系等因素进行综合考虑,周到地安排好迎送活动。

一、迎送礼仪

微课视频
▼

《礼宾仪式座次安排基本原则》

(一) 座次排列基本理念

1. 内外有别

　　在旅游接待及涉外交往中,由于交往对象来自不同的国家、地区、民族,在传统文化与礼俗、习俗上会存在诸多差异。因此,在具体的接待工作中,应讲究"内外有别"。第一,若是在公务接待、商务交往、涉外接待等正式场合中,为避免产生误会、表达对交往对象的尊重,应认真遵守国际社会中通行的礼仪规范,同时对交往对象所在国家或地区的礼仪习俗要有所了解,避免产生失礼行为。第二,若交往对象是熟人或是亲人,则保持应有的尊重即可,不必过于呆板,以免让对方感到疏远。

2. 中外有别

　　在座次安排上,我国和其他国家的一些做法不尽相同。在中国长达五千年的文化历史发展中,左右尊卑问题随着时间的推移、地域的区别、习俗的不同、社会的发展而有所差别。概括而言,中国绝大多数朝代都崇尚以左为尊的文化理念,因此,在国内的政府会议及公务场合接待中,座次安排遵从以左为上的原则,讲究左高右低。而在一般的商务场合及国际交往中,座次安排则应遵循以右为上的国际惯例,讲究右高左低。

3. 遵循规则

　　一般来说,在地方交往、社交活动中,要按照约定俗成的做法。例如国内许多地方选举,通常以候选人姓氏笔画多少来进行排序,这体现的是独具中国特色的排序方式。而在国际交往中,则要按照国际惯例来进行,一般按照拉丁字母顺序来排序,例如联合国大会上各国的发言顺序,就是按照各国国名首字母排列的。

(二) 座次排列六大基本原则

　　无论是行进、乘车、会议、会谈,还是在签字仪式、庆典仪式和宴会等场合中,但凡出现需要考虑座次礼仪的情况,就应遵守座次排列的六大基本原则。

1. 面门为上

　　即在室内举行的活动,面对房间正门的位置为上座,因为这个位置视野开阔。例如标准的报告厅、会场主席台,在设计时本身就是面对正门的;在高档餐厅的包间里,一般面对房间正门的位置也是主座。

2. 以远为上

　　即指距离房间正门较远的位置是高位,离房门较近的位置是低位,目的是让尊者远离干扰。例如在会见中,对于开、关门,以及进出取拿物品等事宜,均可由坐在距离正门位置最近的秘书人员、工作人员去处理,以便不影响双方主要领导人的交谈。

3. 背靠主题墙为上

即指在室内的活动中,若有明显的主题墙,则主题墙下居中的位置为上座,以凸显尊者的尊贵地位。例如在宴请的包间里,如果主题墙并不是面向正门,此时主位应为背靠主题墙下的居中位置。

4. 居中为上

指排序若分中央和两侧的话,则中央的位置高于两侧,以显示居中者地位之高。例如在大型会议中主席台上多人就座排序时,应将领导人安排在居中位置,其余人员的座次按照领导人的方位依次向两侧排列。

5. 以右为上

指排序若有左、右之分时,则在一般的社交场合、商务交往和国际交往中,应遵循国际惯例,即以右为上。例如在涉外活动中,主客并列入座,右半边的座位要留给客人,而主人则坐在左边(左和右的区分以当事人的具体情况为准),以显示对客人的尊重。

6. 前排为上

指排序若有前、后之分时,则前排的位置高于后排的位置,目的是使尊者享有优先权。例如,在陪同领导进行参观时,应让领导走在前面,把选择参观方向的权力让给领导,尊重领导的意愿。

(三) 迎送工作中的方位

1. 迎送方位

在旅游接待、公务接待或涉外接待中,周到的迎送安排可体现出东道主对来宾的尊重。对于较正式的接待活动,可根据来宾的身份、职位等因素,将迎送地点安排在机场、车站、码头或公司正门外,也可是会议厅、宴会厅的大门外;当来宾抵达前,接待人员应当在迎送地点处面向来宾到达的方向,列队排好,恭候宾客的到来,以体现对来宾的重视与礼遇。

在迎接队列中,通常应由接待人员中身份、职位最高者站于队列最前列或中心的位置,其余接待人员则按身份、职位由高到低依次站列(见图9-1);或以职位最高者为中心,分别在其左右两侧依次站列(见图9-2)。这种站序排列,也方便来宾到达后可以快速、清晰地区分出主方的最高领导人,以免在问候、行礼时出现尴尬的情况或有失礼之处。

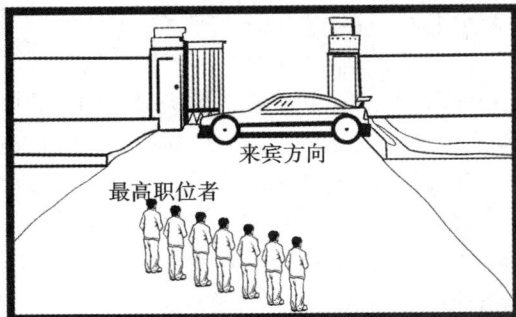

图 9-1　室外迎送站位图一

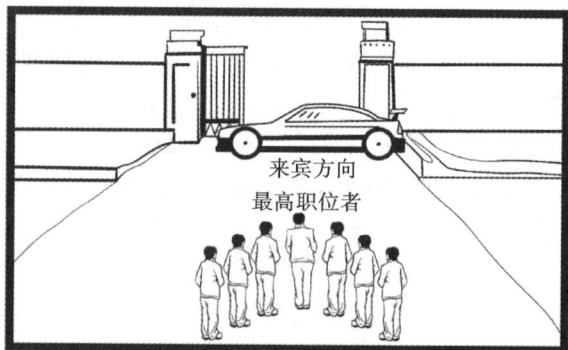

图 9-2　室外迎送站位图二

对于日常交往中一般性接待工作,尽管不必按照上述隆重的做法,但也要体现出对来宾的热情与尊重,迎送的地点可安排在办公大楼门外、办公室门前、电梯门口等,职位最高者站在前排、居中等显著位置,其余陪同人员站在其身后(也可不用排序),陪同位高者一起迎接与送别客人,让来宾在简化的迎送礼节中既感到亲切与舒适,又能感受到主方的真诚与敬意。

2. 行进方位

接待人员的引领行进方位在上一章中已有详细介绍,在此不再赘述。这里主要介绍的是位高者的陪同人员应该注意的行进方位。总体应遵循"前方高于后方、中央高于两侧、内侧高于外侧"的原则。

陪同位高者行走时,陪同人员应在位高者后侧半步位置跟从,若有多名陪同人员,则按职务高低顺序依次靠后、靠边跟从。总之,要把右侧、前方、中间、内侧等尊贵、安全的位置让给位高者。陪同位高者乘坐电梯时,若无人操作,主方位分最低的陪同人员应后进后出,主动承担起操纵电梯门的工作;若有人操作,则主方位分最低的陪同人员应后进先出,礼让位高者、突出其尊贵地位。

(四)乘车安排

在迎送客人时,接待人员应提前准备好合适的车辆来接送客人。因此,我们需要根据不同的车辆,以及驾驶者的不同来安排好位次,这样才能体现出对客人的尊重。在座次安排上,应遵循"以右为上、前排为上"的总体原则。

1. 根据驾驶者的身份排序

驾驶者的身份主要有两种:车的主人和专职司机。根据驾驶者的不同,车上座次排列尊卑也有所区别。

当车的主人驾驶时,一般前排为上,后排为下,以右为上。具体来说,可以分为以下三种情况(见 9-3)。

(1)在双排五座的车上,座位由主到次的顺序应当是:副驾驶座,后排右座,后排左座,后排中座。

(2)在双排六座的车上,座位由主到次的顺序应当依次是:前排右座,前排中座,后排右座,后排左座,后排中座。

(3)在三排七座的商务车上,其他六个座位的座次由主到次依次应为:副驾驶座、中排右座、中排左座、后排右座、后排左座、后排中座。

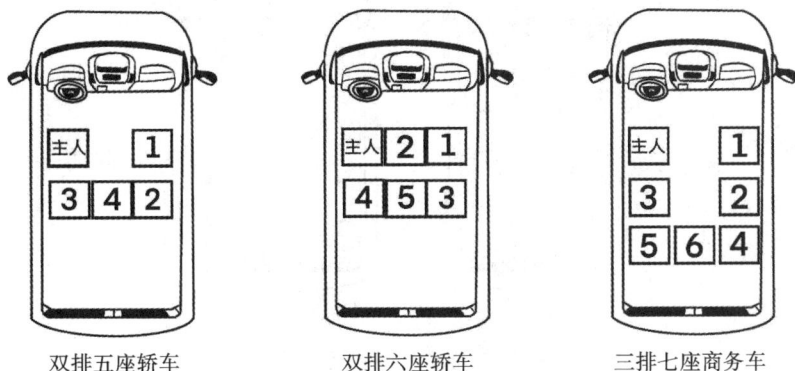

图 9-3 主人驾驶时的车中位置的排序

当主人亲自驾车时,若一个人乘车,则其应坐在副驾驶座上;若多人乘车,为表示对主人的尊重,必须推举一个人(此人应以主宾为主)在副驾驶座上就座,以显示与主人同舟共济。

由专职司机驾驶时,通常仍讲究以右为尊,但一般以后排为上,前排为下。具体来说,可以分为以下几种情况(见图 9-4)。

(1)在双排五座轿车上,座位由主到次应当依次为:后排右座,后排左座,后排中座,副驾驶座。

(2)在双排六座轿车上,座位由主到次应当依次为:后排右座,后排左座,后排中座,前排右座,前排中座。

(3)在三排七座商务车上,其他六个座位的座次由主到次依次应为:中排右座、中排左座、后排右座、后排左座、后排中座、副驾驶座。

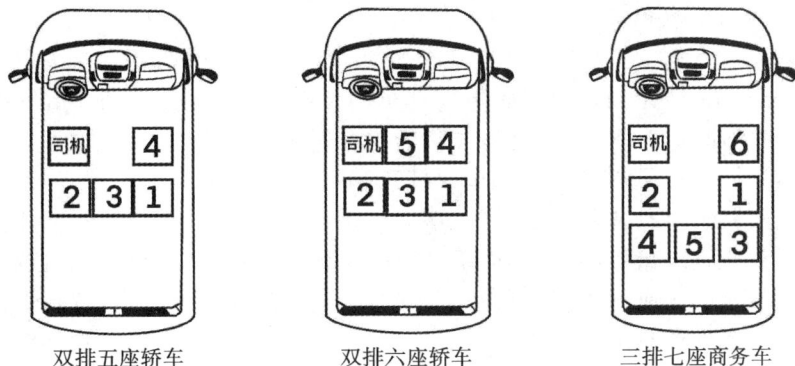

图 9-4 专职司机驾驶时的车中的位置排序

2.根据车辆的类型排序

除了上述内容中的双排座,我们还需要掌握其他一些特殊类型的轿车排序(见图 9-5)。

(1)吉普车的位次排列。

吉普车是一种轻型越野车,大都是四座车。基于越野车避震效果不佳的情况,前排

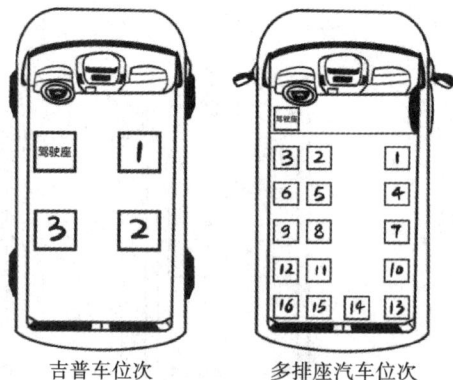

图 9-5　特殊类型的轿车排序

往往比后排平稳舒适,因此不管由谁驾驶,吉普车上座次由主到次依次是:副驾驶座,后排右座,后排左座。

（2）多排座轿车的位次排列。

多排座轿车指的是四排以及四排以上座位的大中型轿车。不论由何人驾驶,均以"前排为上、以右为上、以距离前门近为上"的原则,来排定具体座次的主次。

以一辆六排十七座的中型轿车为例,其座位的主次依次应为:第二排右座,第二排中座,第二排左座,第三排右座,第三排中座,第三排左座,第四排右座以此类推。

3. 陪同乘车时须注意的礼仪

首先,轿车的前排,特别是副驾驶座,是车上最不安全的座位。因此按惯例,在社交场合,该座位不宜请女性或儿童就座。在公务接待中,副驾驶座,被称为"随员座",循例专供秘书、翻译、警卫、陪同等随从人员就座。

其次,在正式场合乘坐轿车时,应请尊长、女士、来宾就座于上座,这是给予对方的一种礼遇。需要注意的是,在安排入座时,应尊重嘉宾本人的意愿和选择,在与同等地位的人上下车时,要互相谦让。

再次,乘坐轿车时,应请位高者先上车、后下车。此时,位低者应当一手拉开车门,一手遮挡门框上沿,待位高者坐好后再关上车门。在轿车抵达目的地时,本着"方便来宾,突出来宾"的原则,若有专人恭候,并负责拉开轿车的车门时,应让位高者率先下车;若无人恭候,则陪同中位次者应先下车并打开车门,再请位高者下车。

最后,当陪同人员较多时,需安排七座以上的商务车或中巴车接送,此时上下车的顺序为:位次者先进入最里面、选择最不方便的座位,并依序由里而外,而位高者应最后一个上车(先于坐副驾驶的陪同人员);下车时,陪同人员应先开门,由位高者先下,再依序由外而里,位次者最后下车。

二、涉外接待

（一）礼宾次序

礼宾次序是指依照国际惯例,对出席活动的国家、团体、各国人士的位次按某些规则和惯例进行先后排列的次序。礼宾次序既体现了东道主给予各国宾客的礼遇,在一些国际性集会上还能表示各国所处的国际地位。在涉外交往中,礼宾次序问题是一个政治性较强而又较为敏感的问题。礼宾次序安排不当或不符合国际惯例，会引起不必要的争执和交涉，甚至影响国家之间的关系。

虽然礼宾次序的排列在国际上已有一定的惯例，但各国的做法也不尽相同。以下是常用的三种排列方法。

1. 按身份与职务的高低排列

身份与职务高低是礼宾次序排列的主要依据，在官方活动和民间交往中，通常以此安排礼宾次序。确定职务高低的依据是各国或各企业提供的正式名单或正式通知，但由于各国的国家体制不同，类似部门的相似职务，级别也不尽一致，因此在排列时，应根据各国的规定，按相应的级别和官衔进行排列。

2. 按字母顺序排列

在多边活动中，则一般按照参加者的组织或个人的英文或其他语言的字母顺序排列。具体方法如下：先按第一个字母进行排列，当第一个字母相同时，则依第二个字母的先后顺序排列，以此类推。但需要注意的是，每次只能选一种语种的字母顺序排列，不能在中间穿插其他语种的字母顺序。如联合国大会的首席按英文字母排列，但为了避免一些国家总是占据前排席位，联合国大会每年抽签决定本年度大会席位以哪一个字母打头，以便让各国都有机会排在前列。

在国际体育比赛中，体育代表队名称的排列、开幕式出场的顺序一般也按国名字母顺序排列（希腊作为奥林匹克精神的发祥地，各个国家出于对其的尊重，在奥运会上希腊基本都是第一个入场，而东道国则一般排在最后）。代表团观礼或召开理事会、委员会时，则按出席代表团团长的身份高低排列。

3. 按先来后到的顺序排列

在一些国家举行的多边活动中，按通知代表团组成的日期先后顺序排列礼宾次序，也是经常采用的办法之一。东道主国对同等身份的外国代表团，按派遣国通知代表团组成的日期排列，或按代表团抵达活动地点的时间先后排列，或按派遣国决定应邀派遣代表团参加活动的答复时间先后排列。

在实际交往的过程中，礼宾次序往往不是按一种方法排列，而是按多种方法交叉进行排列，同时需考虑其他因素，如国家之间的关系、所在地区、活动性质和内容、对活动贡献的大小，以及参加活动人员的威信、资历等。通常情况下，会将同一国家、同一地区或关系特殊的国家代表团安排在前面或排在一起。对于同一级别的人员，常把威望高、资历深、年龄大者排在前面。有时在考虑身份与职务的前提下，将业务性质对口、语言相通、宗教信仰一致、风俗习惯相近的代表团安排在一起。甚至还可采用无序排列，由参加者根据各自关系自由排列等。

总之，在礼宾次序安排工作中，无论采用什么样的排列方法，一定要在发出活动邀请时加以说明，让对方心中有数、有所准备；并且还要耐心、细致地研究，设想多种方案，以免因礼宾次序安排不当，引起不必要的误解。

（二）悬挂国旗

国旗是国家的象征与标志。人们通过悬挂国旗来表示对本国的热爱和对他国的尊重。但是，在一个主权国家领土上，一般不得随意悬挂他国国旗。许多国家对悬挂外国国旗都有专门的规定。目前国际上已形成了悬挂国旗的一些惯例,并被各国普遍接受。

1. 悬挂国旗的场合

在国际会议中,除会场悬挂与会国国旗外,各国政府代表团团长亦可按会议组织者的规定,在一些特定场所或车辆上悬挂本国国旗。一些展览会、体育比赛等国际性活动,也往往悬挂参与国的国旗。在建筑物或在室外悬挂国旗时,一般应日出升旗、日落降旗。若需悬旗致哀,通常需要下半旗,其做法是先将旗升至旗杆顶,再下降至距离杆顶的三分之一处。有的国家不降半旗,而是在国旗上方挂黑纱致哀。最后需注意,在升降国旗时,要立正脱帽,行注目礼;升国旗时则一定要将国旗升至杆顶。

2. 悬挂国旗的要求

坚决不能使用破损和污损的国旗。各国国旗图案、样式、颜色、比例必须按其宪法规定,不可随意更改。并排悬挂不同比例的国旗时,应将其中一面略放大或缩小,以使旗的面积大致相同。另外,国旗不能倒挂、竖挂或反挂。悬挂双方国旗时,按国际惯例,两国国旗并挂,以旗本身面向为准,右挂客方国旗,左挂本国国旗。汽车上挂旗,则以汽车行进方向为准,驾驶员左手为主方,右手为客方。

3. 悬挂国旗的方法

(1)两面国旗悬挂。

悬挂双方国旗时,按照国际惯例,应以右为上、左为下,以旗正面为准,右挂客方国旗、左挂主方国旗。两面国旗的悬挂方法有并列悬挂、交叉悬挂,如图 9-6、图 9-7 所示。

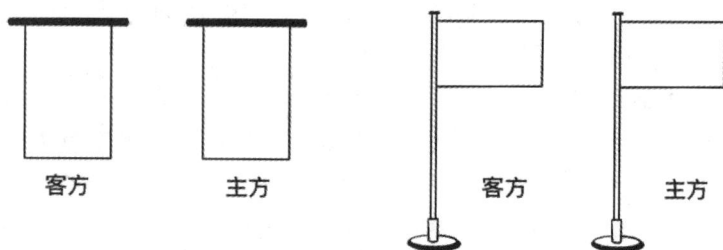

图 9-6 并列悬挂

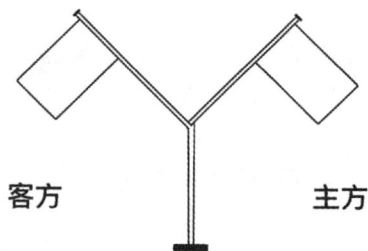

图 9-7 交叉悬挂

(2)多国国旗悬挂。

悬挂多国国旗时,可有以下四种方法:

方法一,单行排列。单行排列时,主办国国旗应排列在最前面。

方法二,并排排列。并排排列时,以旗面面向观众为准,主办国国旗应排列在最右方。

方法三,弧形排列。弧形或者从中间往两旁排列时,主办国国旗应当排列在中央,如图9-8所示。

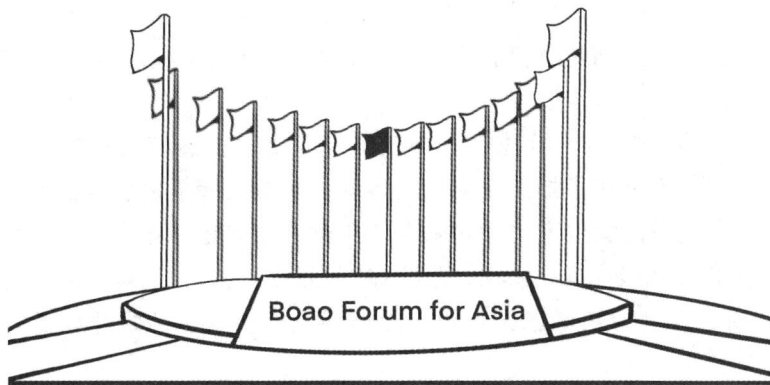

图9-8 弧形排列

方法四,圆形排列。主办国国旗应当排列在主席台或者主入口处对面的中心位置,如图9-9所示。

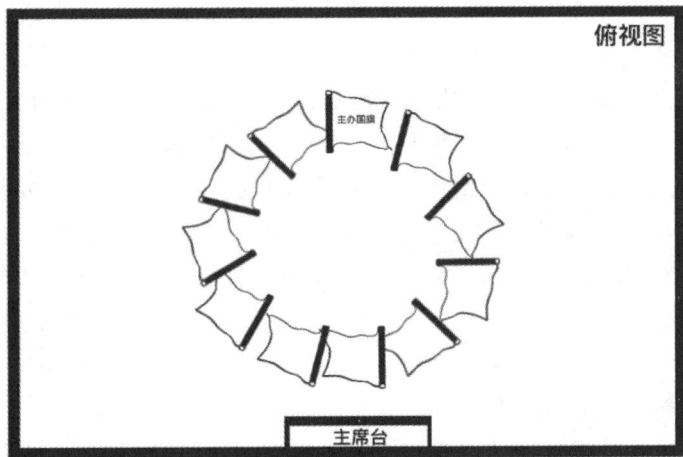

图9-9 圆形排列

(三)礼宾接待程序

1. 确定迎送规格

确定来宾的迎送规格,应遵循三条原则。一是规格对等原则。一般而言,在迎送宾客时,我方出面迎送的主要人士的职务、身份、地位应当大体上与来访者相仿,以对口、对等为原则。二是灵活机动原则。因特殊原因,在不能对等接待的情况下,应由职务相当的人或副职出面接待,并且礼貌地向对方给予合理的解释。有时,为了发展两国关系或因政治需要,也可破格接待,安排较隆重的迎送场面。三是综合平衡原则。主要依据来访者的访问目的和身份,适当考虑两国关系,并依据国际惯例,综合平衡。

2. 准确掌握抵离时间

为确保迎送工作顺利,迎送人员必须准确掌握客人所乘交通工具的抵离时间,并提前 15 分钟至 30 分钟到达为宜。即使因天气变化等原因,客人不能准时到达,迎送人员也应保证在客人抵达之前到达机场、车站或码头,不能出现让客人等候的情况。

3. 献花

献花是常见的迎送外宾时用来表达敬意的礼仪之一。迎接普通外宾时,一般不需要献花。若需安排,则可在参加迎送的主要领导人与客人握手之后,由儿童或女青年将花献上,有的国家则是由女主人向女宾献花。所献之花需是鲜花或由鲜花扎成的花束,花束要整洁、鲜艳,忌用菊花、杜鹃花、石竹花和黄颜色的花(黄色具有断交之意)。有的国家习惯送花环。献花时需考虑客人的宗教信仰及所在国家的特殊风俗,以避免发生误会。

4. 介绍

来宾与迎接人员见面时,应互相介绍。通常由礼宾工作人员将前来迎接的人员介绍给来宾,也可由迎送人员中身份最高者做介绍。一般先由主人将迎送人员按照职务高低顺序逐一介绍给主宾,然后再由主宾将客方人员按照职务高低顺序逐一介绍给主人。若主客双方早已相识,则也可以不介绍,可直接行见面礼。

5. 陪车

客人抵达或迎送仪式结束后,从抵达地到住处;以及访问结束后,由住地前往机场、车站、码头,一般都应安排迎送人员陪同乘车。迎送车辆都应事先安排好,不可临阵调遣,给人以仓促之感。陪车时,应请客人坐在主人右侧。上车时,客人要从右侧门上车,主人从左侧门上车。如果客人已先上车并坐在了主人的位置上,则不宜再请客人挪换座位(具体乘车位次安排见前文)。陪同人员在关门时,应先看客人是否坐好,确保将门关好,且不能夹伤客人。

6. 送行

在为客人送行时,有两种情况。

(1)普通陪送人员提前到达出发地,等候主陪人员陪同客人到达并送别;

(2)所有参与送行人员先于客人到达出发地,等候客人到达并送别。如有送别仪式,则应在送别仪式之前到达。送行人员应在客人临上飞机(火车、轮船)之前,按一定顺序同客人一一握手话别。等到客人乘坐的交通工具消失于视野后方可离开。

➤ **知识链接**

迎来送往,领导人访问有哪些迎宾礼仪?

礼宾安排在很多国家有严格固定的程序要求,一般来说是依照惯例甚至法律而行的。大多数国家派正部级代表去机场迎接外国领导人,元首或者政府首脑,随后再举行正式的欢迎仪式。

虽然各国都会按照自己过往的习俗来确定欢迎方式,但自从联合国成立以来,国家主权平等成为共识,外交礼仪上对于"平等"与"对等"的讲究更为重要了,也因此形成了一套通用的礼仪。例如,为进行国事访问的国家元首所举行的欢迎仪式往往包括鸣放礼炮21响、军乐团奏两国国歌、检阅陆海空三军仪仗队、检阅分列式。为进行正式访问的政府首脑举行的欢迎仪式同元首的国事访问大体相同,主要区别是礼炮鸣放为19响。

至于礼炮鸣放为何要21响,据外交部礼宾司介绍,"21"响是国际传统,来历也颇为有趣。早在400多年以前,英国战舰上只能放21门炮,行驶在公海上,如果遇到友好国家的船只,为了表示敬意和解除武装,全部放炮。如果到一个国家加水加油,也要先将炮全部鸣放。此后逐渐演变为国家元首访问的鸣炮传统。因为单数象征吉祥,所以迎接外国政府首脑到访时就改为鸣放19响。

除此之外,最有趣的大概是各国欢迎仪式中不同的民族习惯了。俄罗斯喜欢用面包和盐招待客人,新西兰毛利族人要和来访的领导人碰鼻,摩洛哥会端上一盘蜜枣请客人享用。在英国,一般欢迎仪式的焦点是从英国皇家骑兵卫队阅兵场到白金汉宫1.6千米的王室马车队伍,外国领导人会与女王夫妇坐上由黄金装饰的王室马车。

资料来源 人民网.《迎来送往,领导人访问有哪些迎宾礼仪》节选。http://world.people.com.cn/n/2015/0421/c1002-26875794.html.

第二节 座次方位

案例引导

贾母的宴请,为何这样安排?

《红楼梦》中记录家族宴饮的场景,常不厌其烦地叙写诸人座次。贾母在荣庆堂宴客:"上面两席是南北王妃,下面依叙,便是众公侯的诰命。左边下手一席,陪客是锦乡侯诰命与临昌伯诰命,右边下手一席,方是贾母主位。"(第七十一回)可见堂上宴请外客,主宾以南面为尊(已与汉代东向为尊不同),次者在下东西分坐,陪客在东,主人在西。至于家人宴请,则不循宾主之位,除上座以外,按惯例以东为上。

资料来源 时代.从《史记》《红楼梦》看古人座次安排节选。http://www.360doc.com/content/20/0518/18/68447681_913127239.shtml.

思考:《红楼梦》中贾母的宴请座次安排是基于何种规范和道理? 现代社会,在人际

交往、国际商务交往日益频繁的今天,我们该如何安排客人的座次与方位?

座次即位次,排列座次是会见、会议、宴请、合影、庆典时经常会遇到的事情。正确的座次安排会体现对来宾的尊重,并有利于交往活动的顺利开展。因此,排列座次要遵循一些基本原则和排列技巧。

一般而言,座次方位的排序应遵循六大基本原则:面门为上、以远为上、背靠主题墙为上、居中为上、以右为上(以当事人为参照标准)、前排为上。上文已作简要介绍,这里则针对不同场景介绍相应的座次排列技巧。

一、会见

会见,又称会面或会晤,在国际上通常被称为接见或拜会。一般是指在较为正式的场合,与他人郑重其事地见面。凡地位高的人士会见地位相对低的,或是主人会见客人,可称之为接见或者召见。凡地位相对低的人士会见地位高的,或是客人会见主人的,可称之为拜会或拜见。接见和拜会后的回访,称回拜。在涉外交往中一般不做上述区分,大多数情况下均称会见。但在国内交往活动中,会见根据不同的情况,会有较明确的区分,例如会见、接见、拜会、拜访、回访、看望、探望等。尽管叫法不同,但在座次安排上都遵循相同的基本原则。

(一) 会见的位次安排

从会见的内容上来区分,可以分为礼节性的、政治性的和事务性的会见,或兼而有之。礼节性的会见一般时间较短,话题较广泛。政治性的会见一般涉及双方的关系、国际局势等重大问题。事务性的会见则包括外交交涉、业务商谈等。会见通常安排在会客室或办公室,常见的会见座次安排分为以下 5 种。

1. 相对式

相对式具体做法是宾主双方面对面而坐。这种方式显得主次分明,往往易于使宾主双方公事公办,保持距离,故其多用于公务性会客,如图 9-10 所示。

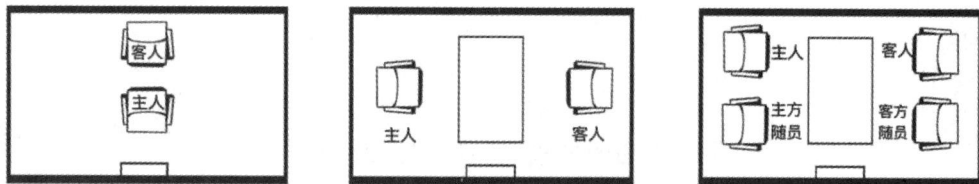

图 9-10 相对式的三种排序

2. 并列式

并列式具体做法是宾主双方并排就座,以体现双方平起平坐,地位相仿,关系密切。其适用于较为轻松的会见场合。座次安排可遵循"面门为上,以右为上,远门为上"的基本原则,如图 9-11 所示。

3. 主席式

主席式排位适用于由主人方同时会见两方或两方以上客人的正式场合。一般而

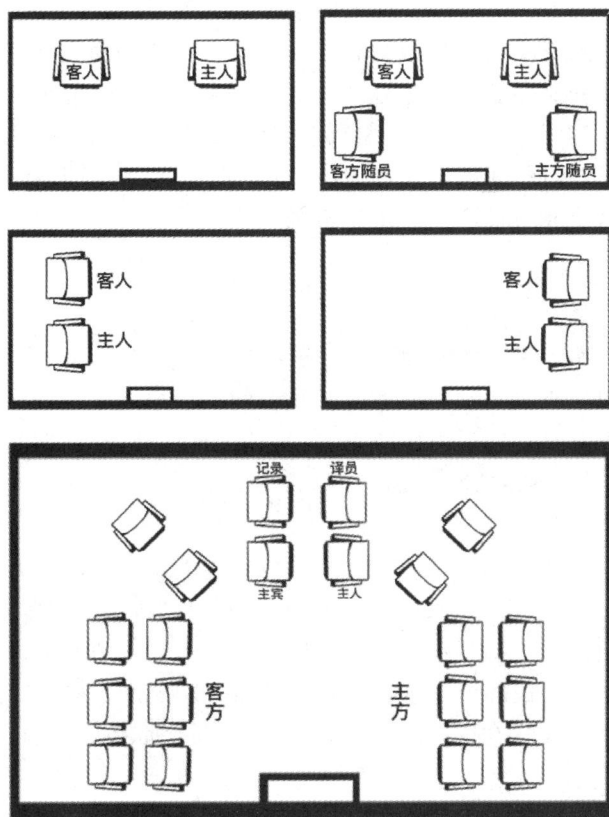

图 9-11 并列式的五种排序

言,此时应由主人面对正门而坐,其他各方来宾则在其对面背门而坐。或者,主人亦可坐在长桌或椭圆桌的远端,请其他客人在两侧就座,如图 9-12 所示。

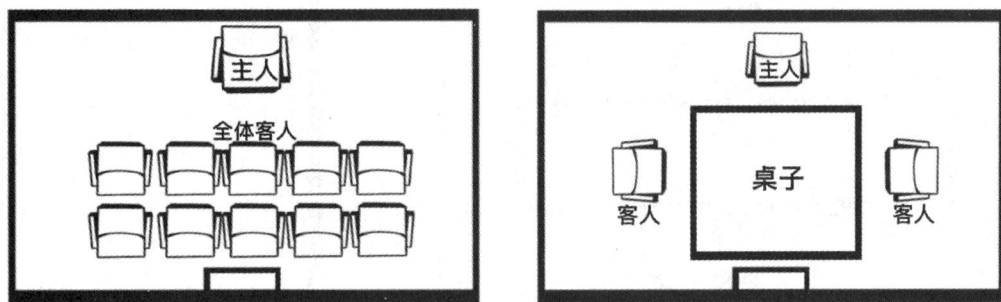

图 9-12 主席式的两种排序

4. 自由式

自由式的具体坐法是:会见时有关各方均不分主次,不讲位次,而是一律自由择座。在进行多方会面时,常常采用此种方法。

(二)会见的服务礼仪

会见场所的光线和温度应根据实际情况或来访者的要求而定。一般情况下,夏季室温宜保持在 25℃ 至 26℃,冬季室温宜保持在 20℃ 至 22℃。主人及主方陪同人员应到门口迎接宾客,共同引领客人进入会客厅。服务人员应为宾客斟上茶水,按先宾客后主人,先主宾后随员的顺序服务。过程中要注意茶杯的摆放,当使用有杯把的茶具时,一定要把杯把朝向宾客的右手一侧。斟茶时,以倒入茶杯的 7 分至 8 分为宜,续水时,应根据实际情况灵活掌握,间隔时间为 15 分钟左右一次,或根据尊者的饮水习惯进行续水。服务完毕后,服务人员应及时退出会场。

二、会谈

从国家、政府层面来说,会谈是指双方或多方就某些重大的政治、经济、文化、军事问题,以及其他共同关心的问题交换意见。从民间交往层面来说,会谈也可以是指洽谈公务,或就具体业务谈判。它的内容较为正式,政治性或专业性较强。双方会谈通常用长方形、椭圆形桌子,主客双方相对而坐。

1. 会谈的位次安排

会谈位次安排的通常做法是:若长桌横放,面门位置属于客方,背门位置属于主方,如图 9-13 所示;若长桌竖放,以入门方向为准,右侧为客方,左侧属主方,如图 9-14 所示。当来访客方级别低于主方,座次朝向可反之安排。无论哪种朝向安排,双方主谈人均应居中而坐,我国习惯把翻译安排在主谈人右侧,但有的国家亦让翻译坐在后面,一般应尊重主人的安排,其他人员遵循以右为上原则,按照职位高低自近而远地在主谈人员两侧就座。

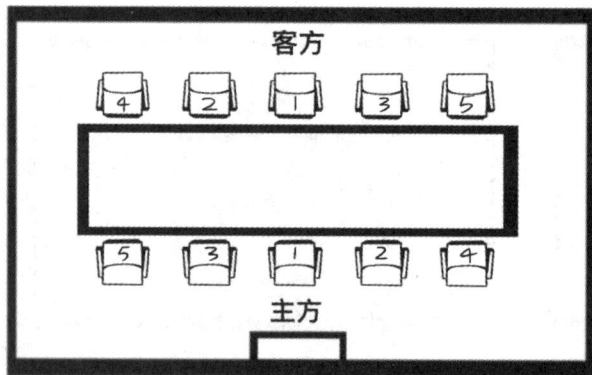

图 9-13　横放式会谈排序

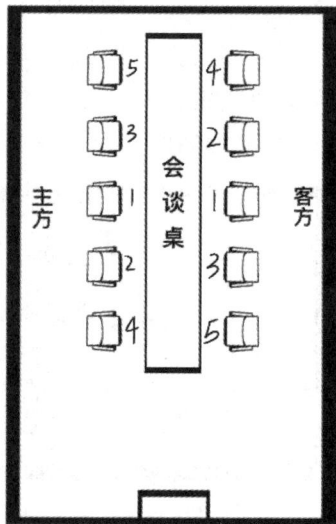

图 9-14　竖放式会谈排序

多边会谈时,座位可摆成圆形、方形等,各方自由择座。个别小范围的会谈可不用长桌,只设沙发,双方座位可按会见座位要求进行安排。

2. 会谈的服务礼仪

会谈中的服务主要包括续水、上毛巾等,有时还提供点心、水果等,其服务礼仪与会见大致相同。需注意的是,会谈前,应在每个座位前的桌面上摆放便签本和笔,以供参会人员记录使用。若会谈中间有休息时间,服务人员应迅速整理好座椅及桌面用品,但不能弄乱和翻阅桌面上的物品及文件。

三、签字

签字仪式是指业务双方或多方经过会谈、协商后,形成了某项协议或合同,由各方代表在有关协议上签字并交还相关文本的仪式。它标志着各方的意见达成了一致,具有很强的仪式感。

(一)签字仪式的座次

签字仪式座次礼仪是各方最为在意的,一般由主方代为安排。主方安排时,应以国际礼宾序列,遵循以右为上原则,即将客方主签人安排在签字桌右侧就座(以室内面向正门的视角为基准),主方主签人在左侧就座,在重大的签字仪式中,有时还会配有助签人,各自的助签人在其外侧助签,双方的随席人员分别站在己方主签人的座位后面,并按照职位高低、由中间向两侧依次排开,如图 9-15 所示。

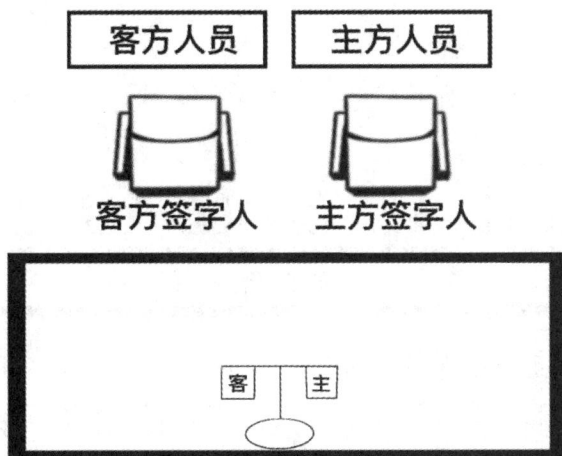

图 9-15　双边签字仪式排序

(二)多边签字仪式

多边签字在安排座次时,根据国际惯例,通常仅安排一张签字桌,签字席位面门而设,先由文本保存方上台签字,其他各方成员按照一定顺序依次上前签字。

(三)签字仪式程序

1. 仪式开始

各方人员进入签字厅,按既定的位次各就各位。合同双方的签字人同时入座,助签人在其外侧协助打开合同文本和笔。

2. 签署合同文本

各方主签人再次确认合同内容,若无异议,在合同上规定的位置签名,之后由各方助签人相互交换合同文本,再在第二份合同上签名。按惯例,各方签字人先签的是己方保存的合同文本,交换后再签的是对方保存的合同文本。

3. 交换合同文本

各方主签人起身站立,正式交换签好的合同文本,同时握手、互致贺词,其他成员则鼓掌表示祝贺。

4. 共饮香槟酒庆祝

交换合同文本后,全体成员可合影留念。有需要时,可安排服务接待人员及时送上倒好的香槟酒,各方签字人和成员相互碰杯祝贺,当场干杯,将喜庆气氛推向高潮。退场时,可安排客方人员先走,主方送客后再离开。

四、庆典

庆典,是各种庆祝仪式的统称。常见的庆祝仪式有开业庆典、周年庆典、荣获某项荣誉或取得重大业绩的庆典等。

在庆典仪式中,常有会议、剪彩等环节会涉及主要与会人员的位次排列,其间需要注意的是主席台位次、观众席位次,以及庆典服务礼仪三方面内容。

(一)主席台位次

在国内政务类仪典中,主席台的位次排序应遵循"以左为上、前排高于后排、中央高于两侧"的原则,如图 9-16 所示。

图 9-16 主席台上领导人数为奇数时的排序

当领导人数为偶数时,1 号领导、2 号领导同时居中;2 号领导排在 1 号领导的左边;其他依次排列,如图 9-17 所示。目前,关于领导人数为偶数的情况,国内还有一种"居中不等距"的排列方式。这种方式在仍保证 1 号领导居中,其他领导的左右排序不变的情况下,只调整相互间的距离即可。

若在商务类或旅游接待类庆典仪式上,主席台位次通常采用国际惯例,即应遵循"以右为上、前排高于后排、中央高于两侧"的原则。基本原则同上述情况相比变化不大,只要记得国际惯例遵守"以右为上"原则即可。

图 9-17 主席台上领导人数为偶数时的排序

（二）观众席位次

一般而言，观众席位可不排序，观众可自由择座；或当观众席不设座时，观众可自由选择主席台区域以外的位次站立。

若观众席需排序，则在正式的政务类庆典上，可按照"居中为上、以左为上、距主席台近为上、远门为上"的基本原则进行安排；若在商务类庆典上，基本原则同上述情况一致，只需把以左为上变为以右为上即可。

（三）庆典服务礼仪

首先，布置会场、主席台及发言台。如主席台设座，则应提前摆放好桌布、座位卡、水杯（或瓶装饮用水）、鲜花、话筒等。

其次，当宾客到来时，应礼貌地引领来宾入场、引导入座，如不设座则应告知来宾具体方位。

再次，如为剪彩仪式，助剪人员应排成行率先从舞台两侧或是从右侧登台，拉彩者与捧花者应当站成一行，拉彩者位于两端拉直红色缎带，捧花者各自双手捧花团。托盘者需站立在拉彩者与捧花者身后约一米处，并且自成一行。

最后，如为颁奖仪式，应先由引领员引导受奖人上台，随后服务人员用托盘盛放奖品上台，接着引领员再引导颁奖人上台，服务人员应双手将奖杯、奖状或证书递给颁奖人员，颁奖后服务人员先下台，方便颁奖人和受奖人合影。合影后，引领员应分别引导颁奖人和授奖人归位。

除以上注意事项外，对服务人员的基本要求还包括保持严肃认真的工作态度，以真诚的微笑待客，并从始至终保持良好的礼仪风貌等。

五、合影

在公务接待与涉外交往中，为表示宾主友好，双方通常需要合影留念。合影时的位次,按国际惯例"以右为上"的原则进行排位,通常采用宾主间隔排位法(此种排列,两端均应由主方人员把边),此种排位法多用于内事活动合影,给人以亲近的感觉,如图 9-18、图 9-19 所示。

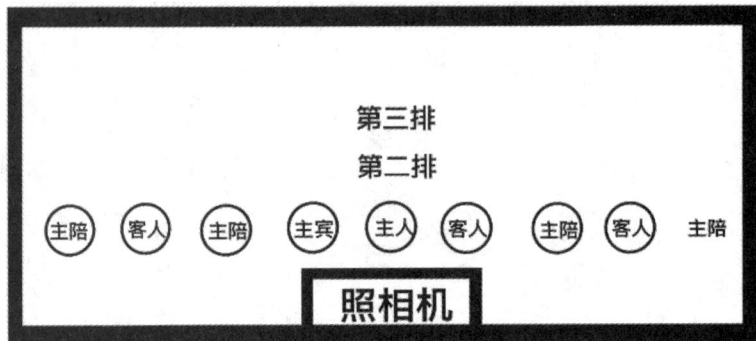

图 9-18　宾主间隔排位法(前排为单数)

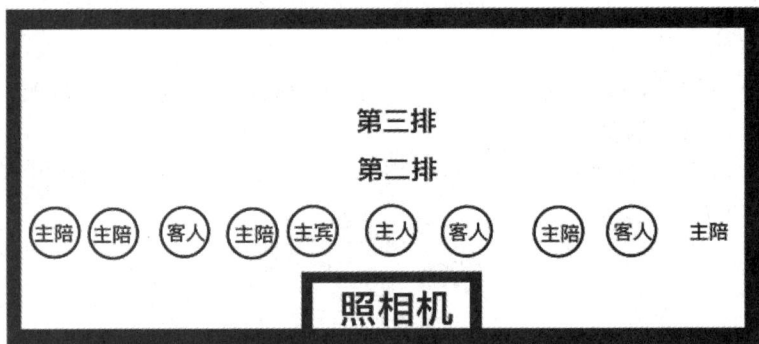

图 9-19　宾主间隔排位法(前排为双数)

知识链接

亚欧峰会的排序考虑

　　2008 年 10 月下旬第七届亚欧首脑会议在京召开。两年一届的亚欧首脑会议已成机制,礼宾安排既要考虑若干国际惯例,也要体现东道国的特色。出席本届亚欧峰会的共有 10 位国家元首、23 位政府首脑、东盟和欧盟各 1 位领导人、1 位副首脑、7 位外交部长和 1 位副外长,其规模与 2006 年的中非合作论坛规模相当。按照亚欧会议惯例,温家宝总理要在会议开幕式前,在人民大会堂依次迎接与会领导人。根据亚欧会议的做法,此场活动的礼宾顺序要突出四个协调员——中国、文莱、法国和欧盟委员会,同时也要考虑各代表团团长的级别。由于各代表团住得比较分散,有的住在西边的香格里拉酒店,有的住在东边的索菲特酒店,要保证他们在半小时内按顺序全部抵达会场,一个合理且各方都能接受的礼宾次序十分重要。

经过反复研究和比较,礼宾司最终选择了按国名汉语拼音排序来确定44位与会领导人车队出发顺序,大大缩短了道路管制时间。实际执行当天,在各有关部门通力合作下,各车队行进流畅连贯,不到30分钟,44位领导人全部抵达人民大会堂,迎接仪式顺利举行。

实际上整个亚欧峰会期间,每场活动都有不同的礼宾顺序,包括领导人合影、开幕式的站位、会议的座次安排等,这是为了避免按某一固定排序方式导致一些与会领导人总排在后边或旁边。

对此,礼宾司同志解释说:"国际会议是重要的外交舞台,我们的任务就是让与会领导人有更多的机会相互接触和交流。"

资料来源　中新网《环球》杂志.《揭秘外交"礼宾战役":领导人合影、座次精密安排》节选。http://www.chinanews.com/gn/news/2009/09-03/1848804.shtml.

第三节　宴请安排

案例引导

英女王设国宴招待特朗普

2019年6月3日上午,美国总统特朗普和其夫人梅拉尼娅抵达伦敦,开启为期3天的访英之旅。3日上午,英国女王伊丽莎白二世、查尔斯王储和其夫人卡米拉在白金汉宫迎接特朗普夫妇,并举行欢迎典礼。傍晚英国女王在白金汉宫举行国宴招待特朗普,座次安排如图9-20所示。

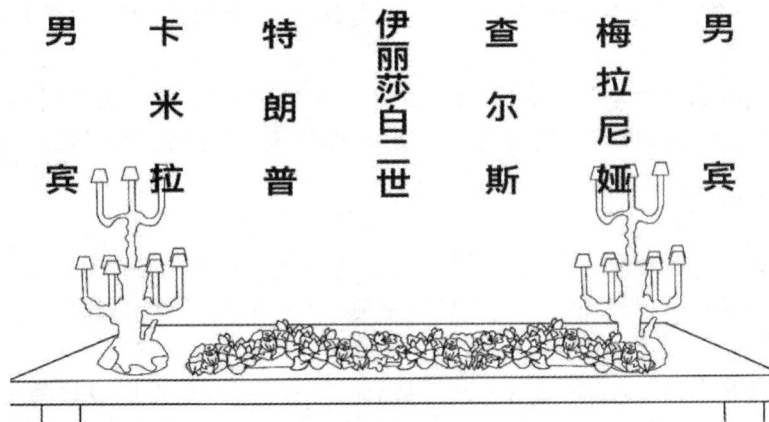

图9-20　晚宴座次图

资料来源　中国新闻网.《特朗普开启 3 天访英之旅首日英女王将设国宴招待》,节选。https://www.sohu.com/a/318300604_123753.

思考:西餐宴请时的座次有何讲究?

宴请是为了表示欢迎、答谢、祝贺或庆祝而举行的一种隆重的、正式的餐饮活动,是国际、国内交往中较常见的交际活动形式之一。应注意根据宴请目的,来确定宴请规格、种类。

一、宴请形式

各国宴请都有自己国家或民族的特点和习惯,国际上通用的宴请形式有宴会、招待会、茶会等。

(一)宴会

宴会为正餐,入座进食,由服务员依次上菜。按规格不同,宴会可分为国宴、正式宴会、便宴和家宴。

1. 国宴

国宴是国家元首或政府首脑为国家级庆典或为他国首脑来访而举行的正式宴会,是宴会中规格最高、形式最隆重的一种,出席者的身份规格高、代表性强,宾主均按身份排位就座,对礼仪有着严格的要求。国宴期间,宴会厅内悬挂国旗,安排乐队演奏国歌及席间乐,席间会安排致辞或祝酒,菜单和座席卡上均印有国徽。

2. 正式宴会

正式宴会除不挂国旗、不奏国歌及出席规格不同外,其他安排与国宴大体相同。有些国家对宴会服饰要求较高,并会在请柬上注明对宾客服饰的要求,以此体现宴会的隆重程度和与会人员身份地位的高低,同时,正式宴会对餐具、陈设、酒水、菜肴的道数以及服务员的装束、仪态等,也都有严格的要求。

3. 便宴

便宴又称非正式宴会,常见的有午宴、晚宴,有时亦在早上举行早餐宴。便宴的形式简单,可以不排席位,不安排正式讲话。便宴较亲切、随和,宜用于日常友好交往。

4. 家宴

家宴是指在家中设宴款待宾客,往往由主人亲自烹调食物,家人共同招待客人。家宴是常见的宴请方式,以其灵活、简便、亲切、自然的氛围受到人们的青睐。

(二)招待会

招待会是指不备正餐、形式较为灵活的宴请形式。招待会通常备有食物和酒水饮料,不排席位,宾客可以自由活动。常见的招待会有冷餐会、酒会、茶会、工作餐。

1. 冷餐会

冷餐会又称自助餐,这种宴请形式的特点是不排席位,菜肴以冷食为主,也可安排热菜。菜肴和餐具都摆设在餐桌上,客人可自取自用,也可由服务员端送。冷餐会可在室内举办,也可在庭院、花园举办。

2. 酒会

酒会的形式比较活泼、随意,通常不设座椅,或仅设少量座椅,便于大家广泛接触交谈。招待品以酒水为主,略备小吃和点心。酒会举办的时间也较为灵活,通常请柬上会注明整个活动持续的时间,客人可在酒会期间任意时间到达和退席,不受约束。

3. 茶会

茶会是一种简便的招待方式,多为社会团体举行纪念和庆祝活动所采用。茶会通常在厅内举行,设茶几、座椅,不排座次,形式比较自由。席间通常摆放茶点、水果及风味小吃,宾主共聚一堂,饮茶尝点心。茶会对茶叶的选用较为讲究,对茶具也有要求,一般使用陶瓷器皿,而不用玻璃杯。

4. 工作餐

工作餐是现代交往中经常采用的一种非正式宴请方式,按用餐时间不同,可分为工作早餐、工作午餐和工作晚餐。这类活动通常只请与工作相关的人员参加,利用进餐时间讨论问题,既省时又简便。

二、中餐桌次与座次安排

(一) 中餐桌次安排

国内中餐用餐的桌次安排通常按照国际惯例进行排序,桌次高低以距离主桌位置的远近而定,离主桌越近桌次越高,距离相同时右边桌次高于左边。正式宴会中的桌次安排应注意以下 4 个原则。

1. 居中为上

多张餐桌环绕摆放时,居于正中间的餐桌为主桌。

2. 以右为上

多张餐桌横向并列摆放时,以面向宴会厅正门为准,右侧的餐桌位高于左侧餐桌。

3. 以远为上

多张餐桌纵向排列时,以距离宴会厅正门的远近为准,距门远者为上。

4. 临台为上

若宴会厅内有主席台,则背对主席台的餐桌为主桌。

两桌的小型宴会可根据场地横排或竖排,如图 9-21、图 9-22 所示。多桌宴会的排列有多种方式如图 9-23 所示。

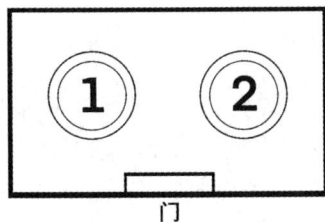

图 9-21　两桌横排

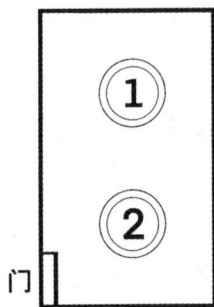

图 9-22　两桌竖排

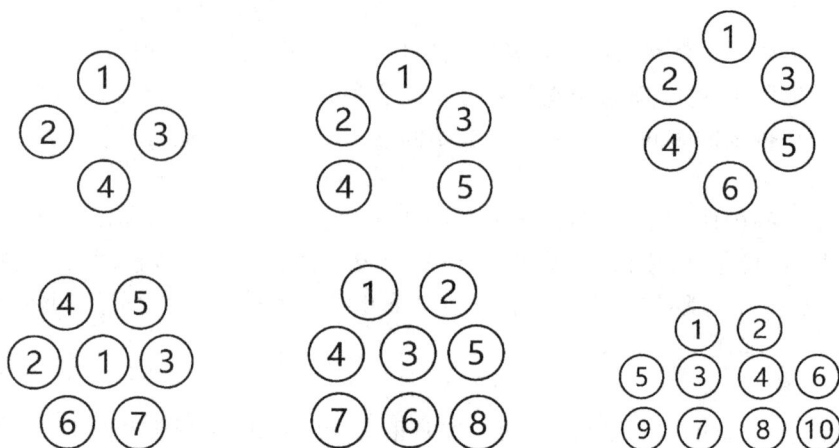

图 9-23　多桌排序

（二）中餐座次安排

正式宴会一般均需排座次，也可只排部分客人的座次，其他人排桌次或自由入座。但需注意的是，无论采用何种方式，都应在入席前通知到每一位客人，让大家心中有数。若是大型宴会，现场还需设专人引导客人入座，以免混乱。

中餐座次排序的基本原则是：以主人为中心，以右为上，距离主人近者为上。

当主方主人为单人，其他为主陪人员时，可将宾客和主陪人员按照以右为上、主宾间隔、以离主人近为上的原则，依次在主人两侧进行座次排列如图 9-24 所示。

当主方主人为双数时，两位主人相对而坐（第一主人面门而坐），可分别将客人安排在两位主人的两侧如图 9-25、图 9-26 所示。

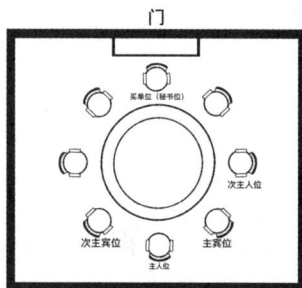

图 9-24　单主人座次安排

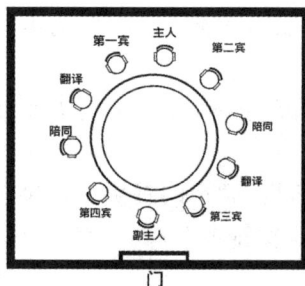

图 9-25　双主人座次
安排方式一

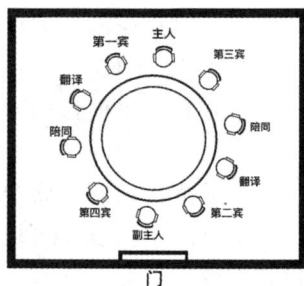

图 9-26　双主人座次
安排方式二

三、西餐座次安排

西餐宴会席位排列主要是座次问题。除了非常盛大的宴会，一般不涉及桌次。西餐座次排序的基本原则是：女士优先、以右为上、以近为上、面门为上、交叉安排。在西餐礼仪里，女士处处受尊重，尤其是安排家宴时，一般女主人为第一主人，在主位就座；而男主人为次，在第二主人的位置上就座。女主人右侧应安排男主宾，男主人右侧应安排女主宾。其余人员根据其距离主位的远近而定,距离主位近的位置要高于距离主位远的位置。另外,西餐排列席位时,还应注意男女交叉排列,西方人认为这样可以广交朋友,如图9-27、图9-28所示。

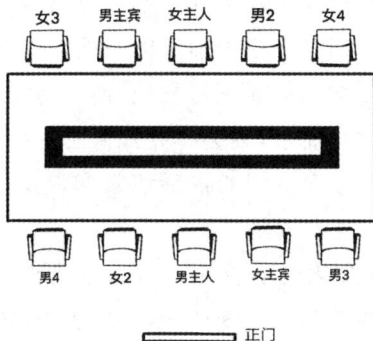

图 9-27　西餐长桌座次安排方式一

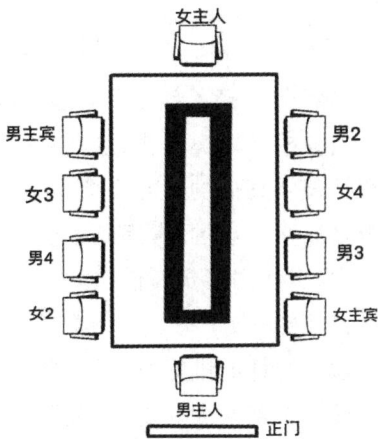

图 9-28　西餐长桌座次安排方式二

四、主方陪同人员宴会服务礼仪

(一) 迎宾

为确保宴会顺利开展,主方陪同人员应在客方及主方领导到达之前抵达宴会厅,做好菜单、酒水、环境、场地、席面设计、桌椅、灯光等检查和准备工作。待主方领导到达后,跟随其在门口或大厅内迎候来宾。客人到达,双方简短寒暄后,按照先主宾后一般来宾、先女宾后男宾的顺序,由主人陪同主宾步入宴会厅,主方陪同人员引领客方其他人员共同进入。如果宴会规模较大,也可以请主桌以外的客人先入座,主桌人员最后步入,此时,全体主、客方人员均应起身站立恭迎,待主桌人员入座后才可坐下。

(二) 席间

若客人已就座,服务人员未能及时提供服务时,则主方陪同人员中的位低者应主动为本桌人员进行服务。倒茶、斟酒的顺序均应从客人的右边进行,按照顺时针方向,先宾后主依次进行操作。宴席中,以主方领导与主宾交谈为主,陪同人员不要主动提话题,不要随便打断领导与主宾的交谈。主方陪同人员应配合主人共同招待好身旁的客方人员,若需为客人夹菜,则要使用公筷公勺;并适时与客人交谈,不可只和主方人员长时间交谈而冷落了客人。

(三) 送客

宴会结束时,主人会示意主宾,当主人和主宾起立后,其余客人和陪同人员应随即起身。主方陪同人员跟随主人将主宾及其他客人送至门口,与客人握手告别。待客人乘坐的交通工具离开后,才可离去。

能力习得

（一）案例思考

案例：北京奥运成为经典案例

《环球》杂志记者曾经采访过我国外交部礼宾司，谈及成功的礼宾案例，记者走访的礼宾人员首推北京奥运会：这场规模空前的盛会成了新世纪中国形象的一次精彩亮相。

在被现场直播的欢迎宴会上，习惯用左手的国际贵宾们就座时发现，他们的餐刀没有一把是放在右边的；考虑到不同民族不同地区的饮食需求，宴会一共提供了6种个性化菜单；为了使国际贵宾们看到自己熟悉的语言，胡锦涛主席的讲话稿被印制成了15种文字。

奥运会这样的国际场合同时也是展示中国传统文化的场所。宴会前，在贵宾们休息的人民大会堂西大厅里，摆放了从国家博物馆等地借调来的8件文物，配有中、英、法三种文字说明。欢迎宴会的请柬、菜单、席位图、座位卡、讲话稿设计新颖，系列配套，集美观、实用为一体。请柬是以《清明上河图》为背景，竖版排列，菜单则采用线装书形式，里面配有精美的文物插图，深受来宾喜爱，大家争相收藏。

值得一提的是，此次欢迎宴会，桌形设计和席次安排也独具匠心。宴会的桌形设计本有九边形、大U形、花瓣形、九圆桌等方案。起先，采用了九个长桌拼成九边形的设计，新颖、大气。可是在距离奥运会开幕式不到一周的第二次演练中发现，此方案各对应桌间距较远，产生距离感，美中不足。于是宴会筹备人员连夜加班，将桌形改成了九圆桌——既拉近了距离，又体现了"九九归一"、团团圆圆的中国传统思想。

在座次安排上，既遵循奥运惯例，又体现中国特色。首桌突出了奥运大家庭，不仅有重点国家而且还兼顾了地区代表性，请胡锦涛主席夫妇与罗格、萨马兰奇，以及美国、俄罗斯、日本、法国、哈萨克斯坦、巴西、菲律宾、加蓬、巴基斯坦等国领导人就座。其他八桌请另外八位政治局常委分别作为主人，款待来自八方的贵宾。

"座次的安排可以说是数十易其稿，改了不知多少回。"负责宴会准备工作的同志介绍，既要考虑礼宾次序，也要考虑国家关系和宗教信仰等因素，避免敏感国家同桌或相邻。为了体现平等性，每张桌子都以花卉的名字来命名，而非采用数字排序。宴会乐曲的选择也是兼顾了中国特色和世界各地区的代表性。

资料来源　中新网.《环球》杂志.《揭秘外交"礼宾战役"：领导人合影、座次精密安排》节选。http://www.chinanews.com/gn/news/2009/09-03/1848804.shtml.

思考：（1）北京奥运礼宾成功的案例带给你什么启示？

（2）以你所在高校的接待任务为例，当你作为接待负责人时，你会如何设计接待工作的流程与细节？在各环节的位次安排上你会考虑哪些因素，使之既能传达出对到访客人的尊重与重视，又能体现出我方的文化与特色？

（二）案例讨论

案例：中国人国际会议"七宗罪"，成为西方媒体嘲讽性花絮

最近十多年，中国官员、企业家和学者越来越频繁地出现在大型高端国际会议上。比如八国峰会、亚太经合组织领导人会议、中非论坛、博鳌论坛、达沃斯论坛等。需要提醒中国与会嘉宾的是，出席国际会议有一些约定俗成的礼仪和规则，否则会被人认为失礼和没有教养。以下是一些会议礼仪常识和记者看到的中国同胞常犯的差错。

常识一：准时抵达会场，按照会场的指定座位或区域落座。

差错：抢坐前排，或退居后排，把会场中间留出空白，似乎刻意给会议主人难堪。

常识二：正式会议开始以后，尽量避免频繁进出会场。

差错：会议进行中溜出会场的人常常此起彼伏。我曾见过有位坐在前排的官员向主讲人提问后就因为内急而出场，让主讲人误以为是在抗议他的回答。

常识三：进出会场或上下电梯时要遵循女士优先原则，不管这位女士是什么身份。

差错：有些嘉宾通常会在女官员、女企业家、女学者、女明星面前遵循女士优先原则，却不理会女翻译、女导游、女陪同、女记者等。

常识四：不在会场和餐厅里大声喧哗，不在客人面前大声接听电话。

差错：部分地方官员和企业家常常会在公开场合训斥下属，令人侧目。

常识五：无论在主席台，还是在台下，坐姿要端正。

差错：抖腿似乎是部分国人的专利。

常识六：出席正式会议和宴请，要穿正装，男士着深色西服，女士穿中长裙和长裤均可。男士要贴身穿衬衣，衬衣和领带要及时更换，袜子应是深色的，并把衬裤脚包在袜子里。女士的衣服最好每天都换一套。

差错：男士穿浅色西装或休闲装。衬衣里面还套个背心，能看出明显的印痕。袜子是白色的，甚至带花。一跷腿，裤脚那里能看到好几层。女士穿短裤、超短裙、休闲装等。实际上，女嘉宾很少这样，但女记者常常如此。其实，采访正式会议，记者的着装也不能太随便。

常识七：集体行动时，互相之间保持距离，尤其同性之间不能太亲密，不能勾肩搭背。领导不要戴墨镜。

差错：部分官员喜欢前呼后拥，部分下属喜欢照顾领导。在这种场合对领导太敬畏、太谦卑，并不能提升领导的威严，反而有损领导的国际形象。

资料来源 中新网.《国际先驱导报》.《中国人国际会议"七宗罪"，成西方媒体嘲讽性花絮》节选。https://www.chinanews.com/sh/news/2007/09-13/1025657.shtml.

讨论：(1) 从这个案例中，关于参加国内或国际性会议的礼仪方面，你获得了什么启示？

(2) 如果你作为主方接待人员，为避免出现来宾误解或失礼的情形，在会场的布置以及座次的安排上会如何考虑？

（三）案例模拟演练

案例 1：座次安排示例

在图 9-29 中的会议室里，有一行贵宾需要接待，您作为 A 秘书需要安排下列人员的座位：A 董事、A 常务副总、A 副总、A 总经理助理、A 经理、A 主任、B 董事长、B 总经理、B 经理 1、B 经理 2、B 经理 3、B 秘书。

图 9-29　会议室场景

会谈座次安排工作思路可参考图 9-30。

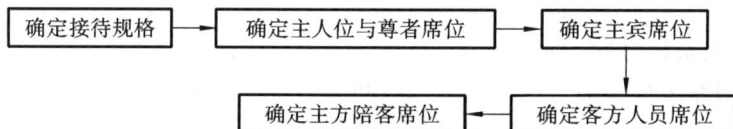

图 9-30　会谈座次安排工作思路

（1）确定接待规格。

甄别客人属性，确定采用何种接待形式和规格。客人为外来贵宾、商务交往性质，可参照约定俗成惯例和国际通行惯例进行安排。

（2）确定主人位与尊者席位。

尊者席位或主人位应视野良好，远离干扰，能凸显尊贵。

（3）确定主宾席位。

按座次方位安排原则第五条"以右为上"，在确定主人位和尊者席位后，客人为尊，主宾应坐在主人的右手边（左和右的区分均以当事人为参照标准）。

（4）确定客方人员席位。

同上，按以右为上原则，客方人员应全部坐在主人右侧的位置，再按前排为上原则，客方全部人员按职务高低依次排序而坐。

（5）确定主方陪客席位

同上，按以右为上原则，主方人员应全部坐在主人左侧的位置，再按前排为上原则，主方陪客按职务高低依次排序而坐。

案例 2：如何安排更得体？

小李和小张是国内 A 公司总经办新入职的应届毕业生，刚工作不久，就接到一份任务：国内 B 公司受本公司邀请即将前来考察、洽谈，请他们为此次接待任务拟定好详细的方案。两人在商讨接待任务的具体环节与操作细节上均存在较大分歧。

小李认为接待工作要从简为宜，我市交通非常便利，一下飞机可搭乘出租车或地铁只需不到半小时的车程即到，故我方人员只需在公司大门外迎接即可；为表示亲切，双方领导人的会见可安排在总经理的办公室，座位不必事先安排，以客人的意愿为主；为能深入了解本公司，在公司的食堂餐厅设宴招待客人，席位为自由择座以示友好；签字仪式安排在客人下榻酒店的会议室，按国际惯例安排好席位即可。

小张则认为接待工作要细致讲究，为表示尊重，应安排专车迎送；双方领导人的会见应安排在公司最好的会议室里，且按照国内交往遵循以左为上的原则排好座次；晚宴可设在我市较高档的酒店餐厅包厢里，座次安排只需突出两位领导人即可；在客人下榻酒店的会议室里举行签字仪式，席位安排上仍需遵循以左为上的原则。

双方争执了许久，未能得出一致性的结论，故打算请教总经办的王主任来进行指导。

模拟演练：请结合案例 2 情景内容，完成以下综合练习。

（1）6—8 人一组，根据案例 2 的情景介绍，讨论两人的观点是否正确？如果你是王主任，将会如何指导帮助他们制定接待任务的具体环节与位次安排？

（2）6—8 人一组，按案例背景介绍，依情况分别扮演双方公司总经理、副总、部门经理、秘书等不同角色，在讨论确定后的接待任务方案下，模拟演练完整的迎送接待的全工作流程。

（3）模拟演练结束之后，从自评、他评和教师点评等不同角度，使自己最终熟练掌握礼宾次序与各种仪式的礼仪，提升接待服务工作的能力，并填写表 9-1。

表 9-1 能力习得情况评价与建议

评价指标		评价等级（A、B、C、D、E）		建议
		他评	师评	
基础知识	座次排列 6 大基本原则			
	礼宾接待程序			
	宴请安排			
动手能力	确定迎送规格			
	制定接待流程			
	乘车座次安排			
	会谈座次安排			
	签字仪式座次安排及流程			
	中餐桌次与座次安排			

续表

评价指标		评价等级（A、B、C、D、E）		建　议
		他评	师评	
职业能力	迎送接待工作全流程的良好的礼仪体现			

需改进：

本章小结　　本章对旅游接待活动中礼宾仪式的座次排列基本理念与基本原则进行了介绍。同时，对常见的会见、会谈、签字、宴请、合影、庆典安排等各项仪式礼仪进行了介绍。最后，通过不同形式的思维训练与旅游迎送接待流程演练等方式，帮助学员在掌握基础知识的前提下，获得相关职业能力。

关键概念

座次排列基本理念　座次排列6大基本原则　迎送方位　行进方位
乘车位次排序　陪车礼仪　礼宾次序　国旗悬挂　礼宾接待程序　会见位次
安排　会谈位次安排　签字仪式座次安排与程序　庆典席位安排　合影位次
安排　中餐桌次与座次安排西餐座次安排
各项仪式活动（会见、会谈、签字、庆典、宴请）服务礼仪

复习思考

□ 复习题
1. 座次排列基本理念是什么？
2. 座次排列6大基本原则是什么？
3. 在礼宾仪式活动中，如何确定礼宾次序？
4. 国旗悬挂的要求有哪些？
5. 在接待工作中，如何确定迎送规格？
6. 礼宾接待程序包括哪些主要内容？
7. 会见时座次如何安排？
8. 签字仪式的流程有哪些？

9. 宴请时中餐桌次与座次的安排有哪些讲究？主方陪同人员应注意哪些服务礼仪？

□ 思考题

根据模拟演练，请您总结一下，在仪式接待安排中，包括哪些常见工作流程。同时，总结和对比一下国内接待与涉外接待在接待安排上有哪些异同点。

参考文献

References

[1] 刘丽娜.哈佛社交礼仪课[M].北京:中国法制出版社,2020.

[2] 魏凯,李爱军.旅游服务礼仪与实训[M].北京:中国旅游出版社,2014.

[3] 隆玲,袁理锋.旅游职业素养[M].上海:上海交通大学出版社,2019.

[4] 李雨轩.旅游服务礼仪[M].北京:机械工业出版社,2018.

[5] 邵宇翎、施琳霞.商务礼仪[M].杭州:浙江工商大学出版社,2018.

[6] 赵亚琼,秦艳梅.职业形象与礼仪[M].北京:北京理工大学出版社,2018.

[7] 张建国.中国礼宾接待手册[M].北京:中国人民大学出版社,2018.

[8] 樊光华.中外民俗[M].桂林:广西师范大学出版社,2018.

[9] 罗志珍.中外民俗[M].北京:航空工业出版社,2018.

[10] 辛蕾.旅游服务礼仪[M].北京:中国传媒大学出版社,2017.

[11] 杨红颖,王雪梅.旅游服务礼仪[M].重庆:重庆大学出版社,2016.

[12] 陈薇薇.国际商务礼仪[M].成都:四川大学出版社,2016.

[13] 周国宝,王环,张慎霞.现代国际礼仪[M].3版.北京:北京大学出版社,2016.

[14] 岩松.现代礼仪教程[M].北京:清华大学出版社,2015.

[15] 孙毅,万海霞.现代商务礼仪[M].2版.北京:人民邮电出版社,2015.

[16] 牟红,杨梅.旅游礼仪实务[M].北京:清华大学出版社,2015.

[17] 刘亚轩.旅游中外民俗[M].北京:中国旅游出版社,2015.

[18] 强月霞,唐邈芳,陈伟莲.人际沟通概论[M].上海:华东师范大学出版社,2015.

[19] 张建国.中国礼宾与公务接待[M].北京:中国人民大学出版社,2015.

[20] 陈芷村,李艺晨.现代沟通技巧与实践[M].长沙:湖南大学出版社,2015.

[21] 康乃、吴云.民俗[M].北京:中国旅游出版社,2015.

[22] 陈华文.民族文化学[M].杭州:浙江工商大学出版社,2014.

[23] 杨路.高端商务礼仪 56 个细节决定着商务成败[M].北京:北京联合出版公司,2013.

[24] 织锦纯平.衣语·我的第一本穿衣搭配书[M].南京:江苏美术出版社,2013.

[25] 宋华清.旅游接待礼仪[M].北京:中国科学技术出版社,2012.

[26] 纪亚飞.服务礼仪标准培训[M].北京:中国纺织出版社,2012.

［27］ 吕欣.旅游接待礼仪［M］.北京:旅游教育出版社,2011.

［28］ 金正昆.接待礼仪［M］.北京:中国人民大学出版社,2009.

［29］ 李俊、谭增勇.旅游服务礼仪［M］.武汉:武汉大学出版社,2008.

［30］ 李筱琳.现代礼仪规范教程［M］.北京:中国广播电视出版社,2008.

［31］ 王晞.旅游实用礼宾礼仪［M］.2 版.重庆:重庆大学出版社,2007.

［32］ 于西蔓.西蔓美丽观点［M］.北京:中信出版社,2007.

［33］ 靳羽西.中国绅士［M］.北京:中信出版社,2006.

Note

教学支持说明

为了改善教学效果,提高教材的使用效率,满足高校授课教师的教学需求,本套教材备有与纸质教材配套的教学课件(PPT)和拓展资源(案例库、习题库等)。

为保证本教学课件及相关教学资料仅为教材使用者所得,我们将向使用本套教材的高校授课教师免费赠送教学课件或者相关教学资料,烦请授课教师通过电话、邮件或加入旅游专家俱乐部 QQ 群等方式与我们联系,获取"电子资源申请表"文档并认真准确填写后反馈给我们,我们的联系方式如下:

地址:湖北省武汉市东湖新技术开发区华工科技园华工园六路

邮编:430223

电话:027-81321911

E-mail:lyzjjlb@163.com

旅游专家俱乐部 QQ 群号:758712998

旅游专家俱乐部 QQ 群二维码:

群名称:旅游专家俱乐部5群
群　号:758712998

华中科技大学出版社
http://press.hust.edu.cn

电子资源申请表

填表时间：＿＿＿＿年＿＿月＿＿日

1. 以下内容请教师按实际情况填写，★为必填项。
2. 根据个人情况如实填写，可以酌情调整相关内容提交。

★姓名		★性别	□男 □女	出生年月		★职务	
						★职称	□教授 □副教授 □讲师 □助教
★学校				★院/系			
★教研室				★专业			
★办公电话		家庭电话			★移动电话		
★E-mail					★QQ号/微信号		
★联系地址					★邮编		

★现在主授课程情况	学生人数	教材所属出版社	教材满意度
课程一			□满意 □一般 □不满意
课程二			□满意 □一般 □不满意
课程三			□满意 □一般 □不满意
其 他			□满意 □一般 □不满意

教 材 出 版 信 息					
方向一	□准备写	□写作中	□已成稿	□已出版待修订	□有讲义
方向二	□准备写	□写作中	□已成稿	□已出版待修订	□有讲义
方向三	□准备写	□写作中	□已成稿	□已出版待修订	□有讲义

　　请教师认真填写下列表格内容，提供申请教材配套课件的相关信息，我社根据每位教师填表信息的完整性、授课情况与申请课件的相关性，以及教材使用的情况赠送教材的配套课件及相关教学资源。

ISBN（书号）	书名	作者	申请课件简要说明	学生人数（如选作教材）
			□教学 □参考	
			□教学 □参考	

★您对与课件配套的纸质教材的意见和建议有哪些，希望我们提供哪些配套教学资源：